JN457499

JOSEPH WOLPE

조셉 월피

행동치료의 거장

조셉 월피

Roger Poppen 지음
신민섭 · 이현우 옮김

학지사

JOSEPH WOLPE
Roger Poppen

Korean Translation Copyright © 2008 by Hakjisa Publisher
This Korean edition was published by arrangement with
Sage Publications, Ltd.

English language edition published by Sage Publications of London,
Thousand Oaks and New Delhi, © Roger Poppen, 1995.

All rights reserved.

본 저작물의 한국어판 저작권은 Sage Publications, Ltd.와의
독점계약으로 학지사가 소유합니다.
신 저작권법에 의해 한국 내에서 보호를 받는 저작물이므로
무단전재와 무단복제를 금합니다.

| 역자 서문 |

처음 '상담과 심리치료 주요인물 시리즈' 번역 제안을 받았을 때 잠시 망설였었다. 강의와 연구, 진단평가 및 치료 등 여러 가지 일을 하느라 시간적 여유가 없기도 했지만, 원문의 내용을 가능한 한 정확하게 전달하기 위해 글자 하나하나의 뜻을 음미하며 우리말로 옮기는 작업이 얼마나 힘든 일인 줄 잘 알기 때문이었다. 하지만 임상 · 상담 분야의 선후배들과 뜻을 모아 함께하는 이러한 번역 작업이 전문가로서의 우리의 역할과 임상 · 상담 심리학의 발전에 조금이나마 기여할 수 있으리란 생각에 기꺼이 참여하게 되었다.

나는 임상 장면에서 아동, 청소년들의 인지행동치료를 주로 담당하다 보니 이번 기회에 행동치료의 대가인 월피의 생애와 연구 및 임상 활동, 행동치료의 발전 과정에 대해 좀 더 체계적으로 알아보고 싶어서 조셉 월피의 책을 선택하였다. 이 책은 월피가 행동치료의 대가라고 일컬어지기에 조금의 부족함도 없는 위대한 임상가이자 연구자이며, 그의 생애가 곧 행동치료의 발전사와 다름이 없다는 것을 깨닫게 해 주었다.

일반적으로 행동치료는 다른 치료에 비해 '쉽다'고 생각된다. 치료의 기반이 되는 핵심 개념이나 치료원리, 기법 등이 구체적이고 분명하다 보니 과학적이라는 장점 때문이다. 하지만 내적인 심리적 갈등이나 정신 기제를 깊게 다루지 않아 치료 효과가 일시적이고 제한적이라는 비판도 있어 왔다.

월피가 제안한 체계적 둔감화 치료의 핵심 개념인 '상호억제' 원리도 단순하고 명쾌해서 월피가 별 어려움 없이 그러한 치료 기법을 개발했으리라는 생각이 들었다. 하지만 이 책을 읽으면서 상호억제의 치료 원리는 월피가 각고의 노력과 수많은 관찰과 연구, 실험을 거쳐서 확립한 것이며, 기존의 이론을 비판하고 새로운 이론을 확립하기 위해서는 천재적인 학자의 불굴의 의지와 열정, 평생에 걸친 연구 활동이 요구된다는 것을 알게 되었다. 월피가 보여 준 자신의 치료이론에 대한 확신과 신념 그리고 그것을 과학적으로 입증하기 위해 그가 수행한 체계적이고 철저한 치료 효과 검증 연구 등을 통해, 우리가 임상 장면에서 실시하고 있는 행동치료의 과학적이고 경험적인 치료적 기반에 대해 더욱 잘 알게 되었고 신뢰하게 되었다. 이 책을 통한 월피와의 만남은 심리치료는 예술이기도 하지만 과학이기도 하다는 사실을 다시금 깨닫게 해 주었다.

본문에도 표현되어 있듯이 정신분석이 풍미하던 시대에 감히 프로이트라는 골리앗에게 도전장을 내민 어린 다윗이었던 월피가 수많은 비판을 거치며 반격을 위한 연구를 철저하게 수행하여, 결국은 오늘날 행동치료를 전통적 치료에 필적하거나 혹은 능가하는 주된 치료기법으로 우뚝 세운 그의 모습에 감사와 존경을 표한다.

이 책을 번역할 수 있도록 기회를 주신 서울대학교 심리학과 권석만 교수님과 학지사 김진환 사장님께 감사드린다. 또한 이 책의 편집을 담당해 주신 이지혜님께도 감사드린다. 지칠 때마다 힘을 주고 하루하루를 새로움과 감사함으로 채워 주시는 사랑하는 가족과 하나님께 감사와 사랑을 드린다.

독자들이 이 책을 통해 어린 시절 화학자가 되기를 원했던 월피가 연금술사처럼 학습이론을 임상이론과 실제에 적용시켜 황금같이 빛나고 가치 있는 행동치료 기법을 만들어 낸 과정을 함께 따라가며 행동치료에 대한 이해가 깊어지는 계기가 되기를 바란다.

역자

감사의 글

나와 기꺼이 시간과 지식을 함께 나눈 몇 명에게 감사를 전하고 싶다. 맨 먼저 조셉 월피에게 고마움을 전하고 싶은데, 그가 보여 준 솔직함과 협조는 큰 도움이 되었다. 레오 레이나와 알란 골드스타인은 귀중한 자료와 당시의 상황에 대한 정보를 제공해 주었고, 시릴 프랭크와 도로시 서스킨트도 마찬가지로 도움을 주었다. 30년의 시간이 지난 지금에 와서야, 대학원 시절에 행동치료로 나의 관심을 돌리게 해 주었던 앨버트 반두라와 아놀드 라자루스에게 감사한다. 마지막으로, 이 시리즈의 편집자인 윈디 드라이덴의 도움과 인내에 감사를 표한다.

Roger Poppen

목 차

1 Joseph Wolpe의 생애

철사 그물로 된 작은 우리 안의 금속판 위에 앉아 있는 회색 고양이는 가만히 자신의 앞발을 핥았다. 우리 한쪽 편에 붙어 있는 자동 경적기의 거슬리는 소리에 고양이는 하던 동작을 멈추고 고개를 들었지만, 불안해 보이지는 않았다. 고양이는 그 소리를 그 전날에 여러 번 들었고, 이제는 그것에 꽤 익숙해져 있었기 때문이다. 그러나 소리가 멈춘 뒤 고양이의 발에 짧게 전류가 흘렀고 고양이는 울음소리를 내며 껑충 뛰어오르다가 우리의 꼭대기에 부딪쳤다. 고양이의 귀는 납작해졌고 털은 섰으며, 등을 세우고, 발톱을 내놓고, 눈을 크게 뜨고 앞을 응시한 채 한쪽 구석에 웅크렸다.

흰색 연구복을 입고 안경을 낀 젊은이가 우리 옆에 서서 이 광경을 주의 깊게 살펴보았다. 그는 전류를 조절하는 스위치에서 손을 떼고 노트에 다음과 같이 적기 시작했다. '시행 1: 소리 지름, 털이 일어섬, 동공확대……' 몇 분이 지나자 고양이의 귀가 다시 일어섰고, 털은 부드러워졌다. 고양이는 몸을 쭉 뻗었다가 천천히 우리 안을 돌아다니기 시작했다. 다시 경적기가 울렸다. 연구복을 입은 남자는 전기 스위치로 손을 뻗으려 할 때, 고양이가 제자리에 멈추어 선 채 눈이 커지는 것을 보았다.

이틀 동안 열 번이 넘게 경적소리와 전기충격을 연합해서 제시한 후, 그 전에는 얌전하던 고양이가 젊은 연구원이 다가오면 웅크렸고, 실험실로 옮겨질 때면 소리를 질러댔다. 우리의 꼭대기에 있는 작은 문으로 고양이를 밀어 넣을 때면 젊은 연구원은 고양이의 발톱에 긁히지 않기 위해 조심해야 했다. 연구원은 우리 문을 닫고 전기 기구 옆에 있는 자기 자리로 돌아왔다. 그러면 고양이는 우리 구석에서 잔뜩 웅크린 채, 눈을 크게 뜨고, 귀를 납작하게 한 뒤 꼬리를 마는 자세를 취했다. 이번에는 새로운 요소가 추가되었다. 우리 바닥 중간쯤, 고양이의 코에서 30센티미터도 안 되는 곳에 고기를 놓아두었다. 고양이는 고기가 있다는 사실을 눈치채지 못한 것 같았다. 2시간이 흘렀지만 고양이는 거의 움직이지 않았다. 젊은이는 이런 모습을 주의깊게 관찰하며, 다음과 같이 적었다. '긴장한 채 웅크리고 있음, 동공확대, 먹기를 거부함…….' 고양이가 48시간 동안 음식을 먹지 못했음에도 불구하고, 다음날에도 같은 현상이 반복되었다.

연구원은 자신이 원하는 작업의 전반부를 완수했다. 다른 열두 마리의 고양이에게 했듯이, 이 고양이에게도 신경증적 반응을 유발한 것이다. 이제 그는 고양이들을 치료하기 위해 후반부 과제에 도전하였다.

Wolpe의 개인력과 가족사

고양이를 열심히 관찰하던 젊은이, Joseph Wolpe는 제1차 세계대전 초반 무렵에 남아프리카 공화국의 금광지대 신흥도시였던 요하네스버그에서 태어났다. 유태인이었던 그의 할아버지는 20세기 초에 자식들을 데리고 리투아니아에서 이곳으로 이주해 왔다. 수세기 동안 리투아니아는 러시아와 우크라이나의 박해를 피해 나온 유태인 난민들에게 피난처 역할을 해 왔으며, 유태계 학자들과 기업들의 거점이 되었다(Dawidowicz, 1989: 38-48). 이 지역의 통치를 둘러싼 폴란드와 러시아 간의 다툼으로 인해 간헐적으로 고난을 겪어 왔음에도 불구하고, 이곳에서는 유태인 문화가 번성하였다. 신학적, 비신학적 교육 모두 매우 중시되었으며, 리투아니아계 유태인(litvak)들은 감정 표현을 잘 안 하지만 똑똑한 사람들이라는 평을 받았다(Dawidowicz, 1989: 46). 19세기가 끝날 때 즈음, 일부 유태인 지도자들은 리투아니아의 사회적, 민주적 개혁을 촉진시키기 위한 마르크스주의(Marxism) 운동에 참여했고, 이는 러시아 차르 정부가 반유태주의적인 태도를 취하는 데 영향을 미쳤다(Sabaliunas, 1990: 1-19). 볼셰비키에 의해 차르 정부가 무너지고 정치적 지배를 둘러싸고 볼셰비키와 폴란드 정부가 갈등을 빚으면서 유태인에 대한 박해는 더욱 심해졌다.

남아프리카는 동유럽만큼이나 인종적 · 종교적 갈등이 심각한 지역이었다(Kruger, 1969; Sparks, 1990). 17세기에 네덜란드에서 건너온 식민주의자들의 후손인 아프리카너(Afrikaner)들은 신이 백인들에게 유색인들에 대한 지배권을 부여하였다는 믿음에 기반하여 은둔적인 농업문화를 유지했다. 그러나 20세기 초반의 주된 갈등은 백인과 흑인 사이가 아니라, 케이프 식민지에 대한 지배권을 획득한 영국인들과 아프리카너들 사이에 있었다. 아프리카너들은 영국 정착민들을 꺼려하였고, 노예제를 금지하고 유색인들에게도 일정한 합법적 권리를 부여하는 영국법에 저항하여 내륙의 광활한 평원으로 이주하였다. 1936년에 시작된 '대이주' 동안, 아프리카너들은 토착 흑인들과의 전투과정에서 전투기술과 지도자들을 얻었고, 이를 통해 새로 획득한 지역을 지배하려는 영국의 시도에 대하여 성공적으로 저항할 수 있었다. 그러나 1860년대에 다이아몬드가, 1880년대에 금이 발견되고 이어 물밀듯이 이민자들이 밀려오면서 영국은 이

지역에 더 큰 관심을 가지게 되었다. 이에 영국은 공세적으로 보어 전쟁을 일으키고 군사적 성공을 거두었지만 결과적으로는 아프리카너들을 더욱 단합시켰을 뿐이었다. 1910년에 남아프리카 식민지 연합이 시작되면서 정치적 안정기가 왔고, 아프리카너들은 백인지배 정책을 지켜냄으로써 유력한 지위를 유지했다. 하지만 일부 아프리카너들은 보다 과감한 해결방법을 선택했다. 이들은 1차 세계대전이 일어나기 전 수년간 독일을 조직적으로 지원했다. 이러한 태도는 남아프리카가 '영국인, 흑인, 유태인' 에 의해 지배되도록 놔두지 않겠다는 한 아프리카너 지도자의 말에서 드러났다. 이 시기 동안 유태인들을 이주와 거주를 제한받는 'Asiatics' 로 분류하려는 시도가 있었으나 결국에는 무산되었다. 요하네스버그는 처음에는 금광을 찾아 모여든 사람들의 도시로 출발하였지만, 얼마 지나지 않아 번화한 대도시로 성장하였다. 아프리카너들이 정치에서 우위를 점하는 동안, 영국 정착민들은 공업과 상업에 필요한 자본과 기술을 공급했고 경제를 주름잡기 시작했다. 영국인들은 아프리카너들에 비해 관대했지만 반유태주의적인 태도를 견지하고 있었고, 특히 귀족들 사이에서 이러한 경향이 심했다.

> 그들은 금광지역의 소란스러움이 미치는 않는 곳에 저택을 지었고, 흑인이나 보어인, 유태인이 없는 영국인 클럽에

모였다(Sparks, 1990: 124).

조셉 월피는 1915년에 근면한 경리사원의 큰 아들로 태어났다. 밑으로는 두 명의 여동생 매리엔과 마저리 그리고 한 명의 남동생 해롤드가 있었다. 학문을 중시하는 유태인의 전통은 그의 어머니 사라의 집안에서 특히 두드러졌다. 그의 아버지 마이클은 노동자 계급에 좀 더 가까웠지만 그도 역시 교육을 깊이 존중하는 태도를 가지고 있었다. 조셉이 태어나기 몇 해 전에, 마이클은 자녀들의 교육을 위해 묵직한 최신 웹스터 국제 사전과 25권짜리 역사백과사전을 구입했다. 마이클 월피는 자유주의적인 정치적 견해를 가지고 있었고, 타인의 복지에 관심을 기울이는 모습을 아이들에게 전해 주었다. 조셉보다 열 살 아래인 남동생 해롤드는 이름난 정치 활동가가 되었다. 사회학자이자 법률가로서 넬슨 만델라의 반아파르트헤이트 운동의 참여자들을 변호하고 투옥을 감내하였으며, 극적인 탈출 후에 영국에서 자신의 일을 계속하였다. 종교적 격식을 중시하던 외할머니를 통해 아이들은 일반적인 신학적 믿음을 얻을 수 있었지만, 특정 교리에 휩쓸리지는 않았다. 월피의 가족들은 요하네스버그에서 중류층의 영국문화 속에 동화되어, 공공연한 반유태주의를 경험하지는 않았지만, 인종과 계급에 대한 전반적인 문화적 분위기를 벗어날 수는 없었다.

조셉은 어릴 때부터 책에 빠져들어, 때로는 친구들과 어울리는 것보다 책과 함께 있는 것을 더 좋아했다. 아침에 책을 읽다 종종 학교에 지각하기도 했고, 학교를 쉬는 날에는 하루에 책을 두 권씩이나 읽곤 하였다. 부모들은 그의 조숙한 언어 능력을 높이 평가했으며, 그가 자신의 지적 능력에 대해 강한 자신감을 가질 수 있도록 하였다. 또한 조셉은 눈이 나빠 초등학교 1학년부터 안경을 써야 했지만, 그는 안경 쓰는 게 매력적이지 않다고 생각하여 종종 안경을 쓰지 않고 생활했다. 다소 수줍음이 많았던 그는 어머니가 시장에서 안면 몰수하고 상인들과 홍정 하는 모습에 당황해했다고 한다. 조셉은 운동, 특히 축구를 좋아해서 동네아이들과 같이 축구를 하곤 했다.

초등학교를 졸업할 때쯤, 조셉은 소년 잡지에 연재되던 영국 공립학교에서의 모험 이야기 '회색 수도사' 에 감동을 받았다. 모자를 쓰고 블레이저 코트를 입은 동지들이 경기장에서 경쟁자들과 맞서는 모습에 끌려, 그는 집에서는 멀리 떨어져 있지만 영국 교육방침을 따르고 있는 파크타운 남자 중 · 고등학교에 입학하게 되었다. 동네에 있는 학교에 들어가면 부모가 선물로 주기로 했던 자전거를 받지 않으면서까지 매일 버스와 전차를 타고 도시 반대편에 있는 학교에 지원을 했다. 그러나 등교 첫날 오토바이에 부딪쳐 다리가 부러지고 뇌진탕을 겪어 축구장에서 뛰어보려던 그의 희망은 사그라졌다. 비록 축구나 다른 운동을 할 수는 없게 되었지만, 그는 여전히 충실한 팬으로 남아 운동하는 친구들을 응원했다. 학업적인 면에서 두각을 나타낸 그는 라틴어, 수학, 지리 등을 포함한 다양한 과목에서 월등한 성적을 보여 많은 상을 받았다. 뛰어난 능력과 근면함으로 인해 그는 학급에서 가장 먼저 졸업했고, 이로 인해 더욱 자신감을 얻었으며, 가족들은 그의 지적 능력에 대해 자부심을 가지게 되었다.

고등학교 동안, 조셉은 화학에 특히 흥미를 느꼈다. 화학은 독서와 추상적 내용에 대한 학습뿐만 아니라 연구 대상에 대한 능동적인 관여가 필요한 학문이다. 그는 고등학교 화학 교과과정을 빠르게 뛰어넘어 대학 수준의 교과서까지 탐독했다. 집에 실험실을 만들어 놓고, 선생님들에게 빌린 기자재를 가지고 독자적인 실험을 했다. 화학적 관계의 규칙성과 새로운 화학적 관계를 발견할 수 있다는 가능성은 그에게 매우 큰 매력으로 다가왔다. 그래서 그는 화학자가 되려고 했으나, 실용주의적인 그의 부모님들에게는 화학이 미덥지 않은 분야였다. 부모와 의논한 끝에 월피는 안정적인 수입과 존경받는 사회적 지위를 얻을 수 있고, 화학 연구를 계속할 수도 있는 의학을 선택했다. 그리하여 18세의 나이에 영국식 6년제 의학 교육 프로그램을 운영하는 위트워터스랜드 대학에 입학했다. 월피는 학업적 능력에 대해서는 자신감이 있었지만 사회적 관계에서는 내성적이고 자신 없어 하는 수줍은 젊은이였다.

발 견

대학은 젊은 조셉 월피에게 있어 지적으로나, 사회적으로나 새로운 세계였다. 처음으로 집에서 멀리 떨어져 살게 되었고, 남자들만 있던 고등학교 시절을 끝내고 젊고 아름다운 여자친구도 사귀게 되었다. 연애에 너무 많은 시간과 관심을 기울이다 보니, 1학년 화학수업은 거의 낙제점을 받았다. 로맨틱한 사랑의 불꽃이 사그라들면서 좀 안정이 되긴 했지만, 학업 성취는 고등학교 시절에 못 미쳐 성적은 종종 하위권에 속하였다. 하지만 그는 여전히 자신에 대해 높은 자신감을 가지고 있었으며, 자신의 학업적 지식은 성적을 결정하는 필기시험에서 확인되는 것 이상이라는 것에 대해 확신하고 있었다. 아들이 예전에 보였던 학업적 성취에 자부심을 느끼고 아들이 자신감을 갖도록 도왔던 그의 부모는 낮은 성적에도 불구하고 그를 계속 지지해 주었다.

연애가 시들해질 무렵, 그는 밤늦게까지 함께 모여 철학에 대해 논의하는 친구들의 모임에 관심을 기울였다. 그는 특히 인식론에 관심을 가져서, 칸트의 '비판' 총서를 모두 읽었고 흄의 저작에 관심을 기울였다. 그러나 이 저작들의 주관론이 불만족스러웠던지, 월피는 러셀이나 화이트헤드같이 실증적이고 낙관적인 견해를 가진 현대철학으로 주의를 돌렸다. 월피는 칸트나 흄이 당시의 종교적 교리와 조화를 이루는 데 어려움을 겪고, 현대철학이 무신론으로 흐르는 것을 보면서 막연히 가지고 있던 신학적 견해를 버리고 완전히 유물론적인 관점을 선택하게 되었다.

의학 공부를 마칠 때쯤, 월피는 내과학, 마취학, 면역학 같은 분야에 관심을 가졌다. 정신의학은 그다지 월피의 관심을 끌지 못했다. 의학 공부를 하는 동안 프로이트의 이론에 대한 월피의 견해는 변화하였다. 당시 교육 과정의 일환으로 프로이트에 대해 관례적으로 교육이 이루어졌지만, 월피는 처음에는 이를 쓸데없는 것으로 여겼다. 그러나 여러 개인적 경험들을 겪으면서 그의 견해는 변화하였다. 한번은 친구와 대화를 나누고 난 뒤, 자아가 상실된 듯한 공허감을 느꼈고 자신이 정신분열병일지 모른다는 생각으로 두려움에 휩싸였다. 몇 주 후에 이러한 두려움은 사라졌지만, 그는 이 경험을 통해 정신의학적 현상에 관심을 가지게 됐다. 인턴시절 그는 젊은 정신과 여자환자의 치료에 관여하게 되었다. 그녀는 꿈 속에서 멀리 떨어진 해변가에 있는 남성에게 헤엄쳐 갔지만 결코 도달할 수 없었다고 말하였다. 한 동료가 해 준 조언을 바탕으로 월피는 그녀가 아버지 같은 남자를 만나고 싶어 한다고 해석했다. 이 해석을 듣고 몇 분 지나지 않아 그녀의 증상이 현저하게 악화되었는데, 월피는 이를 강력한 통찰에 대한 저항에서 비롯된 것으로 보았다. 이러한 경험들은 그로 하여금 프로이트의 저서에 빠져들도록 만들었고, 월피는 심지어 자신의 꿈을 기록하고 분석하기까지 했다.

제2차 세계대전이 발발하기 바로 전에 월피는 의학 공부를 마쳤고 케이프 부대에 군의관으로 자원했다. 1942년에 월피는 킴벌리에 있는 군병원에서 복무했고, 여기서 많은 '전쟁신경증(combat neurosis)' 환자들을 만났다. 당시 유행하고 있던 프로이트의 이론에 따르면, 신경증은 억압된 외상적 기억의 결과로서 전통적인 정신분석보다는 보다 간편한 방법인 펜토탈나트륨(최면약물)의 주입이 치료법으로 권장되었다. 월피는 깊은 관심을 가지고 이들 환자들에 대한 치료를 관찰하고 직접 참여하였지만, 전반적으로 치료결과는 만족스럽지 못했다. 극적으로 억압된 비밀이 드러나기도 하고 일부는 일시적으로 회복되기도 하였지만, 최면분석은 지속적인 효과가 거의 없었다. 게다가 월피는 사회학자인 Malinowski의 『원시 사회에서의 성과 억압(*Sex and Repression in Savage Society*)』(1927)과 Valentine의 『초기 아동기의 심리(*Psychology of Early Childhood*)』(1943)라는 책을 읽으면서 오이디푸스 이론의 타당성에 대해 의문을 가지게 되었다. 그는 프로이트 이론의 대안을 찾기 시작하였다. 러시아 학자들이 프로이트의 이론을 받아들이지 않는다는 사실은 월피로 하여금 신경증적 장애에 대한 그들의 이론에 관심을 가지게 했고 그는 Pavlov의 연구에 주의를 돌리게 되었다.

킴벌리에서 있었던 이 기간 동안, 월피는 여러 젊은 군의관들로 구성된 토론 모임에 정기적으로 참여했다. 이 모임은 Abe Edelstein이라는 기혼 장교가 이끌었고, 그의 아파트에서 이루어졌다. 이는 장교용 독신자 기숙사에 사는 월피에게는 반가운 변화였으며, 늦은 밤까지 이루어지는 토론은 대학시절을 생각나게 하였다. 장애 행동의 원인에 관한 것이 선호되는 주제였고, 칼 마르크스와 파블로프의 저작들이 철저하게 분석되었다. '실험신경증(experimental neurosis)'이 프로이트 정신병리이론의 대안이 될지도 모른다는 가능성은 월피의 흥미를 부추겼다. 월피는 파블로프가 사용한 방법의 정확성에 깊은 인상을 받았으나 실험신경증을 대뇌피질 병리(cortical pathology)의 측면에서 바라보는 그의 견해를 받아들이지는 않았다.

2년 후 월피는 킴벌리에서 다른 기지로 옮겨 갔지만, 정신의학에 대한 그의 연구방향은 변하지 않았다. 1945년 케이프타운 가까이에 있는 휴양지에서 휴가를 보내며, 이 도시로 이사 온 에델스타인 부부를 방문했다. 마침 케이프타운 대학에서 심리학 석사과정을 밟고 있던 Cynthia Edelstein

은 월피에게 자신의 지도교수인 James G. Taylor에 대해 이야기했다. 그는 조건형성(conditioning)과 학습에 관한 전문가였다. 둘의 만남이 이루어졌고, 그 자리에서 테일러는 월피가 파블로프에 대해 관심 있다는 말을 듣고서는 Clark Hull이 쓴 『행동의 원리(*Principles of Behavior*)』라는 책을 읽어 보도록 권했다. 월피는 헐의 엄격하고 체계적이며 포괄적인 이론에 매력을 느꼈다. 헐은 특정 행동은 다양한 요소들이 상호작용하여 심리적으로 어떤 지점에 수렴한 결과라고 보았다. 헐의 이론은 파블로프의 이론과는 달리 생리적 측면에 대해서는 고려하지 않았지만, 의학적으로 훈련받은 월피는 기저에서 일어나는 신경 연결 작용을 알 수 있었다. 파블로프의 이론과 마찬가지로, 헐의 이론은 동물 모델을 통하여 인간 행동에 적용될 수 있는 이론들을 발전시킬 수 있다는 생각에 힘을 불어넣었다. 헐의 이론은 신경증을 다루지 않았지만 월피는 이를 부적응적 행동에 적용할 수 있다고 생각했다. 프로이트 이론에 대한 대안을 생각하기 시작한 것은 바로 이때였다.

1946년 군복무를 마치고 정신과에서 의학박사 과정을 밟기 위해 위트워터스랜드 대학으로 돌아왔다. 학위를 받기 위해서는 실험 논문이 통과되어야만 했다. 월피는 정신의학을 위한 실험적 토대를 개발하는 데 있어 파블로프와 헐이 밟았던 길을 따르기로 했다. 이를 위한 준비과정으로 그는 실험 심리학 문헌에 몰두하여 학습 및 지각과 관련해서 찾을 수 있는 모든 책들을 읽었다. 예기치 않게 그해 말쯤 Leo J. Reyna가 3년 계약으로 심리학과에 부임해 왔다. 월피와 거의 나이가 비슷했던 레이나는 아이오와 대학에서 막 박사학위를 마쳤는데, 그곳에서 그는 헐의 공동연구자인 Kenneth Spence와 함께 연구했었다. 월피는 헐의 이론에 대한 레이나의 세미나에 참석했고 조건형성에 관심을 가진 심리학과 학생들이 만든 비공식 모임에 참여하였다. 헐의 이론뿐만 아니라 심리학의 다양한 주제들에 정통했던 레이나는 월피가 그의 이론을 발전시키는 데 있어 귀중한 조언과 지도를 해 주었다. 레이나는 월피의 논문 심사 위원회에서 심사위원을 맡기도 했지만, 실제로는 지도교수나 다름없었다. 두 사람은 계속해서 밀접한 관계를 유지해 오고 있었다. 레이나의 학위논문은 소거(extinction), 즉 학습된 행동의 제거와 관련된 것이었다(Reyna, 1946). 레이나는 월피에게 바람직하지 않은 사고나 행동, 감정의 제거가 정신의학에서 중요한 주제임을 일깨워 주었다. 헐과 다른 학습 이론가들은 소거와 관련된 요인들을 광범위하게 연구하였고, 소거를 설명하기 위하여 억제과정에 대한 이론들을 발전시켰다. 하지만 파블로프와 다른 연구자들은 실험신경증의 경우, 제거하는 것이 불가능하지는 않지만 아주 어렵다고 보고하였다. 이로 인해 신경증의 생성과 제거에 대한 연구는 실용적인 측면에서뿐만 아니라 이론적으로도 매우 중요하게 여겨졌다.

실험을 실시할 때 어떤 동물을 대상으로 하고 어떠한 실험 절차를 거칠지를 결정하는 것은 어렵다. 월피는 주도면밀하게 관련 문헌들을 조사했다. 파블로프(1927)는 개에게 실험 신경증을 유발하는 다양한 방법을 기술했지만, 개별적 차이가 크고 일반적으로 적용할 수 있는 방법은 없다고 보고했다. 코넬 대학의 연구자들은 양과 염소를 대상으로 한 일관된 결과를 보고했지만(예를 들어, Anderson & Liddell, 1935), 양을 대상으로 연구하기 위해서는 커다란 농장 시설이 필요했다. 헐 이론의 연구자들은 쥐를 선호하였지만, 설치류가 실험신경증에 걸리기 쉽다는 것을 시사하는 연구문헌은 거의 없었다. 월피는 Jules Masserman(1943)이 쓴 『행동과 신경증(*Behavior and Neurosis*)』이란 책에서 해결책을 발견하였다. 매서만은 집고양이가 먹이 접시의 덮개를 벗기려고 할 때 전기충격을 주는 방법을 통해 신경증을 일관되게 유발할 수 있다는 사실을 보고하였고, 자신의 연구결과를 동기적 상태들 사이의 갈등과 관련된 것으로 프로이트 이론의 측면에서 설명했다. 여기서 월피는 자신이 고안한 대안적 이론과 프로이트 이론을 비교할 기회를 가지게 된 것이다. 또한 고양이는 연구대상동물로서 의과대학에서 쉽게 구할 수 있었다. 월피는 동물들의 식량 구입비를 약간 지원받고 자기

돈을 보태서 필요한 기자재를 구비할 수 있었다. 1947년도에 연구를 시작하여 1년도 안 되어 완결된 실험 결과를 제출할 수 있었다(Wolpe, 1948).

1948년은 직업적으로뿐만 아니라 개인적으로도 월피에게 의미 있는 해였다. 그해 5월 그는 Stella Ettman과 결혼했다. 2년 전 신시아 에델스타인이 주선한 파티에서 그녀를 처음 만났을 때부터 월피는 그녀에게 마음이 끌렸다. 홀아버지 밑에서 자란 그녀는 강하고 자립적인 젊은 고등학교 교사였다. 아버지가 돌아가시자 요하네스버그로 왔고 레오레이나의 아내와 함께 노동조합에서 서기로 일했다. 그동안 여성들과 진지한 관계를 가지려 했던 월피의 노력은 번번이 실패했었다. 에이브 에델스타인은 그에게 스텔라와의 관계에서 너무 성급하게 굴지 말라고 충고했다. 이 충고는 효과가 있어서 월피는 청혼하기 전 1년 동안 그녀에게 구애했다. 그녀는 이 열렬한 젊은 연구자에게 매우 마음이 끌려서 월피가 논문을 쓸 때 자신의 영어능력과 서기기술을 이용해서 도와주었지만, 그가 청혼을 했을 때는 거절하였다. 이에 월피는 성급하게도 이전 여자친구를 만나서 데이트를 했다. 그가 이 사실을 스텔라에게 말했을 때, 그녀는 월피가 이전 여자친구와의 데이트를 끝낸다면 약혼하겠다고 말했고, 그들은 두 달 후 결혼했다.

고양이 치료

회색 고양이는 실험 우리 안에서 늘상 취하는 웅크린 자세를 하고 있었지만, 우리 안의 구석진 곳에 물러나 있지는 않았다. 월피는 조그만 나무 주걱을 들고 우리로 다가가 고양이에게 고기조각을 내밀었다. 그는 고양이가 불안 때문에 먹지를 못하지만 먹이를 먹게 하면 불안을 극복할 수 있을 것이라고 생각했다. 그는 이를 '상호억제(reciprocal inhibition)'의 원리라고 칭하였다. 그러나 고양이는 아무 반응도 보이지 않았다. 월피는 몇 분간 물러나 있다가 다시 시도했다. 고양이는 코 앞에 있는 먹이를 눈을 들어 바라보았지만 이내 뒤로 물러섰다. 월피는 같은 시도를 반복했지만 고양이는 역시 변화가 없었다. 여러 번 시도했지만 고양이는 전기충격을 받았던 우리 안에서의 음식 먹기를 거부했다.

다음날, 고양이를 실험 우리에서 꺼내서 연구실 바닥에 놓아두고 고기를 주었다. 고양이는 방구석으로 물러났고 역시 먹기를 거부했다. 그 다음날, 월피는 고양이를 실험실 옆에 있는 방으로 데려갔다. 몇 분 후, 고양이는 주위를 돌아다니기 시작했지만 먹이는 계속 피했다. 다음날 그는 고양이를 건물의 다른 방으로 데려가서 바닥에 내려놓고 고기를 주었다. 고양이는 조심스럽게 방을 탐색한 뒤에, 음식에 다가가서 냄새를 맡고 게걸스럽게 고기를 먹어치웠다. 몇 분 뒤, 고양이는 또 다른 고기조각을 계속 먹었다. 월피는 고양이가 놓아 둔 고기조각들을 모두 먹어 치운 것을 보고 한숨을 내쉬며 미소지었다. 다음 회기에는 실험실 옆방에서 음식을 먹었고, 점차 고양이는 실험실 안에서도, 실험 우리와 가까운 곳에서도, 실험 우리 안에서도 음식을 먹게 되었다. 눈을 크게 뜨고 노려보거나 몸을 웅크리고 떠는 모습은 사라졌다. 월피가 다가갈 때 위축되거나 우리에 들어갈 때 망설이는 모습도 사라졌다.

한 가지 검사가 더 실시되었다. 월피는 짧은 소음이 들리는 경적기를 누르고는 즉시 고양이 앞에 먹이를 떨어뜨렸다. 고양이는 몸을 웅크리고, 노려보며, 털을 곤두세웠다. 그는 벽에 있는 시계를 바라보았다. 1분도 안 되어 고양이는 천천히 먹이에 다가가서 그것을 먹고 차분해졌다. 이 과정이 반복되었고, 경적기에 대해 점차 반응을 덜 보이게 되었다. 이어진 회기에서 월피는 경적기의 소음이 들리는 시간을 증가시켰고, 고양이는 마침내 30초 간의 소음에도 부정적인 반응을 보이지 않았고, 대신 먹이를 쳐다보았다. 고양이의 실험신경증이 치료된 것이었다.

전문적 발전

학위논문을 마친 뒤에, 월피는 헐의 학습이론을 정교화하는 데 노력을 기울였고, 열심히 일한 대가로 적절한 보수를 받을 수 있었다. 레이나의 권유를 받아 월피는 자신의 학위

논문을 『조건형성과 신경증(*Conditioning and Neurosis*)』이라는 제목의 책으로 펴냈다. 그는 책 속에서 실험신경증의 전체적인 역사를 개괄하고 무수한 이론들을 비판하면서, 부적응적 행동에 대한 헐의 학습이론을 확장시킨 자신의 의견을 공식화하였다. 레이나의 부탁을 받아들여, 월피는 자신의 원고가 애플톤 출판사에서 출판되도록 헐이 추천해 주길 기대하며 원고를 헐에게 보냈다. 애플톤 출판사에서는 '세기 심리학 시리즈'를 통해 헐의 『행동의 원리(*Principles of Behavior*)』(1943)와 Skinner의 『유기체의 행동(*The Behavior of Organisms*)』을 출판했다. 당시 몸이 아팠고 곧 출간될 자신의 책을 마무리하는 데 급급했던 헐은 월피의 원고를 출판업자인 케네스 스펜스에게 넘겨 검토해 보게 하였다. 스펜스는 그런 원고는 상업성이 없다고 여겼고, 이 의견에 또 다른 출판업자인 케네스 맥코쿼달도 동의했다.

그러나 다음해에 헐의 제자였던 Neal Miller(Dollard & Miller, 1950)와 Mowrer(1950)가 헐의 이론을 부적응적인 행동에까지 확장한 두 권의 책을 냈다. 그들의 책은 폭넓은 영향력을 얻으면서 이러한 아이디어가 시기적절함을 보여주었다. 월피가 헐의 이론을 인간 신경증에까지 확장시켜 적용한 책을 최초로 출판하지 못했던 것은 그가 연구자로서 지명도가 없었던 탓일 수도 있고, 그의 개념이 모호하거나 혹은 단순히 사람들에게 알려져 있지 않았기 때문일 수도 있다. 하지만 Miller나 Mowrer는 연구자이자 이론가로서 그 당시 높은 명망을 얻고 있었음에도 불구하고, 월피와 같은 효과적인 치료 프로그램을 개발하지는 못했다. 그들은 치료를 위해 단지 정신분석을 제안했을 뿐이며, Mowrer는 이후에야 학습이론을 떠나 집단심리치료 프로그램을 개발하였다.

월피는 여전히 자신을 헐 계열의 학자로 규정하였지만, 여러 가지 학습 현상을 '신경생리학적 견해'로 바라보는 일련의 논문들을 준비했다. 헐은 신경 구조들에 대해 상세한 설명을 피하는 대신, 가설적인 과정에 대한 기능적이고 수학적인 표현을 개발하여 경험적 자료들을 설명하는 것을 선호했다. 월피는 관찰되는 자극과 반응 사이의 공백을 촉발/억제 시냅스들이 다양한 방식으로 연결되어 있는 뉴런들의 연쇄로 보기를 제안했다. 그리고 실제의 해부학적인 구조가 아닌 논리에 기반하여 만든 정밀하게 연결된 구조모형을 제시하였다. 이 논문은 *Psychological Review*(Wolpe, 1949; 1950; 1952c, d, e; 1953a, b)에 실렸지만, 학계에 거의 영향을 주지 못했다. 월피의 이론은 Ernest Hilgard(1956: 454)가 쓴 『학습이론(*Theories of Learning*)』에서 '다수의 불확실한 이론' 중의 하나로 각주에 참고되었다. 월피의 논문들은 그가 유심론적 접근법(mentalistic aproach)보다는 물리적 결정론(physical determinist)에 충실하다는 것을 드러내 준다.

학습이론가로서 명성과 운이 따르지는 않았지만, 월피는 가정을 꾸리기 위해 요하네스버그에서 정신과 진료실을 개업하였다. 그러나 수입의 대부분을 벌어들인 것은 아내였는데, 이는 월피가 독자적인 생각을 가지고 있어서 정신과의사나 의사들이 속한 기존의 의료 체계에서 배제되었기 때문이다. 월피는 전통적인 프로이트식의 진료를 하지 않고, 불안은 조건화된 반응이고 더 강한 경쟁 반응을 통해 불안을 유발하는 자극에서 벗어날 수 있다는 자신의 믿음을 기반으로 한 치료법을 개발하기로 결심했다. 그는 레이나나 개인적으로 아는 의사들이 보낸 몇 안 되는 환자만을 보았지만, 환자에게나 월피 자신에게 그리 만족스럽지 않은 방법으로 치료했다. 그러나 대학시절 시험성적에서 확인되는 것보다 더 뛰어난 능력이 자신에게 있다고 믿었던 자신감과 아내의 지지로 월피는 새로운 치료 체계의 기본 구조를 확립하면서 2년간을 힘들게 보냈다.

프로이트의 이론과 방법 자체는 거부하였지만, 월피의 접근법도 프로이트의 영향을 어느 정도는 받았다. 발현한 증상의 기저에 놓인 요인들을 찾기 위해 개별 사례들을 철저하게 분석하는 것이 이에 포함된다. 불안은 프로이트와 월피 모두에게 있어 일차적으로 병을 유발하는 요인이다. 개인이 보고하는 일화적인 경험들은 프로이트와 월피 두 사람 모두에게 이론을 수립하고 치료하는 바탕이 된다. 경험적 사건들이 그런 일을 겪지 않았다면 정상이었을 사람에게 병리를 유발한다는 개념은 두 사람에게 공통적이지만, 월피는 유아기와 아동기의 성적 갈등이 전체 성격을 왜곡시킨다는 프로이트의 생각은 거부하였다.

월피는 불안이 실험실에서 충분히 명확하게 극복될 수 있다고 생각하였다. 문제는 신경증 환자들이 처한 다양한 상황을 고려할 때 이러한 과정을 어떻게 달성할 것이냐는 점이었다. 어떤 방법을 통해 불안한 각성을 극복할 수 있을까? 월피는 자기 논문의 고양이 실험과 '꼬마 피터'에 대한 Mary Cover Jones의 고전적 치료(Jones, 1924)를 기반으로 해서 치료 도구로서 단순하게 섭식을 고려하였다(1958: x). 그는 인슐린 충격요법(insulin shock therapy)이 효과를 거두는 이유가 식욕을 증가시켜 음식을 먹게 하기 때문일지 모른다고 생각했다. 그러나 불안유발 상황을 음식과 연합하는 것이 실용적이지 않다는 사실을 깨닫고는 이러한 생각을 곧바로 중단했다.

이즈음 그는 낯선 사람들의 시선을 두려워하는 젊은 남자를 치료하게 되었다. 겁내고 두려워하는 반응에 대항하기 위해서는 어떤 정서를 사용해야 할까? 월피는 수줍고 학구적이었던 자신의 젊은 시절을 떠올리면서, 두려워하는 상황에 대해 반항적인 감정과 분노감을 느끼는 것이 불안을 극복하는 데 효과적일 것이라고 생각했다. 그래서 월피는 그 환자로 하여금 다양한 '낯선 사람들'이 있는 공공 도서관에 가서 두려움을 유발하는 그들에게 마음속으로 분노감을 느끼고 고함을 치는 상상을 해 보도록 교육했다. 그 환자는 월피가 말한 대로 했고 두려움이 한결 경감되었다고 기뻐하며 이야기했다. 사회공포를 가진 다른 환자들에게도 유사한 방법을 사용하였고 일반적으로 긍정적인 결과를 얻었다.

1949년 후반, 레이나는 미국으로 떠나기 전에 월피에게 최근 발행된 책 한 권을 선물하였다. Andrew Salter(1949)는 『조건반사치료(*Conditioned Reflex Therapy*)』라는 책에서 파블로프의 이론을 기반으로 하는 임상적 접근방법에 대해 자세히 설명했다. 뉴욕에서 개업한 심리학자인 샐터는 이 책에서 지나치게 '억제적인' 성격을 가진 환자들에게 흥분적인 과제를 사용하는 다양한 사례들을 소개하였다. 샐터의 방법들은 월피의 방법과 비슷하였고, 월피는 샐터의 방법 중 일부를 자신의 방법과 통합해서 '주장적 반응(assertive responses)'이라고 불리는 기법을 개발했다. 월피는 때때로 환자들에게 샐터의 책 중 필요한 부분을 읽도록 권유했다. 그는 또한 진단 도구로서 성격검사의 사용에 대해 기술하였다. 월피는 그러한 평가도구의 가치를 깨닫고, 진단 과정에서뿐만 아니라 치료 결과를 평가할 때에도 성격 검사들을 사용하기 시작했다.

샐터는 매우 다양한 범주의 문제들을 대상으로 개입방법

을 기술하였다. 그러나 월피는 주장적 반응이 대인 간 상황(interpersonal situation)에서 유발되는 불안에 대해서는 유용할지라도 비사회적 공포(non-social fear)에 대해서는 적절하지 않다고 단호하게 생각했다. 두렵지만 무생물적인 상황(inanimate situation)에 도전하는 것은 의미가 없고, 변화가 유발되지도 않았다. 불안을 상쇄할 만한 더 다양한 반응 목록들을 찾다가, 월피는 Edmund Jacobson의 『점진적 이완 : 근육상태에 대한 심리적이고 임상적인 연구 및 심리적, 의학적 치료에서 점진적 이완의 중요성(*Progressive Relaxation: A Psychological and Clinical Investigation of Muscular States and Their Significance in Psychological and Medical Practice*)』(1938)이라는 책을 발견했다. 시카고 대학의 의사이자 생리학자인 제이콥슨은 자신의 책에서 근육을 이완하고 긴장시키는 과정에 대하여 자세히 설명했다. 그가 신경증이라는 용어를 사용하지는 않았지만, 제이콥슨은 고혈압, 대장염, 틱, 공포증, 범불안 장애 등과 같이 다양한 병을 가지고 있는 환자들에게 자신의 긴장이완 기법을 사용했다. 긴장이완은 월피의 상호억제이론(2장 참조)과 잘 부합되었으며, 명백히 불안을 억제해 주는 요인이었다. 제이콥슨은 여러 달에 걸쳐 훈련 과제들을 연마하도록 하여 깊은 이완상태에 이르게 했다. 여기에 월피는 불안 유발 상황에서 긴장을 이완하도록 하는 지시를 첨가했다. 그러나 불안이 지나치게 압도적인 경우가 많았고, 두려움을 느끼는 상황에서 누워서 이완된 자세를 취하는 것도 대개는 불가능한 일이었다. 또한 미리 예측할 수 없이 발생하는 불안을 일으키는 상황 직전에 깊은 이완상태를 달성하는 것도 가능하지 않았다.

이러한 문제를 해결하기 위해 월피는 Wolberg(1948)의 최면유도방법을 사용한 실험을 시작했다. 월피는 최면현상을 행동적으로 기술한 헐의 저서 『최면과 피암시성 : 경험적 접근(*Hypnosis and Suggestibility: An Experimental Approach*)』(1933)에 대해 익히 알고 있었다. 헐은 최면자의 말이 조건자극으로 작용하여 피험자로부터 반응을 유발할 수 있다고 제안했다. 샐터(1944, 1949)는 이러한 접근법을 보다 정교화하여, 자기최면(autohypnosis)의 임상적 절차와 환자의 일상적인 일과에서 파블로프식 조건형성을 포함하는 이론을 발전시켰다. 월피는 보다 단순한 방법을 선택했다. 그는 최면을 하나의 도구로 사용하여 불안유발 상황에 대한 치료자의 언어적 기술이 실제 사건을 대치할 수 있고, 따라서 치료자의 사무실에서 치료가 가능할 수 있도록 하였다. 더구나 이러한 방법은 불안반응의 강도를 통제할 수 있게 해 주었고, 따라서 긴장이완을 통해 불안이 극복될 수 있었다. 월피는 또한 최면이 이완 상태를 증가시키고 이완 훈련 시간을 줄이는 데도 도움이 될 수 있다고 생각했다. 그는 파블로프의 모델을 따라 최면으로 암시된 가벼운 불안유발 상태를 최면으로 강화시킨 이완상태와 연합시켰고, 그 결과 환자가 평온한 상태를 유지한다는 사실을 발견했다. 파블로프의 실험실에서는 이러한 연합을 하루에 한 번 실시하는 게 일반적이었지만, 그렇게 되면 불안한 상황이 많은 경우, 엄청나게 많은 치료 회기가 필요하다는 점에 월피는 주목했다. 이 절차를 첫 번째 상황에서 시도한 후, 두 번째 상황을 제시하자 환자는 다소 불안해하는 모습을 보였지만 세 번째 상황을 제시했을 때는 환자는 평온하고 이완된 상태를 유지했다. 이러한 과정을 거쳐 '체계적 둔감화(systematic desensitization)' 기법이 개발되었다. 체계적 둔감화 기법에서는 점차 더 길게 경적소리를 울리면서 고양이에게 먹이를 먹게 하듯이, 깊이 이완된 환자로 하여금 평온한 상태를 유지하게 하면서 조금씩 불안한 장면을 상상하게 하고, 점차 더 큰 각성을 유발하는 장면을 접하게 한다. 시간이 지나면서 경험을 통해, 월피는 최면유도 기법이 필요하지 않고 둔감화 기법만으로도 효과가 있다는 사실을 깨닫게 되었다.

주장 및 긴장이완 훈련에 덧붙여, 월피는 성적 상황에 점진적으로 접근하는 방식을 통하여, 성적 각성이 실생활의 성적 상황에서 느끼는 불안감을 극복하는 데 효과적이라고 생각했다. 긴장이완과 주장훈련, 성적 각성의 세 가지 기술은 다양한 범위의 장애를 다루는 임상적 도구가 되었다(1954).

월피의 총명함과 근면함은 인정받았고 이후 몇 년간 성공을 거두었다. 효과적인 치료방법으로 인해 성공적인 진료를 한 사례 수가 증가하였고, 치료에 성공한 환자들의 입소문을 타고 다른 환자들이 모여들었다. 이 환자들 중 많은 수가 정신분석이나 다른 전통적인 정신의학 방법으로 치료를 받았다가 실패한 경험을 가지고 있었다. 월피가 프로이트의 이론 및 치료와는 다른 대안적 방법, 즉 정신분석치료가 실패했을 때도 성공을 거둘 수 있는 치료 방법을 개발했고, 효과를 보려면 수년이 소요되는 전통적인 정신분석보다 그의 방법이 효과적이라는 사실이 명백해졌다. 그는 거의 혼자 힘으로 파블로프와 헐의 이론을 제이콥슨과 샐터의 임상적 실제와 결부시켜, 정신분석의 비효율성과는 대조되는 효과적인 치료 체계를 개발했다.

월피는 자신의 이론과 방법, 결과를 기술한 출판물을 통해 자신의 개념을 다른 사람들과 공유하였다(1952a, b; 1954; 1955; 1956a, b). 그는 다양한 신경증적 장애를 포함하는 자신의 사례들에 대해 90%의 성공률을 보고하였다. 월피의 출판물들은 전통적인 심리치료에 대한 Eysenck(1952)의 영향력 있는 공격과 보조를 같이했고, 대안적인 치료체계의 중추를 이루었다. 월피의 치료체계는 심리치료의 효과가 '있다/없다'로 시작한 논쟁을 개별 치료들의 상대적인 효과가 어떤지에 대한 보다 건설적인 질문으로 옮겨가게 하였고, 치료 효과에 기여하는 요인들에 대해 살펴보도록 이끌었다. 또한 프로이트를 중앙 무대에서 막 끌어내리려는 시점에 월피가 시기적으로 적절하게 등장한 측면도 있었다.

1955년, 40세의 나이에 월피는 안정되게 정착한 것처럼 보였다. 1951년과 1954년에 두 아들 데이비드와 앨런이 각각 태어났다. 진료소는 잘 되었고, 모교에서 안정된 시간제 강사 자리를 얻었다. 거기서 심리학 박사과정을 밟고 있던 Stanley Rachman을 만났다. 라크만은 레이나가 떠나고 남은 지적인 공백을 상당히 채워 주었고, 이제는 월피가 조언자의 역할을 맡았다. 월피는 라크만에게 자신의 임상적 치료 방법을 훈련시켰고 라크만은 작은 개인 진료소를 열었다. 이 대학의 심리학과 학부 학생이었던 Arnold Lazarus 역시 새로운 치료 방법을 배우려 했고, 학교에서뿐만 아니라 월피의 집에서도 많은 시간을 보내면서 함께 식사도 하고 아이들과도 놀았다. 월피는 경제적으로 안정되었을 뿐만 아니라, 학문적으로도 존경받았고, 진료와 교육을 함께할 수 있는 기회를 가졌다. 그러나 더 넓은 곳에서 그에게 손짓하였다. 레이나는 미국으로 떠나기 전에 월피에게 "남아프리카에 있기에 자네는 너무 큰 사람이네."라고 말한 바 있었다. 월피는 심리치료에 대한 그의 새로운 접근방법을 기술한 논문(1954)을 재출판해달라는 요구를 100번도 넘게 받았다. 그러한 요구는 주로 미국에서 왔으며 아이젱크도 전통적인 심리치료에 대항하는 자신의 노력에 참여해달라는 편지를 보내왔다.

보스턴 대학으로 간 레이나는 월피를 미국으로 불러들이려고 노력했다. 그는 월피를 보스턴 대학으로 초청하려고 노력했지만 성공하지 못했다. 그러나 레이나는 월피의 논문을 동료인 John Brodbeck에게 건네주었다. 브로드벡은 1955년에 스탠퍼드 대학에 새로 설립된 '고급 행동과학 연구 센터(Center for Advanced Studies in the Behavioral Science)' 의 특별 연구원 중의 한 명이었다. 깊은 인상을 받은 브로드벡은 월피에게 센터의 특별 연구원으로 올 것을 제안했다. 그는 요하네스버그에 있는 월피에게 이 제안을 통지하며 이력서를 요청했다. 월피는 이력서를 보내고 회신을 기다렸다. 여러 달 동안 아무 소식도 없었다. 뉴욕에서 온 정신과의사가 월피에게 그 문제에 대해 적극적으로 문의해 보도록 권유하였고, 월피는 센터에 편지를 보냈다. 월피는 자신이 1956~1957년 동안 특별 연구원으로 받아들여졌다는 회신을 받게 되었다.

위대한 여정

그의 할아버지가 자녀들을 데리고 자유와 기회를 찾아 금과 다이아몬드의 땅에 도착한 이래로 50여 년이 흐른 뒤에,

월피는 아내 스텔라와 어린 아들들을 데리고 캘리포니아를 향해 항해하였다. 그들은 여행길에 미국과 남아프리카 공화국을 식민지로 삼았던 과거 제국의 수도인 런던에 들렀다. 이들은 10년 후 미국의 자유가 움텄던 도시인 필라델피아에 정착하기 전에 다시 한 번 런던을 방문하게 된다. 심리치료에서의 혁명에 핵심적으로 기여한 그가 정치적 혁명에 전조가 된 지리적 경로를 따라갔다는 것은 어울리는 일이었다.

런던

월피는 아이젱크의 초청을 받아 미국을 오가는 길에 반프로이트적 경향의 거점을 방문했다. 한스 아이젱크는 런던 대학의 명망 있는 Cyril Burt 경 밑에서 1940년에 박사학위를 취득하였다. 버트와 마찬가지로 아이젱크는 행동의 생물학적 · 유전적 기초에 관심이 있었지만 그는 이러한 접근법을 헐의 학습이론과 통합시켰고, 이는 그가 성격과 정신병리를 연구하는 기반이 되었다. 2차 세계대전 동안, 아이젱크도 나치를 피해 온 독일의 정신분석가인 Alexander Herzberg가 개최한 비공식적인 세미나에 참석했다(Kazdin, 1979: 160-167). 헤르츠버그는 전통적인 '대화치료'와 대조되는 비전통적인 치료 방법을 개발하였다. 이는 환자로 하여금 자신의 증상과 관련된 일련의 점진적인 과제(graduated tasks)에 능동적으로 참여하도록 하는 것이었다(Herzberg,

1945). 아이젱크는 점진적인 과제법이 정신역동이론보다는 학습이론으로 보다 잘 설명될 수 있다는 결론을 내렸다.

2차 세계대전이 끝난 뒤, 아이젱크는 런던 대학 부설 정신과 수련 병원인 모슬리 병원의 정신의학연구소 내 심리학과장이 되었다. 거기서 그는 1950년대 초반 이래로 점진적인 과제, 집중적인 연습 및 학습이론에서 파생된 기타 다른 기법들을 사용하는 임상연구자들을 모았다(예를 들어, Jones, 1956; Meyer, 1957; Shapiro, 1957; Yates, 1958b). 1952년에 아이젱크는 정신분석치료에 대한 원대한 공격을 감행했고 월피에게 동맹군으로서 이 전투에 참여하도록 격려했다. 런던을 방문하는 동안, 월피가 자신의 기법에 대해 설명하는 세미나에 모슬리 병원의 치료진들이 열렬하게 참여하여 치료기법을 배우고 그것에 대해 비판적 분석을 했다. 월피는 아이젱크의 성격이론에 대해 논의하였고 그중 일부를 자신의 체계에 통합시켰다.

캘리포니아, 스탠퍼드

스탠퍼드 대학 캠퍼스 뒤편 북부 캘리포니아 언덕에 자리잡고 있는 고급 행동과학 연구센터는 깊이 생각하고 적극적으로 연구에 몰두하기에 좋은 전원적인 장소였다. 매년 일단의 연구원들이 초대되어 서로의 영감을 나누었다. 어떤 특정 결과물을 내도록 요구하지도 않았고 충분한 지원도 이루어졌다. 월피와 함께 있던 사람들 중에는 명망 있는 철학자인 Karl Popper와 Charles Wallace, 심리학자인 Fred Attneave와 Daniel Berlyne, Ernest Hilgard, Edward Newcomb이 있었다. 직접적인 협력이 이루어지지는 않았지만 월피는 이들과 오랫동안 지속되는 우정을 쌓았다. 월피는 나중에 그의 원고에서 이러한 동료들의 비판적 기여에 대하여 감사를 표하였다. 스텔라와 아이들은 스탠퍼드 지역의 자연적, 사회적 분위기에 흠뻑 빠졌다.

월피는 센터에서 제공한 기회를 이용하여 이전의 저작들을 정리하고 새로 내용을 첨가하여 이듬해 스탠퍼드 대학 출판사를 통해 『상호억제를 통한 심리치료(*Psychotherapy by Reciprocal Inhibition*)』(1958)를 출판했다. 월피는 샌프란시스코만 지역을 여행하면서 이 지역의 많은 대학에 있는 전문적인 심리학자들과 교수들을 만났다. 버클리 대학에서 인지 학습이론가인 Edward C. Tolman과 새로운 심리치료의 선구자로 존경하던 Mary Cover Jones를 만난 것은 그에게 특히 기쁜 일이었다. 자신의 생각에 대한 사람들의 긍정적인 반응에 고무되어 열차를 타고 미국 남부를 돌며 수많은 전문가 집단과 대학 교원들에게 강의하는 여행을 시작했다. 버지니아 대학에서 정신과 학장인 Ian Stevenson이 월피에게 자리를 제의하였지만, 월피는 다른 가능성을 좀 더 두고 보기로 결심했다. 너무 빠르게 그 해가 지났고 월피의 가족들은 원치는 않았지만, 남아프리카 공화국으로 돌아가기 위해 캘리포니아를 떠났다.

월피는 1957년 말에 요하네스버그로 돌아와 임상 진료와 강의를 다시 시작했으며 라크만과 이제는 대학원생이 된 라자루스와 함께 공동연구를 다시 시작하였다. 1956년에 박사학위를 취득한 후 라크만은 월피가 캘리포니아에 가 있는 동안 월피의 환자들 중 일부를 치료하였다. 라크만과 라자루스는 둘 다 월피의 치료 방법에 매진했으며, 월피 이후로 그의 치료방법의 효과에 대한 임상보고서를 쓴 첫 번째 사람들이었다(Lazarus & Rachman, 1957). 1959년에 라크만은 모슬리 병원에서 아이젱크와 함께 일하기 위해 영국으로 떠났다. 월피는 라자루스의 박사학위논문을 지도하였다. 라자루스는 자신의 논문에서 여러 가지 혁신적인 측면이 두드러진 실험을 수행했다. 그것은 체계적 둔감화와 정신역동치료를 비교한 첫 연구였고, 치료 결과를 측정하기 위해 행동에 대한 직접 관찰을 처음으로 적용하였으며, 집단둔감화 훈련을 처음으로 시도한 연구였다. 라자루스(1958)도 역시 경험적이고 학습이론에 기반한 치료를 전통적인 정신역동치료와 차별화하기 위해 '행동치료'라는 용어를 처음으로 사용하였다.

이후 아이젱크도 새로운 접근법을 프로이트의 심리치료와 비교하는 논문에서 '행동치료'라는 용어를 채택했다

(Eysenck, 1959a). 1960년에 아이젱크는 『행동치료』라는 제목의 책을 편집했는데, 여기에 모슬리 그룹과 월피 그리고 다른 치료자들이 개발한 다양한 기법들을 모두 실었으며, 둔감화에 대한 부분은 라자루스와 라크만이 저술했다 (1960).

샬롯테스빌, 버지니아

캘리포니아에서 따뜻한 환영을 받고 돌아간 조셉과 스텔라에게는 요하네스버그 사회에서 만연하는 편협성, 지적인 자극의 부족, 공공연한 인종주의, 저변에 깔린 반유태적 정서와 같은 특징들이 너무나 분명하게 보였다. 그들은 미국으로 돌아갈 것을 심각하게 고려했다. 이안 스티븐슨은 계속해서 교수직을 제의했고, 월피가 거절할 때마다 더 높은 연봉을 약속했다. 한참을 신중히 생각한 후, 월피와 가족들은 1960년 1월에 버지니아의 샬롯테스빌(Charlottesville)로 건너갔다.

거기서 그는 심리치료에 대한 새로운 행동적 접근방법의 대표 주자로 여겨졌고, 정신분석이 지배적이었던 정신과 내에서 따뜻하게 수용받지는 못했지만 정중하게 대우받았다. 그는 몇 명의 레지던트들을 지도 · 감독하고 몇 개의 수업을 맡아 강의했다. 그는 대부분의 시간을 환자를 진료하거나 책을 쓰고 전문가들을 대상으로 세미나를 개최하거나 자신의 치료방법을 시범해 보이는 데 사용하였다. 그는 정신분석에 맞서 행동치료를 내세우는 움직임에 보조를 같이했으며, 이로 인하여 모든 관점을 점잖게 인정하는 정신과 내에서 더욱더 고립되었다. 스티븐슨은 새로운 행동치료에 대해 열정을 가지고 있었지만, 프로이트에 맞서는 혁명에 참여하려고 하지는 않았다. 그보다 그는 기존의 형태를 초월하는 치료로서 새로운 방법과 이전의 방법을 통합하려는 계획을 가지고 있었다. 월피는 스티븐슨이 유사심리학(parapsychology)과 환생에 관심이 있다는 사실을 알고 더욱 실망하였다. 비록 그들이 함께 동성애의 치료를 기술하는 논문을 쓰긴 했지만(Stevenson & Wolpe, 1960), 스티븐슨은 편안함이 느껴지는 동료는 아니었다. 더구나 샬롯테스빌 사회는 과거 미국 남부 연방의 전통에 깊이 빠져들어 있었고, 계급과 인종에 대한 태도는 요하네스버그와 그리 다르지 않았다. 보스턴에서 온 레이나에게 간간히 의논하기는 하지만, 월피는 대부분 혼자 힘으로 해내야 했다. 샬롯테스빌이 약속된 땅이 아니라는 사실은 분명했다.

월피가 버지니아에서 해낸 큰 일 중의 하나는 1962년 봄에 스티븐슨과 레이나의 도움을 받아 '조건형성치료: 심리치료에서의 도전' (Wolpe et al., 1964)이라는 콘퍼런스를 개최한 것이었다. 그 콘퍼런스는 급속히 발달하는 행동치료 분야의 과거, 현재, 미래를 아우르는 통합적인 성격의 모임이었다. 행동치료의 과거는 파블로프적 실험신경증 연구를 기술한 Howard Liddel과 W. Horsley Gantt, 파블로프적 치료이론을 기술한 앤드류 샐터에 의해 대표되었다. 한편, 행동치료의 미래는 뱀을 회피하는 대학생들을 대상으로 체계적 둔감화 훈련의 효과를 연구한 Peter J. Lang과 조작적 조건형성 개념과 절차의 임상적 관련성에 대해 설명한 Arthur J. Bachrach에 의해 대표되었다. 심리치료를 비교하는 연구의 필요성에 대한 스티븐슨의 언급 역시 선견지명이 있는 것이었다.

콘퍼런스를 마친 후에, 샐터는 월피에게 뉴욕에 조건형성 치료센터를 세워 보는 것이 어떻겠느냐고 제안했다. 그러나 이 두 명의 완고한 남자들은 어떠한 이론적 토대를 바탕으로 할 것인지에 대해 의견이 엇갈렸다. 샐터는 흥분과 억제에 대한 자신의 파블로프 학파적 해석을 고집한 반면, 월피는 자신의 헐 학파적 지향을 유지하려고 했다. 월피는 자신의 생각에 대한 샐터의 공헌을 인정한 반면, 샐터는 자신의 개척자적 위치를 고수하였고, 두 사람은 언짢은 감정을 지닌 채 헤어졌다. 샐터는 뉴욕에 있는 자신의 진료소로 돌아갔고 월피는 행동치료를 실시하고 가르칠 수 있는 기관을 찾으려고 계속 노력하였다.

월피는 런던으로 눈을 돌렸다. 그는 아이젱크와 서신 왕래를 계속하고 있었으며, 미국 정신의학회 총회에서 만났던 런던 대학의 정신과 과장인 Aubrey Lewis도 그에게 런던에 센터를 세워보라고 권유했다. 그래서 월피는 1962년 여름부터 일 년간 버지니아를 떠나 런던으로 갔다. 이 해에 월피는 런던에서 급히 차린 개인 진료소에서 나오는 수입으로 가족들을 부양해야만 했다. 월피는 다른 형태의 심리치료로 치료되지 않은 환자들을 치료하는 시설을 세워 볼 생각을 했다. 아이젱크가 그에게 정계와 재계의 대표들을 소개해 주었지만 치료 센터 건립을 위한 재정 마련은 여의치 않았다. 모슬리 병원에는 이미 새로운 행동치료에 관심 있는 심리학자와 정신과의사들을 교육하는 임상연구자들이 충분히 있었다. 영국에는 월피만한 재능과 흥미를 가진 사람이 머물 곳이 한 군데도 없었다. 아이젱크가 새로 발행한 저널인 *Behavior Research and Therapy*의 창간호에 논문(1964a)을 기고한 것을 제외하고는 이렇다 할 만한 일이 없었다.

더욱더 안 좋았던 일은 1963년 샬롯테스빌로 돌아왔을 때 스티븐슨이 안식년을 맞아 대학을 떠나 있었고 정신과의 정책이 정신역동 지향의 교수들에 의해 좌우되고 있었다는 점이었다. 월피의 강의 수는 급격하게 줄어들었고 그는 점점 아웃사이더가 되었다. 그는 진료와 강의를 하고, 책을 쓰고 새로운 자리를 찾으며 분주하게 시간을 보냈다. 다양한 사람들을 대상으로 행동치료에 대해 설명하는 많은 글을 쓰고

(1963b; 1964a, b, c, d, e; 1965a, b; 1966a, b), 사례회의 회보를 편집하여 책으로 만들며(Wolpe et al., 1964), 몇 편의 개관논문과 비판적 논평들을 발표했다(1964f, g; 1965c, d). 또한 둔감화 훈련 자료에 대한 양적 분석을 실시했고(1964c) 공포 조사 목록(fear survey schedule)을 만드는 데 협력하였으며(Wolpe & Lang, 1964), 성장애(1964h), 약물중독(1965e), 말더듬(1966c)에 대한 행동치료에 관하여 저술하였다. 특히, 이전에 제자였던 아놀드 라자루스와 협력하여 행동치료 기법에 대한 실용적인 교과서를 펴냈다(Wolpe & Lazarus, 1966). 누가 보더라도 매우 생산적인 기간이었고, 월피 자신도 이 시기를 특별하게 여겼다. 그는 행동치료와 교육을 담당하는 기관을 세우려는 노력을 계속했다.

그러한 노력의 시작이 '6월 연구회(June Institute)' 였다. 월피는 수련중인 임상가와 심리학전공 대학원생들로부터 행동치료 방법의 훈련에 대해 수많은 질의를 받아 왔었다. 1965년 여름에, 그는 처음으로 한 달간 행동치료 교육 세미나를 실시했다. 12명이 넘는 참여자들이 유럽과 남미 그리고 미국에서 왔다. 처음 교육을 받은 사람들 중에는 Joseph Cautela, Alan Goldstein, Dorothy Susskind가 포함되었고, 이들은 나중에 행동치료에서 주목할 만한 기여를 했다. 골드스타인의 경험이 이들이 초기에 겪었던 일들의 실례가 된다. 임상 심리학 대학원생이었던 골드스타인은 정신역동적 모델에 실망을 느끼고 있던 중 월피의 1958년 책을 읽으면서 흥미로운 대안책을 발견했다고 생각하게 되었다. 그는 월피에게 편지를 썼고, 진심어린 답장을 받았다. 곧이어 골드스타인은 가족들과 함께 버지니아로 가서 월피와 함께 연구했다. 오전에는 월피가 이론적, 기술적 문제들에 대해 강의를 하고, 오후에는 학생들과 함께 공동 치료자로서 참여하거나 참가자들이 짝을 지어서 하는 치료를 관찰하는 식으로 교육 세미나가 이루어졌다. 저녁에는 같이 어울려 얘기를 나누며 보냈다. 최고의 하이라이트는 월피가 직접 만든 남아프리카식 카레요리였다. 스텔라는 참여한 모든 학생들에게 어머니 역할을 했다. 이러한 유쾌한 경험은 교육 프로그램을 위한 적절한 환경을 찾으려는 월피의 결심을 더욱 굳건하게 만들었다.

1965년 뉴욕에서 개최된 미국 정신의학회 총회는 여러 가지 가능성을 만들어 주었다. 모임이 있은 뒤에 월피는 행동치료에 관심이 있는 사람들과 자리를 같이했다. 그 자리에서 월피는 Temple 대학의 정신과 과장이 될 R. Bruce Sloane과 술을 마셨다. 슬로안은 런던 모슬리 병원에서 수련을 받으면서 아이젱크 및 그의 동료들과 알고 지낸 바 있었다. 슬로안은 템플 대학의 정신과가 정신분석치료에 집중되었다고 생각하였고, 이를 확장하는 데 관심이 있어서 월피가 자신을 방문하도록 초청하였다. 펜실베이니아 대학의 Martin

Orne 역시 월피에게 관심이 있었고, Joel Elkse도 볼티모어에 있는 존스 홉킨스 대학에 월피를 초청했다.

필라델피아, 펜실베이니아

월피는 템플 의과대학 면접을 보기 위해 필라델피아에 갔고, 다음으로 홉킨스 대학에 갔다. 템플 대학 정신과의 정신분석 교수들은 월피를 만나기를 거절했지만, 학장이 그를 만나자고 초대하였고, 행동과학 학과에 임명되는 문제가 논의되었다. 정신과 교수들의 반대가 새로울 것은 없었지만, 월피는 펜실베이니아 지역 일반에 대해서뿐만 아니라 템플 대학의 지적 활동 수준에 대해서 깊은 인상을 받았고, 행동과학 학과 자리를 수락하였다. 6개월도 지나지 않아 슬로안은 정신과를 쇄신하였고 월피는 양쪽 과에 함께 임용되었다. 슬로안의 도움을 받아 1966년에 행동치료 분과가 설립되었다. 행동치료 교육과 치료를 담당하는 기관을 만들려는 월피의 꿈이 마침내 이루어지는 것 같았다.

행동치료 분과 동부 펜실베이니아 정신의학연구소(EPPI) 내에 외래환자 치료 프로그램으로 설립되었으며, 템플 대학의 후원 아래 주정부가 재정을 지원하였다. 월피는 자신이 임명되는 조건으로 자신이 이전에 가르쳤던 아놀드 라자루스가 이 분과의 개발과 관리를 보조하는 업무를 맡을 수 있도록 협상했다. 라자루스는 월피가 버지니아로 가기 위해 남아프리카 공화국을 떠났을 때 월피의 진료소를 맡아 운영한 바 있었다. 그는 1963년에는 월피의 발자취를 쫓아서 스탠퍼드에서 일 년간 방문교수로 있었다. 계약이 만료되자 라자루스는 남아프리카로 돌아와 임상 진료소를 계속 운영하면서 미국에 자리가 나는지를 찾아보았다. 이후 스탠퍼드에서 알게 된 David Fischer와 캘리포니아의 샌프란시스코 근처에서 작은 집단 진료소를 운영하였지만, 보다 나은 자리를 계속 찾고 있는 중이었다. 월피와 라자루스는 거의 10년 전에 라자루스가 박사학위논문을 제출한 이후로 함께 일하지는 않았지만, 멀리 떨어져 있는 상태에서도 함께 협력하여 행동치료 교과서를 만드는 일을 잘 진행했기 때문에, 월피는 템플에서 행동치료 분과를 발전시키는 일을 라자루스와 함께 협력해서 잘 해 나갈 수 있을 것이라고 예상했다.

그렇지만 월피는 라자루스가 도착한 이후의 한 해를 '인생에 있어 최악의 해' 였다고 기술했다. 요하네스버그에서 진료소를 시작했을 때나 샬롯테스빌이나 런던에서 겪었던 어려운 시절들을 감안하면 이는 놀라운 말이었다. 처음에 월피는 앞으로 더 나아질 것이라는 희망으로 버텼지만, 그가 오랫동안 품고 있었던 꿈은 자신이 지도했고 신뢰할 수 있는 사람이라고 여겼던 바로 그 사람에 의해 거칠게 무너져 내렸다. 오랜 세월 전통적인 심리치료자들의 압력에 맞서 홀로 견뎌내게 해 주었던 월피 자신의 깊은 확신감이 협력적인 관계를 갖는 데 부정적으로 작용했던 것인지도 모른다. 라자루스가 이전에 오랫동안 월피의 학생이었던 것처럼, 여기서도 손아랫사람으로 협력해 주길 바랐지만, 라자루스는 이제 자신이 스승인 월피를 능가한다고 여겼다. 라자루스는 월피가 행동치료의 기반으로 내세운 조건형성모델을 비판하고 더 폭넓은 관점을 채택하기 시작했다 (Lazarus, 1966, 1967). 이러한 갈등은 프로이트와 융 사이의 갈등과 마찬가지로, 한 접근방법의 주창자와 새로운 방향으로 가길 원하는 그의 제자 사이의 이론적 논쟁인 것처럼 보였다. 그러나 월피는 이러한 갈등이 이론적이거나 혹은 기술적 차이 때문이라고 보지 않았다. 그는 라자루스가 개인적이고 전문적인 의사소통이 불가능하게 행동하고 있다고 느꼈다. 1968년 중반에 들어서면서 둘은 서로 말을 하지 않았고, 센터 안에서도 말없이 서로를 지나쳐 갔다. 이런 불쾌한 상황은 라자루스가 템플 대학 종신교수직을 거절하고 떠난 1970년대까지 지속되었다(월피는 종신교수는 아니었지만, 그에 상응하는 영향력을 가지고 있었다.). 모슬리에서 아이젱크와 함께 학위를 받고 뉴저지의 Rutgers 대학에 있었던 Cyril Franks는 라자루스와 친분이 있었는데, 그는 럭걸스 대학에 그를 위한 자리를 마련해 주었다.

라자루스와 헤어진 뒤, 월피는 이전에 라자루스와 함께 썼던 책을 대체하기 위해 자신이 쓴 교과서인 『행동치료의 실제(*The Practice of Behavior Therapy*)』(1969)를 내놓았다. 레이나의 중재로 각자가 기여한 바를 상세히 기술하는 데 동의하는 편지가 작성되었다. 라자루스는 곧이어 『행동치료와 그 너머(*Behavior Therapy and Beyond*)』(1971)라는 책을 저술하였고, 그 책 속에서 관계와 인지적 요인을 무시하며, 편협하고 기계적으로 조건형성을 적용하는 모습으로 월피를 희화화했다.

이처럼 시작은 불안정했지만, 행동치료 분과는 매우 주목할 만한 일들을 해냈다. '6월 연구회'는 매년 여름 30여 명의 사람들이 참여하며 15년 동안 계속되었다. 또한 매년 약 10여 명의 학생들이 심리학과 및 정신의학과 박사과정에 들어왔다. 월피는 처음에는 학생들을 위해 국립보건기구로부터 기금을 받을 수 있었지만, 수련과 연구에 대한 지원을 받기 위한 기금신청서를 작성하는 능력은 그리 뛰어나지 못했다. 그래서 센터는 항상 자금줄을 잡고 있는 관리자에게 좌우되었다. 1970년대에는 정신보건 분야에서의 연구와 수련에 대한 주정부와 연방정부의 지원이 꽤 지속적이고도 충분하게 이루어져서 행동치료 센터는 번창하였다.

행동치료 분과에 관련된 많은 사람들이 연구 기금을 받아서 행동치료와 관련된 임상 연구를 실시했다. 가장 선두에 선 사람은 정신과 과장이었던 브루스 슬로안이었다. 그가 월피를 고용한 것도 부분적으로는 정신분석과 행동치료의 효과에 대한 통제된 비교연구를 하고 싶었기 때문이었다(4장 참조). 이 기념비적 연구에 대한 계획은 월피가 템플 대학에 도착한 직후에 시작되었다. 모슬리에서 온 Neil Yorkson도 곧 이 연구팀에 참여했다. 월피는 이 프로젝트에서 Michael Serber(새로 임명된 정신과 교수)와 함께 수석 치료자로서 일하였고, 아놀드 라자루스는 다른 2명의 행동치료자 중의 하나로 참여하였다.

라자루스가 떠난 뒤에 고용된 앨런 골드스타인은 행동치료 분과에서 월피의 '오른팔'이 되었다. 골드스타인은 Diane Chambless, Edna Foa, Gail Steketee를 포함한 많은 연구자들 중에서는 단연 첫 번째였다. 이들은 연구기금을 얻어서, 광장 공포증과 강박 장애에 대한 행동 평가와 치료 부분에서 광범위한 연구를 했다. 월피는 대개 이러한 연구 프로그램에 직접적으로 참여하지는 않았다. 그는 계속해서 '6월 연구회'를 통해 교육을 실시하고 일부 정신과 레지던트들과 심리학 박사과정의 인턴들을 지도하였다. 그는 주로 책을 쓰고 미국, 유럽, 남미에 있는 전문가들에게 강의하면서, 급속히 팽창하는 행동치료 분야에 대한 핵심적인 지도를 해주었다. 청중이 5명이든 500명이든 간에 월피는 행동치료에 대해 강의할 준비가 되어 있었다. 일부 지켜본 사람들은 연구 결과에 초점이 맞추어져 있는 그의 강의가 다소 지루하다고 여겼지만, 그는 토론 형식이나 일대일로 이야기하는 데 있어서는 뛰어난 능력을 가지고 있었다. 전문적인 행동치료의 발전에 대한 그의 공헌이 여러 나라에서 높이 평가되었다(Distinguished Scientific Award, 1980; Seiden, 1994). 스텔라는 좋을 때나 어려울 때나 항상 그의 옆에 머물러 있었고 가능할 때마다 그의 여행에 동행하였다.

1980년도에 월피는 미국심리학회로부터 '심리학적 적용을 통해 뚜렷한 기여를 한 것에 대한 우수과학자상'을 수상하며 인정받았다.

> 비정상적인 행동에 대한 이해와 변화에 현저하게 기여하고, 특히 행동치료를 확립시킨 그의 선구적인 작업에 대한 공로를 치하하여 이 상을 드립니다. 그는 현재 세계에서 가장 널리 쓰이는 치료방법 중 하나인 행동치료의 이론과 치료법을 개발하는 데 핵심적인 역할을 했습니다. 월피의 치료법, 특히 둔감화치료는 수천 명의 환자들이 가진 두려움과 고통을 성공적으로 경감시켰습니다. 그의 성취는 지리적으로, 지적으로 고립된 환경에서 이루었다는 점에서 더욱 놀랄 만한 일입니다(우수과학자상, 1980).

이러한 절정기를 지난 뒤에, 행동치료센터는 점점 내리막길을 걷기 시작했다. 1980년도 미국 대통령 선거는 국가적 우선 순위에서 변화를 예고하는 전조가 되었다. 교육과 정신건강 분야에 대한 지원이 급감하였다. 행동치료센터의 운영비를 점점 환자가 낸 치료비에 의존하게 되었고, 그 돈으로는 교육활동은 차치하고 매일 매일의 운영비조차 감당하기에 충분치 않았다. 연구 기금을 얻은 월피의 동료들이 센터를 지속시키는 생명줄이 되었고, 이들이 점차 중요한 역할을 맡게 되었다. 더구나 1982년에 월피는 67세로 퇴직할 나이가 되었다. 예외적으로 계속해서 일을 하도록 허락받았지만 수입도 지위도 이전과 같지 않았다. 마지막 타격이 되었던 것은 앨런 골드스타인과의 관계 악화였다. 월피는 골드스타인의 연구 프로그램이 사실상 원래의 센터를 위협하는 독자적이고 자율적인 센터로 발전할 것이라고 느꼈다. 더구나 두 사람 사이의 개인적 불일치는 공동작업을 어렵게 만들었다. 안타깝게도 골드스타인은 필라델피아 지역에 독자적으로 연구와 치료 프로그램을 만들기 위해 센터를 떠났다.

로스앤젤레스, 캘리포니아

마침내, 스텔라는 건강이 좋지 않았던 남편에게 싸움을 그만 하도록 설득하였다. 그녀는 스탠퍼드를 떠난 이래로 계속 캘리포니아로 돌아가길 원했다. 그들의 두 아들, 배우이자 극작가인 데이비드와 의사인 알렌도 남부 캘리포니아에 살고 있었다. Pepperdine 대학에서 제공한 명예교수직은 월피로 하여금 편안한 환경에서 계속 글을 쓰고 여행을 다닐 수 있게 해 주었고, 그들은 1988년에 로스앤젤레스로 이사했다. 불행하게도 스텔라는 이사한 지 얼마 지나지 않아 림프종으로 사망했다. 40년 동안 함께했던 아내의 죽음으로 슬픔에 잠겼지만 월피는 30년 전에 캘리포니아에서 시작했던 작업을 멈추지 않았다. 그는 여전히 왕성하게 행동치료에 대한 책을 쓰고 강연을 하였다.

행동치료에서 병행된 발전

오래된 격언에 '물이 밀려오면 모든 배가 물에 뜬다.'는 말이 있다. 월피는 처음 미국을 방문하여 『상호억제를 통한 심리치료(*Psychotherapy by Reciprocal Inhibition*)』란 책을 출간하고 20년이 지나는 동안 새로운 행동치료의 발전에 넘칠 듯이 많은 기여를 했다. 월피의 명성은 행동치료의 성장과 궤적을 같이했다. 그의 생각과 방법이 행동치료의 발달에 영향을 준 것도 있고, 그와는 독립적으로 발달된 부분도 있다. 그것이 반복, 수정, 논박한 것이었든, 혹은 전혀 새로운 것이었든 간에 이러한 행동치료의 확장은 월피가 자기 자신의 이론과 치료를 다듬었던 넓은 지적 · 전문적 배경을 포함하고 있다. 행동치료의 발전에서 가장 중요한 네 분야는 행동수정의 발달과 체계적 둔감화에 대한 경험적 연구,

행동치료를 위한 전문적 조직의 수립 그리고 인지혁명이다.

행동수정

1960년대에 미국의 많은 대학 실험심리학과에서 스키너(1938; Ferster & Skinner, 1957)의 조작적 조건형성 이론과 기법들이 번성했다. 이러한 전통은 환경적 요인들과 행동 사이의 관계를 직접적이고 경험적으로 확인하는 것을 강조하고, 그러한 관계를 설명하기 위해 헐이나 파블로프의 이론에서 했던 것과 같이 가설적인 심리적 또는 신경학적 구조에 대하여 추론하는 것은 삼갔다(Skinner, 1950). 스키너의 시각은 2차 세계대전을 거치면서 동물 실험실을 넘어서 확장되었고, 조작적 조건형성의 사회적 중요성에 대해 생각하게 되었다(Skinner, 1948, 1953). 스키너는 개인적 혹은 사회적 문제를 치료하기 위해 특정한 프로그램을 제공하지는 않았지만, 다른 많은 연구자들은 그의 이론체계가 인간 행동에 어떻게 관련될 수 있는지 탐색하기 시작했다. 처음에는 스키너가 쥐와 비둘기를 훈련시키기 위해 고안했던 실험실을 더 크게 만들어 놓고 거기서 인간 피험자들의 운동 수행을 측정하였다. 이러한 실험은 Ogden Lindsley가 정신과 환자를 대상으로(Lindsley, 1956), Sidney Bijou가 보육원 아이들을 대상으로 실시하였다(Bijou 1957). 첨언하면, 이러한 맥락에서 '행동치료'란 용어가 처음 등장하였는데

(Skinner et al., 1953), 이 용어가 통용된 것은 이후에 아이젱크가 사용하고 난 이후부터다(1960).

얼마 안 가서 조작적 방법은 보다 사회적인 행동이나 환경에 직접 적용되었다. 스키너 체계에서는 환경적 요인을 중요시한다는 점을 감안하면, 조작적 조건형성 연구자들이 정신병원에 있는 정신분열병 환자들이나 학급 내 정신지체 아동들(Bijou et al., 1966)처럼 이미 많은 외적인 통제를 받고 있는 개인들(Allyon, 1963)을 대상으로 임상적 적용을 시작했다는 사실은 당연한 것이다. 전형적으로 이들은 기존의 정신의학적 또는 심리적 개입이 효과적이지 않았거나 개입 자체가 없었던 사람들이다. 그래서 초기의 조작적 조건형성 치료 프로그램에 대한 심한 반대는 거의 없었고, 치료 센터들이 미국 전역에 급속히 확산되었다.

상대적으로 국한된 '목표' 행동에 초점을 맞추고 있기 때문에, 조작적 접근법에는 '행동수정' 이라는 명칭이 붙었다(예: Ullman & Krasner, 1965). 정신병, 정신지체, 자폐 환자나 다른 입원 환자집단에 대한 조작적 조건형성치료는 외래 신경증 환자에 초점을 둔 월피의 치료를 보완했고, 다양한 임상적 문제들에 대하여 학습기반치료의 범주를 확장하였다. 월피의 이론과 방법들은 교과서의 저자들과 대학의 수련 프로그램을 통해 보다 넓은 체계에 통합되었고, '행동수정' 과 '행동치료' 라는 용어는 이 넓은 체계를 의미하는 용어로 함께 사용되기 시작하였다.

그러나 1970년대 초반, 환자의 인권에 대한 관심이 높아지고 전두엽 절제술과 전기경련요법(electroconvulsive shock)과 같은 침습성 의료절차에 대한 논란이 증가함에 따라 '행동수정'은 비판적 시선을 받게 되었다(Subcommittee on Constitutional Rights, 1974; Stoltz 1977). 그 결과, 좀 더 부드럽게 들리는 '행동치료'란 용어가 이 분야에 대한 보다 일반적인 용어가 되었다. 반면, 엄격하게 조작적 조건형성의 전통을 고수하는 사람들은 '응용행동분석(applied behavior analysis)'이라는 용어를 사용하였다(Baer et al., 1968). 보다 기초 과학에 가까운 *Journal of Experimental Analysis of Behavior*가 간행된 지 10년이 지난 1968년에 *Journal of Applied Behavior Analysis*가 따로 간행되기 시작했다.

보스턴에서 스키너와 친구가 되었던 레이나는 조작적 조건형성의 응용적인 측면에서의 발전에 대해 월피에게 계속 알려 주었고 월피는 그러한 성과들을 행동치료에 포함시키는 것에 찬성하였다. 그들은 아서 바크라크를 1962년에 버지니아에서 열린 '조건형성치료' 콘퍼런스에 초대했다. 그는 정신분열병 입원 환자를 대상으로 Teodoro Allyon이 실시한 초기 조작적 조건형성치료에 대해 소개했고(Bachrach, 1964), 월피는 신경성 식욕부진 환자를 대상으로 조작적 행동치료를 하는 것에 대하여 바크라크와 논의했다(Bachrach et al., 1965). 조작적 조건형성을 주창한 또 다른 사람인 Joseph Cautela는 샬롯테스빌에서 열린 첫 번째 '6월 연구회'에 참여하였다(Cautela, 1990). 코텔라는 보스턴 대학의 레이나 밑에서 박사과정을 마쳤고, 오그덴 린슬리의 지도하에 스키너의 제자 및 동료들과 함께 작업을 했다(Cautela, 1990). 이 과정을 통해 코텔라는 심상 수행(imaginal performance)을 통해 외현적 행동을 변화시키는 '내현적 조건형성(covert conditioning)' 모델을 개발했다(Cautela, 1972). 월피가 코텔라의 이론적 해석에 모두 동의한 것은 아니지만, 두 사람은 긍정적인 관계를 유지했고 월피는 '내현적 조건형성 절차'를 자신의 행동치료 교과서에 포함시켰다.

사실, 월피는 조작적 조건형성의 원리와 기법들이 정신병, 자폐증, 비행집단을 대상으로 사용된다는 점을 강조하면서 그의 행동치료 교과서의 모든 판에 그와 관련된 장을 실었다. 그러나 그는 조작적 조건형성이 신경증적 장애로 특징지을 수 있는 정서적 문제를 해결하는 데에는 상대적으로 덜 중요하고, 강화 효과들은 상호억제를 통해 더 잘 설명될 수 있다는 생각을 고수하였다. 이론적 차이에도 불구하고 월피는 조작적 조건형성을 장려하는 사람들과 우호적인 관계를 유지했다.

체계적 둔감화에 대한 경험적 연구들

심리학 박사학위 주제들은 종종 특정 이론과 방법론의 성쇠에 따라 선호되는 시대적 경향성을 따른다. 1950년대에 임상 박사학위논문으로 선호되는 주제는 헐의 이론을 통한 예측을 평가하기 위해 불안 질문지 점수와 조건형성의 일부 측면과의 관계를 살펴보는 것이었다(Spence & Talyor, 1953). 그러나 피츠버그 대학의 David Lazovik과 Peter Lang이 뱀에 대한 공포를 가진 대학생들을 대상으로 체계적 둔감화 치료에 대하여 실험적으로 통제된 연구를 수행하면서 관심이 그쪽으로 쏠리게 되었다(Lang, 1964; Lang & Lazovik, 1963; Lazovik & Lang, 1960). 체계적 둔감화는 요소별로 분석될 수 있는 명확히 구체화된 임상기법이어서 위약집단이나 대안적 기법들과 비교하기가 용이하였다. 국한된 부분에 공포를 가지고 있는 대학생들은 신경증 환자들에 비해 훨씬 더 수가 많고, 고양이나 쥐에 비하여 더 분명하게 임상적으로 적절하였다. 공포상황에 대해 명백한 반응을 보다 직접적으로 관찰할 수 있었고, 주관적 보고뿐만 아니라 생리적 반응을 측정할 수 있었다. 이러한 '아날로그 연구(analogue research)'는 월피나 다른 대안적 이론들의 치료효과나 예측에 대한 가설을 검증하는 데 최적의 수단이었다.

월피의 이론과 치료 절차는 전후 심리학 박사 수련에 대한 요구가 급증하는 시기를 잘 만난 것이었다. 이후 10년 동안 수백 편의 아날로그 연구들이 이루어졌다. 일리노이 대학의 Gordon Paul(1966)과 스탠퍼드 대학의 Gerald Davison(1968)의 박사논문같이 실험적 엄격성을 잘 준수하여 모범이 된 논문들도 있었지만, 다른 논문들은 상대적으로 수준이 떨어졌다. 아날로그 연구와 관련된 주요 문제들에 대한 논의는 4장에서 제공할 것이다. 여기서 중요한 점은 이러한 연구들이 행동치료에서 월피의 위치를 보다 굳건히 해 주었다는 점이다. 월피가 아날로그 연구 패러다임을 개발하거나 사용한 것은 아니었지만, 아날로그 연구를 통하여 체계적 둔감화는 경험적으로 검증된 최초의 임상적 개입방법이 되었고 다른 치료방법들과 비교되었다. 하지만 이는 꼭 축복할 만한 일은 아니었다. 한편에서 보면, 아날로그 연구가 월피를 전 세계적으로 심리학 분야와 교과서에서 익숙한 인물이 되게 만들었지만, 다른 한편으로는 그가 쉬운 문제들을 대상으로 단순한 치료법을 만든 사람이라는 인식을 강화시켰다.

전문적 조직과 학술지

월피가 샬롯테스빌에서 첫 번째 개최한 '6월 연구회'에 참여했던 도로시 서스킨드는 1960년대 초에 뉴욕에 개인 진료소를 연 심리학자였다. 월피가 지구 반대편의 요하네스버그에서 10년 전 외롭게 진료소를 연 적은 있지만, 뉴욕의 전문가 사회에 행동치료가 받아들여지는 것도 그와 별반 다를 게 없었다. 서스킨드는 행동치료자들 사이에 의사소통의 방법을 제공하고 서로를 지지해 줄 수 있는 조직의 필요성을 느끼게 되었다. 그녀는 뉴욕과 강 하나를 사이에 두고 있는 뉴저지의 럭걸스 대학에 있는 시릴 프랭크와 친분이 있었는데, 그와 지역 내 전문가들 중 행동치료에 관심이 있는 사람들을 자신의 아파트에 정기적으로 초대하여 행동치료에 대해 논의하고 치료법을 개발하였다(Cautela, 1990; Franks, 1993). 참여자들 중에는 뉴욕의 Andrew Salter와 Herbert Fensterheim, 보스턴의 Joseph Cautela, 스탠퍼드 대학을 떠나 스토니 브룩에 있는 뉴욕 대학에 자리를 잡은 Leonard Krasner와 Gerald Davison 등이 있었다. 필라델피아에 머물러 있던 월피와 라자루스도 정기적으로 참여하였지만, 둘 사이의 개인적 적대감으로 인해 불편한 분위기가 조성되곤 하였다.

런던에 있는 동안 프랭크는 일반인에게 과학적 성취들을 소개하는, 과학 발전을 위한 영국 학회(the British Association for the Advancement of Science)에 관여한 적이 있었다. 여기에서 이름을 따서 서스킨드의 아파트에서 이루어진 모임을 '행동치료들의 발전을 위한 학회(Association for the Advancement of the Behavioral Therapies: AABT)' 라고 이름 붙이게 되었다. 이 집단은 심리치료자들 사이의 토론회 형태로 심포지엄을 개최했고, 프랭크가 편집자로 뉴스레터를 발행하였으며, 미국 심리학회(APA) 내에서 관심 있는 사람들을 모아서 지회를 만들었다. AABT는 1967년에 APA가 정기 총회를 개최할 때 동시에 첫 정기 총회를 열었다. 프랭크가 초대 회장이 되었고 서스킨드는 총무이사를 맡았다. 월피의 선구자적 위치와 의학적 배경을 고려해서 프랭크는 월피에게 1968년에 회장을 맡도록 권유했다. 유감스럽게도 1969년 회장에는 라자루스가 월피에 이어 선출되었다. 다소 아이러니컬하게도, 같은 해에 학습이론을 공통적인 전통으로 한다는 점을 지적한 논문에 대한 반응으로, 학회의 이름을 '치료들(therapies)' 이라는 명칭 대신에 '행동치료의 발전을 위한 학회(Association for the Advancement of the Behavioral Therapy: AABT)' 로 바꾸었다(Wilson & Evans, 1967).

AABT에 새로 가입하는 회원들은 주로 대학의 심리학자와 임상 심리학자들로 이루어졌는데, 월피는 정신의학계 안에도 유사한 조직을 설립하고 싶어 했다. 그래서 월피는 1970년에 미국 정신의학회의 연차 총회에 맞추어 행동치료 및 연구 학회(Behavior Therapy and Research Society)를 만들었다. 이는 정신과 내에서 연구발전을 도모하고 행동치료 전문직을 발전시키기 위한 것이었다. 그와 레이나는 이 학회의 공식 학회지로 『행동치료와 실험정신의학 학술지

(*Journal of Behavior Therapy and Experimental Psychiatry*)』를 발행하기 시작했다. 같은 해에 AABT의 뉴스레터는 프랭크를 첫 편집자로 하여 『행동치료(*Behavior Therapy*)』라는 학회지로 발전했다. 행동치료 및 연구학회의 경우 정신의학 내에서 기대하던 지위를 얻지 못하였으며, 이는 정신분석에서 약물치료로 전환되는 시점에서 발전하는 행동과학과 중복되는 것처럼 보였다. 그러나 학회지를 출판하고, AABT에서 심사위원단을 후원하며, 행동치료 수련을 실시할 때 훈련 기준을 충족하는 '임상 전문가들' 의 명단을 결정하기 위하여 학회는 월피와 레이나의 지도를 계속 받았다.

인지혁명

정신분석에 치명적인 결정타를 날릴 정도는 아니었지만, 월피는 결정적인 노력을 기울여야 하는 또 다른 도전에 직면해야 했다. 이 도전은 신경증적 행동을 통제하는 데 인지가 미치는 역할과 효과적인 치료를 위한 인지적 개입의 필요성과 관련된다(4장). 인지적 요인에 대한 연구와 논쟁은 이론과 치료 프로그램을 활성화시켰다. 이는 인지적 접근을 지지하는 사람들에게는 행동치료의 성장 또는 성숙으로 받아들여졌다. 그러나 월피는 이러한 노력을 대부분 불필요하고 비건설적인 것으로 보았다.

역사적으로, John B. Watson(19113)이 유심론(mentalism)을 공격하며 행동주의(behaviorism)라는 말을 만들어 낸 이후로 내적 과정의 역할에 대한 의견에서 심리학 내에서 긴장이 존재해 왔다. 넓은 측면에서 보면 행동주의는 유기체와 환경과의 상호작용을 설명하고, 예측하고, 통제하는 원칙들을 공식화하는 것과 관련되어 있고, 따라서 '자극-반응 심리학'이라고 이름이 붙여졌다. 서로 배타적이지 않은 세 개의 주된 견해가 행동주의적 심리학 내에서 주도권을 두고 경쟁해 왔다. 첫 번째 견해는 환경과 외현적 행동 사이에 충분히 타당한 관계가 존재하기 때문에 내적 과정에 대한 연구는 불필요하다는 입장을 취하고 있다. 또 다른 견해는 행동을 설명하기 위해 생리적(신경학적 또는 유전적) 구조와 활동이 필요하다는 견해다. 세 번째 견해는 환경과 행동 사이의 관계를 표현하기 위해서는 가설적인 중재 기능들이 필요하다는 입장을 가지고 있다. 학습이론을 배운 학생이라면 첫 번째 견해가 스키너의 것이고, 두 번째는 파블로프와 왓슨의 것이며, 세 번째는 헐과 스펜스의 것이라는 점을 구별할 수 있을 것이다. 월피는 의학적 수련을 받은 경험과 일관되게 생리적 견해를 선호했다. 앞에서 지적했듯이, 그는 헐의 가설적 구성개념을 신경생리학적 용어들로 바꾸려 하였다.

1960년대 들어 여러 요인들과 관련된 인지적 과정에 대한 관심이 부활하였다. 동물보다는 인간을 대상으로 더 많은 연구들이 행해졌고, 컴퓨터의 성능이 확장됨에 따라 인간행동에 대한 정보처리 모델이 제안되었으며, 개인주의와 자유를 중시하는 문화적 사조가 행동주의에 함축되어 있는 결정론적 관점과 대립하였다. 당시 영향력 있었던 책은 고급 행동연구를 위한 센터에 있던 일군의 연구자들이 쓴 『행동의 계획과 구조(*Plans and the Structure of Behavior*)』라는 책과 Ulrich Neisser가 쓴 『인지심리학(*Cognitive Psychology*)』(1967)이라는 책이었다. 실험 인지심리학은 지각 및 기억과 관련된 인지적 구조와 과정에 대해 풍부한 방법, 자료, 개념들을 제공했다. 그러나 이것들이 직접적으로 '인지행동' 치료자들에게 사용된 경우는 거의 없다. 그 대신 인지행동치료자들은 우울이나 불안과 같은 임상적 현상과 관련된 다양한 인지적 개념화를 개발했다. 그리고 조건형성 모델이 인간행동을 설명하고 수정하는 데 있어, 좋게 보면 부적절하고 나쁘게 보면 관련이 없다는 견해에 일치를 보았다.

인지에 관심을 가지게 된 데에는 기존의 것을 타파하려는 혁명적 전통도 한몫했다. 월피와 아이젱크는 행동치료를 심리치료에 대한 반란으로, 전적으로 옛것을 전복시키는 것으로 생각했고, 이러한 열정이 행동치료를 특징짓는 것으로 여겼다. 점진적인 수정과 융합으로 보일 수 있는 발전이 '젊은 무법자' 들에 의해 혁명적인 용어들로 제시되었다. 체계적인 발전이나 전례를 바탕으로 한 건설보다는 혁신과 독립된 프로그램의 창조가 더 높이 평가되었다. 따라서, 인지적 과정과 절차에 대해 급속히 증가하는 관심은 근래에 세워진 행동치료의 '전통' 을 뒤엎으면서 '인지혁명' 으로 불리게 되었다(Franks & Rosenbaum, 1983; Mahoney, 1977).

조건형성 전통 내에서 시작했던 많은 임상연구자들과 이론가들이 인지이론가들로 거듭났고, 이들이 굳건한 인지행동치료 체계를 구축하였다. Albert Bandura의 모델링에 대한 연구는 조건형성 모델을 밀어내는 인지이론이 되었다(Bandura, 1965; 1969: 118-151). 그는 이후에 많은 행동적, 인지적 개입에 있어 인지적 틀이 되는 '자기효능감(self-efficacy)' 이론을 개발하였다. 아놀드 라자루스는 '광범위 스펙트럼과 중다양식치료(broad spectrum and multimodal therapy)' 를 개발하였다. 그의 '기술적 절충주의' 는 조건형성이론뿐만 아니라 인지이론도 넘어서는 것이었다(Lazarus, 1966; 1971; 1976). Goldfried(1971)와 Richard Suinn(Suinn & Richardson, 1971)은 체계적 둔감화에서 인지적 요소들을 강조하였고, '체계적 합리적 재구조화(systematic rational restructuring)' 와 '불안 관리 훈련(anxiety management training)' 이라고 불리는 치료 프로그램을 만들었다(Goldfried 1979; Suinn & Richardson, 1971). 다른 인지치료들은 조작적 조건형성이론에 뿌리를 두고 있었다. 여기에는 조셉 코텔라의 '내현적 조건형성' (Cautela, 1972; Cautela & Wall, 1980), Donald Meichenbaum의 '자기지시치료' 와 '스트레스 예방훈련' (Meichenbaum, 1973; 1977)이 포함된다. 자기통제에 대한 스키너의 착상(Skinner, 1953: 228-229)은 인지 요인을 포함하는 많은 자기관리 프로그램에 기초가 되었다(예를 들어, Kanfer, 1970; Mahoney, 1977; Mahoney & Thoreson, 1974).

행동적 전통의 외부에서 중요한 기여를 했던 사람으로 합리적 정서치료(RET)의 Albert Ellis(1962)와 인지치료의 Aaron Beck(1972)을 들 수 있다. 두 사람은 정신분석을 교육받고 정신분석치료자로 임상 진료를 시작했지만 두 사람 모두 행동에 대한 무의식적 결정 요인을 강조하는 관점을 거부하고 의식적이고 인지적인 요인들을 선호하였다.

앨리스(1957)는 초기 형태의 RET와 관련된 비교연구를 실시했는데, 아이젱크는 월피의 초기 연구를 격찬하였던 같은 논문에서 앨리스의 연구를 호의적으로 언급한 바 있었다. 아이젱크는 엘리스가 그의 합리적 정서치료를 학습이론으로부터 도출하려고 시도하지는 않았지만, 그것이 불가능한 것은 아니라고 지적했다(Eysenck, 1961b: 719). 그 대신, 엘리스는 학습이론과 무관하게 자신의 체계를 발전시켰다(Ellis, 1962; Ellis & Harper, 1965). 그는 뉴욕에 '합리적 삶을 위한 연구소(Institute for Rational Living)' 를 설립하고 치료자를 훈련시키고 RET에 대한 워크숍을 열었다. 다채롭고 설득력 있는 작가이자 강연자였던 엘리스는 전문가들뿐만 아니라 일반인을 대상으로도 많은 책을 썼고, 단순한 심리치료 프로그램과는 대조적으로 삶을 위한 보다 일반적인 철학을 장려하였다(Dryden & Ellis, 1988). 많은 행동주의치료자들이 그의 방법에 나타난 행동주의적 특징들과 그의 이론과 절차에 사용된 행동주의적 요소들에 대해 지적하였지만, 엘리스는 이러한 시각에 대해 비판적이었다.

벡은 월피가 있었던 템플 대학과 거리는 가깝지만 분위기는 사뭇 달랐던 필라델피아의 펜실베이니아 대학에서 임상가 및 연구자로 일하고 있었다. 벡이 초기에 관심을 가졌던 것은 우울증과 관련된 인지적 왜곡이었고(Beck, 1963; 1972), 이를 불안장애를 포함할 수 있도록 확장시켰다(Beck, 1976; Beck & Emery, 1985). 그와 동료들은 우울증의 인지행동치료의 결과에 대한 일련의 영향력 있는 연구들을 시작하였으며(Rush et al., 1977), 이는 심리치료적 개입에 대하여 처음으로 대규모의 임상연구를 하였다는 데 커다란 의미가 있었다(Elkin et al., 1985). 벡(1980)은 인지치료와 행동치료 사이에 공통되는 부분을 재빨리 알아차리고 자신의 우울증 치료 프로그램에 행동주의적 치료를 분명하게 포함시켰다(Beck et al., 1979). 벡의 융통성과 엄격한 경험적 연구들은 인지치료와 행동치료를 연결시키는 데 많은 기여를 했다.

Ellis와 Beck은 둘 다 빈번하게 AABT의 연차 학술대회에 강연자로 초대되었다. 인지혁명의 영향은 학회 명칭을 '행동 및 인지 치료 학회(Association for Behavior and Cognitive Therapy)' 로 바꾸려는 시도가 있었다는 사실에서도 잘 반영된다. 1993년 회원들의 투표 결과, 학회명 변경은 기각되었다.

요하네스버그와 샬롯테스빌에서 홀로 정신분석에 맞섰던 월피는 이러한 도전에 대해 물러서지 않고 저술과 강연을 통해 인지혁명을 비판하는 데 노력을 기울였다. 그는 그릇된 정보에 기반해서 생긴 불안에 대하여 잘못된 개념을 명확히 하는 것처럼, 인지를 적절하게 자신의 치료 체계 내에 이미 포함시켰다고 주장하였다. 그러나 물리적 영역으로부터 분리되어 정신적 영역이 존재한다는 철학적 함의를 거부하였고, 인지적 현상은 궁극적으로 조건형성에 의하여 설명될 수 있는 신경생리적 과정으로 귀납될 수 있다는 입장을 고수하였다. 그리고 일부 환자의 장애는 인지적 요인이 중요하고 다른 환자의 경우에는 조건형성 요인이 중요할 수 있는데, 이러한 구별 없이 일괄적으로 인지치료를 시행하는 것은 반치료적이라고 결론지었다.

요약 및 결론

학문적 분석과 설명을 중시하는 유태인적 전통을 가진 리투아니아 이민자의 자녀로 태어난 조셉 월피는 새로 형성된 남아프리카 공화국의 영국 전통 속에서 자라났다. 독자적인 연구에 익숙하고, 책을 좋아하는 젊은이였던 그는 자신의 지적 능력에 대해 부모와 교사들로부터 인정을 받았고, 이를 통해 역경과 반대에 부딪힐 때에도 자신을 지탱해 줄 수 있는 높은 자신감을 갖게 되었다. 젊은 의대생으로서 그는 인간행동의 기초에 대한 철학적, 이론적 논쟁을 즐겼고 물질주의자, 경험주의자, 결정론자, 연합적인 관점을 가진 사람들을 좋아했다. 의학 교육과정에서 프로이트의 이론에 끌려, 2차 세계대전 시 정신과의사로 군복무를 하는 동안 잠시 이를 받아들인 적은 있었지만, 이는 하나의 치료로서 그 효과에 대해 눈을 뜨도록 해 주었을 뿐이었다. 파블로프와 헐의 이론의 발견은 프로이트의 신경증 이론에 대한 흥분되는 이론적 대안을 제공했지만, 어떠한 대안적 치료 방법도 당장은 명백해 보이지 않았다. 레오 레이나의 후원 아래, 고양이의 불안에 대한 매서만의 실험을 체계적으로 반복 검증했을 때, 그는 신경증의 유발과 치료에 대한 자신만의 이론을 구축할 수 있었다. 이를 통해 그는 프로이트의 갈등이론보다 연합적인 조건형성 모델이 더 우수하다는 확신과 치료적 개입을 위한 아이디어를 얻게 되었다.

월피는 이후 헐의 개념을 신경학적 모델로 구성하고, 임상가로서 자신의 이론을 치료 기법으로 확립하는 데 몇 년을 보냈다. 개인 진료소를 열고 처음 2년간은 벌이가 시원치 않았다. 정신분석이 지배적이었던 전문가 집단의 주류에 속하지 않았던 그는 학습에 기반한 심리치료가 가능하다는 신념과 스텔라의 격려를 통해 그 시기를 견뎌낼 수 있었다. 그는 불안조건형성과 상호억제에 대한 자신의 이론과 앤드류 샐터 및 에드문트 제이콥슨의 방법을 통합하여 새로운 평가 및 치료 프로그램을 만들었다. 곧이어 그는 심리치료 문헌에서 전례가 없었던 결과를 이루어 냈다. 학습이론을 바탕으로 한 그의 책들은 미미한 반응을 얻었지만, 치료결과에 대한 그의 보고는 굉장한 관심을 끌어 모았다. 그의 프로그램은 높이 평가되는 학습 과학에 기반하고 있었고, 치료절차들은 명확히 구체화되어 있었으며, 치료 목표들도 확실하게 기술되었고 대개는 달성되었다. 이는 진정 혁명적인 업적이었다.

전후 시기는 이러한 발전의 전성기였다. 한스 아이젱크는 심리치료 분야의 여리고성을 무너뜨린 여호수아 역할을 했고, 월피가 쓴 첫 번째 책인 『상호억제를 통한 심리치료(*Psychotherapy by Reciprocal Inhibition*)』는 행동치료로 알려진 운동에 참여한 새로운 물결의 임상가들에게 무기가 되어 주었다. 월피는 1960년대 중반에 동부 펜실베이니아에 있는 템플 대학의 정신의학 연구소에 자리를 잡았다. 거기서 그는 심리치료와 행동치료의 효과를 비교하는 획기적인 연구에 핵심적으로 참여하였고, 새롭게 싹트는 이 분야를 위해 치료와 교육, 강연, 저술에 매진했다. 그 후 20년 동안은 수백 명의 전문가들이 월피에게 개인적으로 교육을 받았고, 또 다른 수백 명의 사람들이 그의 치료기법으로 박사학위 연구나 박사후 과정 연구를 진행했다. 수천 명의 사람들이 그의 강연을 들었고, 그보다 더 많은 사람들이 그의 책을 읽었다. 행동치료는 경험에 기반한 치료를 개발하는 데 앞장섰고, 전통적인 심리치료를 실시하는 사람들도 이 새로운 치료법의 효과를 인정하고 전통적인 심리치료의 가치를 보여 주기 위해 더욱 노력하게 되었다.

월피는 명예교수로 일하게 되면서 강연을 하거나 책을 쓰는 속도가 매우 느려졌다. 그는 여전히 새로운 기법들과 자료들에 개방적이지만 행동치료를 정신역동치료나 유심론적 접근법과 통합시키는 시도에 대해서는 비판적이다. 대학시절에 그랬듯이, 그는 인간 본성에 대한 유물론적이고 결정론적 철학에 충실했다. 그리고 유익한 논쟁을 즐겼다.

2 주된 이론적 공헌

아동기 때 장래 희망이었던 화학자의 꿈을 버리고 학습이론을 임상이론과 실제에 적용시킨 월피는 연금술사처럼 보일 수 있다. 월피의 이론은 프로이트 학파의 연구와 동물의 학습이론에서 유래되었고, 임상적 관찰 및 행동치료 연구결과로 한층 보강되었다. 이 장은 크게 두 부분으로 나뉘어져 있다. 첫 번째는 신경증의 원인론에 대한 월피의 이론이고, 두 번째는 그의 치료법의 이론적 기초에 관한 것이다. 시간에 따른 변화와 발달과정을 다루는 것이 적절해 보이므로 이 장에서의 기술은 역사적인 형식을 따를 것이다.

신경증의 원인론

다윈과 동시대인이었던 Herbert Spencer는 자연선택 개념을 개인의 행동에까지 확장시켜 유기체의 환경이 쾌락을 주고 고통을 감소시키는 행위를 선택한다고 제안하였다(Schwartz & Reisberg, 1991: 8-9). 즐거움을 극대화하고 고통을 최소화하는 원리는 유기체로 하여금 안녕과 생존을 촉진시키기 위하여 끊임없이 변화하는 환경의 요구에 적응하도록 한다. 그러나 부적응적 행동은 수수께끼다. 즉, 도대체 왜 신경학적 결함이 없는데도 개인은 자신의 최고 관심사와 상반되게 행동하는 것일까? 월피에게 지대한 영향을 미친 두 가지 주된 연구의 흐름은 프로이트와 파블로프에 의해 시작되었다.

프로이트는 쾌락과 고통의 원리를 인간의 행동에까지 적용시켜, 인간을 신의 특별한 창조물이라는 지위에서 단지 생존을 위해 투쟁하는 또 다른 종으로 격하시켰다. 프로이트는 신경증을 기본적인 동물적 본능과 문명화된 사회에서 살아가는 압력 간의 무의식적인 심리내적 갈등에서 비롯된 것으로 보았다. 프로이트는 불안을 무의식적 갈등의 결과로 정의하였고, 신경증적 증상은 사람들이 이러한 갈등을 해결하고자 시도하는 방식으로 보았다. 정신분석은 그러한 갈등에 대한 의식적인 통찰력을 획득하고, 본능을 덜 파괴적인 경로로 방향을 바꾸어 주는 과정이다. 1장에서 언급하였듯, 월피는 의학과 정신의학을 수련받았던 짧은 기간 동안에 정신분석에 대해 연구하고 수용하였다가, 정신분석의 결과가 효과적이지 않자 결국 이를 거부하게 되었다. 그러나 불안이 특정한 경험의 결과로서 생겨나고 신경증의 핵심이며 증상의 형성을 촉진한다는 생각은 지속적으로 가지고 있었다.

실험 동물심리학은 종들 간의 연속성(continuity between species)이라는 다윈 학설의 전제에 기초하였고, 다른 종을 대상으로 한 학습연구 결과가 인간에 대해서도 유익한 정보를 줄 것이라고 가정하였다. 파블로프의 '실험신경증' 발견은 신경증이 인간에게만 고유한 것이 아님을 보여 주었다. 동물 실험은 신경증적 행동의 국소해부학과 생리학을 분석하고, 신경증을 촉발시킨 조건을 확인하여 효과적인 치료법을 찾아낼 수 있는 가능성을 제공하였다. 실험신경증에 관한 연구는 급증하였지만, 현상이 일관되지 않았고 치료법을 찾기도 어려웠다(Liddell, 1964). 파블로프는 동물 신경계의 유전형과 관련시켜 신경증을 흥분성 피질 각성과 억제성 피질 각성의 갈등이 신경학적 결손을 야기한 결과라고 제안하였다. 월피는 피질 손상의 증거가 없다고 느꼈고, 본질적으로 실험신경증 자료들을 조직화할 수 있는 일관된 원리가 있는지에 대해 의문을 가지고 문헌들을 찾아보았다.

'갈등' 이라는 개념은 프로이트 학파와 파블로프 학파의 이론에서 반복되는 주제다. 이러한 두 가지 연구 방향은 Dimmick 등(1939)의 섭식억제 절차(eating inhibition procedure)에 통합되었고, 이는 매서만(1943)에 의하여 확장되었다. 이 연구자들은 시각/청각 신호에 대한 반응으로 먹이가 담긴 상자의 덮개를 올리도록 고양이들을 훈련시켰다. 그러고 나서 고양이가 먹이 상자를 열 때마다 전기충격을 주었다. 연구자들에 따르면, 배고픔과 안전 욕구 간의 갈등이 실험신경증을 야기한 것이었다. 월피는 '조건형성된 불안(conditioned anxiety)' 이라는 대안적인 개념을 제안하였다. 헐의 제자인 마우어러(1939; 1940)는 불안이 유해한 자극에 반응하는 고통의 조건형성된 형태라고 제안하였다. 월피의 박사학위 논문은 이러한 두 가지 이론을 비교한 것이었다.

갈등과 혐오조건형성

1장에서 간략하게 기술된 월피의 고양이 실험을 좀 더 자세히 살펴보면, 그의 이론적 기초를 알 수 있다. 월피(1952a; 1958: 50-60)는 매서만(1943)의 실험과 유사한 기계장치와 절차를 사용하였다. 여섯 마리의 '갈등' 집단 고양이들은 작은 상자에 먹이가 주어지기 전에 청각적 조건자극

(CS)을 받았다. 청각적인 조건자극에 뒤따라 음식이 담긴 작은 상자가 제공되는 절차를 각 고양이에게 대략 8~16회기까지 회기당 20회씩 반복한 뒤, 이번에는 청각적 조건자극과 먹이를 제공한 후에 뒤이어 전기충격을 주었다. 전기충격 시행은 조건자극이 있어도 고양이가 더 이상 먹이에 접근하지 않을 때까지 반복되었는데, 단지 두세 번의 전기충격 회기만으로도 대부분의 동물들에게 효과가 나타났다. 하지만, 어떤 고양이의 경우에는 3회기 넘게 아홉 번의 전기충격이 필요하였다. 월피가 새로 도입한 부분은 여섯 마리의 다른 고양이들에게는 먹이 접근 훈련을 시키지 않고, 단순히 청각적 조건자극을 2~3초간 제시한 후 전기충격을 주는 비갈등(non-conflict) 집단을 고안해 낸 것이었다. 이 동물들은 불규칙적인 간격으로 5~10회까지 조건자극-전기충격이 연합된 시행을 받았다. 그리고 그중 다섯 마리는 1~3일 후에 조건자극-전기충격 연합을 한 번 더 받았다.

전기충격에 대한 즉각적인 반응은 실험 우리를 할퀴거나, 소리치기, 동공이 팽창되거나 털이 서고 호흡이 빨라지는 등의 자율신경계 활동 그리고 때때로 소변이나 대변을 싸는 행동이 포괄적으로 나타났다. 게다가, 모든 동물들을 실험 우리 속으로 집어넣을 때 동물들은 저항하였다. 가장 중요한 것은 실험 우리에서 자유롭게 먹을 수 있는 먹이를 거부한 것이다. 심지어 단식 3일이 지난 후에도 먹기를 거부하였다. 각각의 특징적인 불안의 형태도 주목할 만했다. 증상은 청각적 자극이 제시될 때 증대되었다. 월피는 음식과 전기 충격 사이의 '갈등' 에 직면한 집단과 갈등이 없었던 집단 모두에서 신경증적 행동이 나타난다는 결과를 얻었고, 이는 신경증의 유발에 있어 갈등이 필수적인 것이 아니며, 유해한 자극과의 파블로프식 조건형성만으로도 신경증을 유발하는 데 충분하다는 결론을 내렸다.

그러고 나서 월피는 다수의 다른 연구자들이 다루지 못했던 단계, 즉 신경증의 치료 단계를 연구하였다. 월피는 '상호억제(reciprocal inhibition)' 의 개념을 정교화하여 불안 때문에 먹는 것이 억제되었다면, 불안 각성을 극복하는 데 음식 섭취가 사용될 수 있을 것이라고 추론하였다. 그가 시도한 첫 번째 절차는 실험 우리에서 먹는 반응을 증가시키는 것이었다. 동물들이 원래 우리에서 손으로 먹이를 제공받았기 때문에 접근과 연합되어 있다고 가정하여, 아홉 마리의 고양이들에게는 그들의 우리에서 손으로 먹이를 제공하였다. 다른 세 마리의 고양이들(모두 갈등집단)은 이동 가능한 벽(매서만의 '강요된 해결책')을 사용하여 먹이가 가득 채워진 먹이상자 옆에 있도록 강요되었다. 손으로 먹이를 제공한 고양이 중 네 마리와 먹이를 강요받은 모든 고양이는 결국 먹이를 먹기 시작하였다. 월피는 고양이들이 먹이를 먹게 되자, 우리에서 자유롭게 움직이기 시작하였고 점진적으로 불안 증상을 덜 보였다는 것을 관찰하였다.

월피는 완강하게 말을 듣지 않는 다섯 마리의 고양이에게는 먹이를 주는 장소를 점차적으로 실험 우리와 비슷한 장소로 바꾸어 주는 절차를 개발하였다. 그는 몇 가지 시각적, 청각적 그리고 근접성 자극 차원의 측면에서 실험실(A)과 체계적으로 다른 세 개의 방(B, C 그리고 D라고 이름붙임)을 만들었다. 그는 위계적인 방식으로 이러한 방에서 동물들이 여러 증상(예를 들면, 현저하게 음식섭취를 거부함)을 나타내는 것을 관찰하였다. 즉, 동물들이 방 C에서 먹이를 거부한다면, 방 A와 B에서도 먹지 않을 것이라는 것이었다. 그는 동물들이 어느 한 방에서 먹이를 먹게 되면, 다음 날에는 다른 방으로 옮겨 주었다. 이러한 '점진적 상승(gradual ascent) 기법'은 동물들로 하여금 점점 실험 우리 가까이에서 먹이를 먹게 하여, 결국은 모든 동물들이 방 A에서 먹이를 먹을 수 있도록 하였다. 고양이들이 실험 우리 내에서 먹이를 먹게 된 이후부터는 불안 증상이 관찰되지 않았다.

월피는 동일한 점진적인 접근법을 사용하여 청각적 조건자극에 대한 동물의 혐오적인 반응을 극복하도록 실험하였다. 두 마리의 고양이가 먹이를 먹고 있는 동안 조건자극을 청각적으로 제시하여 다시 증상이 나타나게 만들었다. 다른 동물들에게는 먹는 동안 소리를 멀리에서 들려주거나 아주 잠깐 동안만 들려줌으로써 조건자극을 감소시켰다. 점차 조건자극이 제시되는 시간을 늘리거나 가까이에서 들려주는 상황에서도 고양이들이 먹이를 향해 다가갈 수 있었고, 조건자극이 최대한으로 강하게 주어지는 상황에서도 조용히 먹이를 먹을 수 있게 되었다. 동물의 신경증이 제거된 것이다!

월피는 헐과 이후의 학습 연구자들의 특징인 정밀하고 양적인 접근법보다는 보다 초기의 예시적이고 일화적인 방식을 통해 실험적 절차와 결과를 보고하였다. 그 결과, 그의 연구에서는 모호한 점이 많았고 명백하게 모순적인 결과가 있었다. 훈련 절차는 동물에 따라 다르고, 훈련에 대한 동물들의 반응에도 명백한 차이가 있었지만, 체계적인 양적 자료가 부족하여 이러한 차이에 대한 설명이나 해석이 어려웠다. 마찬가지로, 억지로 먹게 한 것과 점진적인 접근 방법을 비교하거나, 두 방법 중 어느 것이 통상적인 소거 절차(여기서는 추가적으로 전기충격을 주지 않고 반복적으로 조건자극에만 노출시킴)보다 우수한지 결정하는 것은 불가능하였다. 월피는 통상적인 소거 방법이 효과적이지 않다고 가정했기 때문에, 그러한 방법을 실험 절차에 포함시키려고 하지 않았다. 갈등이 실험신경증 유발에 중요하지 않다는 월피의 결론은 그의 실험에서 비갈등 집단 동물들이 갈등 집단 동물들보다 2~10배까지 많은 충격을 받았다는 사실 때문에 오염된 결과다.

어쨌든, 이 연구를 통하여 월피는 신경증적 행동과 그 개선 방법을 설명할 수 있는 필요하고 충분한 원리를 밝혀냈다고 확신하게 되었다. 치료는 이러한 원리들을 상담실에서 사용할 수 있는 기법으로 전환하는 것이었다.

신경증적 행동

월피는 신경증적 행동을 다음과 같이 정의하였다.

> 신경증적 행동은 생리학적으로 정상인 유기체가 학습을 통해 획득한 부적응적인 행동을 지속적으로 하는 일종의 습관이다. 일반적으로 불안은 이러한 부적응 행동에서 핵심적인 요소이며, 인과적인 상황에서 예외 없이 나타난다(1958: 32).

월피에게 신경증은 유기체의 심리내적 상태라기보다는 부적응적 행동의 총합이었다. 위의 정의에서 사용된 '습관' 이라는 용어는 자극-반응의 연결에 대한 헐 학파의 개념에서 따온 것이다. 따라서 신경증은 특정한 상황에 대한 독특한 반응으로 이루어져 있다. '부적응적' 이라는 용어는 행동의 결과가 개인의 생존 또는 안녕을 증진시키지 않는다는 것을 의미한다. '지속적' 이라는 말은 이러한 행동이 장기적이라는 점과 일상생활의 전반적인 과정을 통해 호전되지 않는다는 점을 나타낸다. '학습을 통해 획득한' 이라는 용어는 유전적 또는 신경학적 결핍과는 달리, 그러한 행동들이 경험적 기반을 가지고 있다는 것을 강조한다. 월피는 신경생성학적 상황(neurotogenic situation)에 대한 민감성에서는 개인차가 있음을 인식하였지만, 학습 경험이 중요하다는 점을 강조하였다. '학습'은 헐 학파의 학습이론의 원리에 따른 획득을 의미했다. '생리학적으로 정상적인 유기체'라고 상술함으로써 그는 유전적 혹은 기질적 요소, 특히 정신증으로 인한 부적응적 행동은 제외시켰다. '불안'은 신경증적 행동의 핵심이다. 부적응적 불안을 가지게 된 사람은 자신의 삶을 불행하게 만드는 신경증적 행동을 하게 되는 것이고, 대부분의 증상은 불안을 다루려는 시도에서 나타나게 되는 것이다.

동물 관찰

실험신경증 문헌(1952a; 1958: 37-55)에 대한 개관논문에서 월피는 실험 상황에서의 불안반응을 이전에 학습된 반응의 퇴화, 실험에 참여하기를 주저함, 고통스러운 목소리, 배변과 배뇨, 음식 거부 그리고 과잉 또는 과소 근육 운동으로 기술하였다. 이러한 행동적 혼란은 조건형성 상황으로부터 멀리 떨어진 실험 동물의 우리에서도 빈번하게 보고되었다.

그는 자신의 실험에서도 다음과 같은 불안 행동이 모든 동물들에게 일관되게 발생한다는 유사한 관찰을 보고하였다.

동공 확대, 실험 우리에 넣을 때의 저항, 근육 긴장 그리고 심지어 3일간이나 굶은 후에도 우리 안에서 고기 섭취를 거부하는 것이 관찰되었다. 또한 그는 초조한 운동신경 활동, 움직이지 않기, 끊임없이 울부짖기, 털이 곤두섬, 빠른 호흡, 배뇨, 외부 자극에 대한 '과민성'의 행동들이 간헐적이거나 동물에 따라 특이하게 생겨난다고 보고하였다. 월피는 어떤 고양이들은 실험 우리 밖의 실험실이나 다른 방에서조차 먹기를 거부하고, 그가 고양이들이 있는 방으로 들어갈 때마다 몸을 웅크리고 동공이 확대되는 반응을 보였다고 보고하였다. 이 모두는 자율신경계 각성 반응과 혼란된 근육 행동들이었다. 이 시기의 많은 다른 연구자들처럼, 월피도 불안을 자율신경계, 특히 교감신경계의 각성에 입각하여 정의하였다.

> 불안이 자율신경계 반응 또는 유해한 자극에 대한 유기체의 부분적인 반응을 의미함에 따라 …… 불안반응을 구성하는 전형적인 반응 요소는 자율신경계 그리고 교감신경계 영역에서 현저하게 나타난다. 빈맥, 혈압 상승, 동공확대, 손바닥의 땀, 입마름 등이 이에 포함되며 …… 두드러진 부교감신경계의 반응 또한 나타나는데, 배변 또는 배뇨가 극단적인 예다. 이러한 신체적인 반응 외에도 Hess의 연구에 따르면 …… 자율신경계의 다른 반응들이 과민성을 증가시킬 수 있고, 그

결과로 불안의 특징인 근육긴장도의 증가가 초래될 수 있다 (1958: 34-35).

임상적 관찰

자율신경계 이론을 사용하여 월피(1958: 36)는 자율신경계 각성의 다양한 증상을 기술하였고, 그러한 각성이 다양한 방식으로 인간의 적응 기능을 해친다고 설명하였다. 그는 전반적으로 근육의 긴장도가 증가되면 협응 능력을 손상시키고, 떨림의 원인이 되며, 류머티즘성 섬유조직염(fibrositis)이나 두통과 같은 통증을 초래한다는 것에 주목하였다. 불안이 정신에 미치는 영향에는 주의집중이나 회상 능력, 연상의 흐름 그리고 인상(impression)을 받아들이는 것 등이 손상되는 것을 포함한다. 불안은 남성에게는 발기와 사정 문제, 여성에게는 '불감증'을 초래하는 등 성기능을 방해할 수도 있다.

월피는 불안한 사람들은 '이차적인 반응'으로 그들 자신의 각성에 반응할 수 있으며, 이것이 좀 더 심한 합병증을 야기한다는 점에 주목하였다. 자율신경계의 각성은 환자로 하여금 이상한 느낌이 들게 하고, 이러한 느낌에 대해 환자들은 스스로 자신이 정신을 잃을지도 모른다고 판단할 수 있다. 불안에 의해 유발된 과호흡은 감각이상(paresthesia), 떨림, 근육통 그리고 가슴통증과 같은 증상을 야기할 수 있다.

게다가, 증상과 동반되었던 내인성 자극과 불안이 조건형성되는 '이차 조건형성(secondary conditioning)' 이 일어나서, 불안이 더 많은 불안을 생성하는 증상이나 감각을 만들어내는 악순환을 초래할 수 있다.

'신경증적 불안의 영향' 에 대한 월피의 후기 개념에는 신경증적 증상이 2단계 과정을 거친다는 생각이 포함되어 있다(1969: 24-26). 첫 단계는 위에서 기술된 교감 자율신경계 반응이 일어나는 것이다. 그러고 나서 기저의 불안반응에 대한 반작용 또는 결과로서 증상 행동이 일어난다. 월피는 이러한 '결과들' 을 조직화하기 위하여 Lang(1968)의 삼원 모델을 적용하였다. 랭의 모델은 불안에 대한 세 가지 반응 차원을 제안하였고, 각각을 생리적/자율신경계 차원, 인지적/언어적 차원 그리고 행동적/운동적 차원으로 명명하였다. 이 모델에 따르면, 각 차원에서 불안반응이 동시에 일어날 수도 있고, 사람에 따라 다르게 조합되어 나타날 수도 있으며, 동일한 사람이라도 다른 시점에서는 반응이 다르게 나타날 수도 있다. 그 결과, 많은 불안 패턴이 발생한다. 이와 반대로, 월피에게 있어 불안은 여전히 단일한 반응이었고, 세 가지 표현 형식으로 나타나는 2차적인 반응에 대해 핵심적 기능을 한다고 보았다. 월피가 기술한 기저의 불안으로부터 일어나는 증상목록 중에서 가장 최근의 것을 [표 1]에 제시하였다(Wolpe, 1990: 12).

[표 1] 신경증적 불안의 결과

	생리적인 반응	흔한 임상적 증상
A. 자율 신경계 반응	1. 교감신경계의 일반적인 반응	불안감, 공포감, 두려움, 공황, 우울감, 통제력 상실 또는 미칠 것 같은 두려움
	2. 과호흡	현기증, 실신, 두통, 감각 이상, 빈맥, 공황 발작
	3. 자율신경계의 반응이 특별히 하나의 기관으로 표출	정신신체적 증상(예: 신경성 피부염, 천식, 혈관운동성 비염, 위궤양), 과민성 대장 증후군, 배뇨의 횟수 증가/감소, 생리불순, 고혈압, 편두통
B. 운동적 반응	1. 전반적이나 국소화된 현저한 근육긴장	운동 장해(예: 떨림, 말더듬), 섬유조직염성 통증(예: 요통), 시각, 운동장애
	2. 운동성 회피조건형성(불안과 동시에 조건화되거나 혹은 불안에 대한 이차적 조건형성)	불안을 유발하는 자극의 회피
	3. 복합적인 기능의 억제	직업적 기능의 손상, 사회적 기능의 손상, 성적 기능의 손상
	4. 불안 또는 불안 감소와 관련된 복합적인 행동	강박행동, 성격적 신경증(예: 난교, 성적문란, 목표 없음), 성적 일탈(예: 동성애, 소아 성도착, 노출증, 관음증)
C. 인지적 반응	1. 불안반응에 대한 인지적 초점화	외부 사건이 기억체계에 등록되지 못하여 기억력 감퇴, 학습과 수행의 손상
	2. 강렬한 불안에 의한 일부 경험의 억제학습과 수행의 손상	제한된 기억상실

불안을 유발하는 자극

월피는 초기에는 고통스럽거나 해로운 자극에 의해 불안이 발생한다고 주장하였다. 해로운 자극은 동시에 발생하는 다른 자극들과 연합되고 그 후에는 동시발생적인 자극(조건자극: CS)으로 나타나, 자극 일반화 과정을 통해서 동시발생적인 자극과 유사한 자극들에까지 확장되거나, 상위 조건형성 과정을 통해서 조건자극(CS)과 연합된 자극에까지 확산된다는 것이다. 또한 개인의 불안의 기원과 그것이 유지되는 과정을 충분히 이해하기 위해서는 반응을 통제하는 선행자극을 파악하는 것이 필수적이다. 불안을 유발하는 세 가지의 주요한 범주가 있는데, 원래부터 공포 반응을 생성하는 무조건자극, 각성 시 존재하여 나중에 공포 반응을 유발하는 조건자극, 조건자극과 유사한 정도가 다양하고 일반화된 자극이 그것들이다.

무조건자극

실험신경증 문헌의 개관에서, 월피는 본래부터 불안반응을 일으키는 무조건자극(unconditioned stimuli)의 두 가지 주요 범주를 확인하였다. 그는 두 범주를 '양가적' 자극과 '유해한' 자극으로 명명하였는데, 이 범주들은 많은 연구에서 혼동되어 사용되었고, 구별하기가 어려웠다. 게다가 그는 인간의 경우 불안반응을 일으키기에 충분한 특정 사건을 단지 목격하거나, 그것에 대해 듣거나 생각하는 것만으로도 종종 문제가 될 수 있다고 언급하였다.

양가적 자극 많은 실험에서 한 자극에 대해서는 타액을 분비하거나 먹이에 접근하도록 만드는 한편, 다른 자극에 대해서는 반응을 억제하거나 다른 반응을 하도록 가르치기 위하여 변별훈련이 이루어졌다. 그러자 반응을 하거나 하지 않도록 만드는 변별자극은 매우 유사하게 되었고, 그 결과 반응하게 되는 경향과 반응하기를 억제하는 경향 사이에서 갈등을 초래하였다. 이에 대한 전형적인 예는 Shenger-Krestovnikova(Pavlov, 1927: 290-291)의 '원 대 타원' 실험이다. 화면에 원이 제시되면 타액을 분비하고, 타원이 제시되면 타액을 분비하지 않도록 개를 훈련시킨다. 그 다음, 타원의 축을 점차로 변하게 하여 타원이 원과 매우 유사해졌을 때, 동물은 갑자기 '신경증적' 행동을 나타낸다. 이에 대하여 월피는 파블로프가 이론화하였던 흥분성 피질과 억제성 피질 상태 간의 갈등이 아니라, 이러한 실험조작이 단순히 자동적인 불안반응을 초래한 것이라고 제안하였다. 또한, 실험신경증은 신경학적인 '와해' 가 아니라, 해결할 수 없는 문제 상황에서 우연히 함께 일어난 단서에 조건형성된 지속적인 부적응적 불안반응이라는 것이다.

일반적으로는 그렇게 생각되지 않지만, 이러한 연구에서 무조건자극은 양립 불가능한 반응을 통제하는 단서의 제시다. 갈등을 유발하는 자극에 직면하여, 동물은 불안 각성 반응을 보이게 되며, 이미 단서들에 조건형성되었던 반응이 와해되고 다른 신경증적 증상이 생겨나게 된다.

유해 자극 전기충격 또는 다른 유해자극을 사용하는 수많은 연구들이 있었다. 비록 이러한 실험들 대부분이 매서만(1943)의 연구에서와 같이 갈등을 유발하기 위해 고안된 것이었지만, 월피는 유해자극의 사용이 가장 중요한 요소임이 분명하다고 느꼈다. 고양이 실험은 갈등이 아니라 혐오적인 자극이 신경증적 행동을 야기한다는 그의 주장을 지지해 주었다. 자신의 주장을 좀 더 지지하기 위해 월피는 Watson & Rayner(1920)의 고전적 연구를 인용하였다. 이 연구자들은 11개월 된 유아 앨버트의 뒤쪽에서 앨버트가 흰 쥐에 다가갈 때마다 망치로 금속막대를 쳐서 큰 소리를 내었다. '어린 앨버트'는 깜짝 놀라서 물러나는 반응을 보였고, 이후 쥐뿐만 아니라 흰색 털로 된 여러 가지 물건에 대해서도 혐오반응을 보였다. 공포조건형성에 대한 그들의 연구 보고는 불안 학습에 대한 패러다임에 있어 신화적인 위치를 차지하고 있다(Harris, 1979). 월피는 자신의 연구 외에 이 연구가 강력한 유해자극만을 사용한 공포조건형성 실험의 유일한 사례라고 언급하였다. 그는 회피반응이 그 자체로는 신경증적이지 않다고 느꼈기 때문에 강한 전기충격을 사용한 회피 학습에 대한 광범위한 연구들은 무시하였다.

월피는 본질적으로는 불안을 일으키지 않은 것처럼 보이는 약한 충격을 사용한 일부 연구들을 구별하였고, 리델과 동료들의 연구(Liddell, 1964)를 예로 제시하였다. 그들은 양이나 염소에게 무릎 반사를 일으키기 위해 약한 충격을 사용하였다. 놀라울 정도로 다양한 훈련의 요인들이 실험신경증을 초래하지만, 월피는 모든 경우에 공통적으로 나타나는 두 가지 특징, 즉 반복된 유해자극과 제한(confinement)에 주목하였다. 월피(1958: 63-64)는 반복되는 약한 혐오자극이 '합쳐'져서 약한 불안이 유발된다고 제안하였다. 다시 말해, 불안의 양이 유해자극의 강도에 비례한다는 이론을 확립하였다. 약한 혐오자극조차도 약간의 불안 각성을 야기하며, 각 시행에서 잔류된 각성이 임계치에 도달할 때까지 지속되고 축척되어 임계치에 이르게 되면 유기체의 수행을 혼란스럽게 만들고, 명백한 불안 증상들이 나타나게 된다. '제한' 요인에 관하여, 월피(1958: 65)는 이것이 신경증 생성에 기여하는 세 가지 방식을 제안하였다. 첫째, 제한은 부수적인 단서에 대하여 조건형성된 불안이 축적되도록 한다. 둘째, 불안이 변화하는 환경 단서로 확산되기보다는 제한된 수의 자극에 집중된다. 셋째, 자동적 불안반응은 이를 상호적으로 억제시키는 근골격계 도피 반응이 없을 때 더욱 강력해진다.

인간의 사례 실험 상황에서의 동물들과 마찬가지로, 인간도 한 가지 또는 소수의 심한 유해자극이 있는 상황이나 약한 유해자극을 여러 번 접하는 상황 또는 동일하게 강한 반응들 사이에서 유발되는 갈등을 식별하기 어려울 때 불안을 발달시키게 된다(1958: 78-79). 심한 유해자극의 예로, 월피는 치과 의자에 앉아서 국소마취제 정맥 주사를 맞고 나서 경련, 맥박 증가, 구역질, 안면 홍조, 부분적 의식상실이 나타난 젊은 여성을 예로 들었다. 이후에 그녀는 미용실 의자에 앉았을 때도 불안반응을 경험하였는데, 이는 '치과 의자와 미용실 의자 간의 촉각적 유사함으로 설명될 수 있는 조건형성된 반응' 이다. 약한 유해자극에 대한 반복적 노출의 예는 한 남학생이 자신을 너무나 싫어하는 선생님으로부터 다양한 괴롭힘을 당해 온 것 때문에 교실에서 폭력적인 정서 반응을 보인 사례가 제시되었다. 양가적 자극과 관련하여 동시에 일어나는 강력한 갈등적 행동 경향이 불안을 일으킨다고 제안하였다. 그는 약혼을 파기하면 받게 될 사회적 비난이 두려워서 싫어하는 남성과 결혼하기로 약속한 젊은 여성의 가설적 사례를 제시하였지만 양가적 자극의 실제 임상적 사례를 제공하지는 않았다.

인지적 원천 월피는 환자들이 불안반응의 기저에 잘못된 신념을 가지고 있다는 것을 알아차렸다(1958: 106, 199-200; Wolpe & Lazarus, 1966: 130-132). 단순하게는 잘못된 정보에서부터 사회나 자신에 대한 복잡한 태도의 범위까지 그 예가 될 수 있다. 잘못된 정보에 대한 단순한 예는 자위가 몸을 약하게 만든다거나 기침이 죽을 수도 있는 독을 분비한다는 것과 같은 생각이고, 사회나 자신에 대한 복잡한 태도의 예는 불안반응이 '정신적으로 비정상'을 의미한다는 생각을 들 수 있다. 월피는 그러한 신념이 부모의 잘못된 교육 또는 지배적인 배우자의 비판적인 태도와 같이 환자의 삶에서 중요한 대상의 행동에서 유래한 것으로 생각하였다. 사실상, 그러한 행동이나 교육은 무조건자극의 역할을 한다.

'인지행동치료' 가 점차 대중의 인기를 얻게 됨에 따라, 월피는 '잘못된 사고' 와 그 치료에 더욱 주의를 기울였다. 그는 '고전적으로 조건형성' 된 불안과 '인지적으로 학습된' 불안을 명백하게 구분하였고(1981a), 자신이 쓴 교과서 3판에서 '인지치료적 절차(cognitive therapeutic procedures)' 에 한 단원을 할애하였다. 이러한 분석에서, 월피는 인지에 기반한 공포가 타인이 제공한 잘못된 정보, 타인의 반응 관찰 또는 자신의 경험에 대한 잘못된 추론에서 기인하는 것이라고 지적하였다. 부모가 성을 금기시하거나, 벌레를 무서워하는 반응을 보이는 것을 관찰하거나, 이상한 신체 감각 때문에 자신이 미쳐 간다고 추론하는 것 등이 그 예다. 불안의 인지적 기반은 환자에게 공포스러운 사건이 실제로 위험하다고 믿는 정도를 물어보면 간단하게 파악할 수 있다(Wolpe et al., 1985).

두려운 상황에 직면할 때 또는 그것에 대해 생각할 때 환자의 말(혹은 언어적 요소)과 생리적 각성(혹은 자율신경계 요소) 모두가 인지적 불안의 표현에 포함된다. 월피는 인지적으로 생성된 자율신경계 각성과 두려운 대상 간의 근접성이 파블로프식으로 조건형성된 불안을 일으킬 수 있음을 관찰하였고, 따라서 인지적 교정과 정서적 재조건형성이 필요하다고 보았다. 그는 한 여성이 잡지 기사를 읽은 후, 자신의 피부 발진이 끔찍한 질병에 걸렸음을 뜻한다고 생각하여 두려워했던 사례를 제시하였다. 피부과의사가 질병에 걸리지 않았다고 확실하게 설명을 해 주었음에도 불구하고 그녀는 발진을 보고 너무 당황하여 계속 치료받기를 요구하였다 (1982: 32).

파블로프식 조건형성에 기반한 공포는 처음에 위협적 자극에 의해 자동적으로 일어나는 강한 자율신경계 각성을 경험하는 과정을 포함하며, 그 상황에서 다른 자극과 조건형성된다. 월피는 그 사람이 조건형성된 자극이 실제로 위험의 전조가 된다고 믿는 것은 아니기 때문에, 인지적 오류는 포함되지 않는다고 하였다. 예를 들면, 전쟁신경증으로 고통받는 한 참전용사는 빛의 섬광 또는 비행기 소리에 자동적으로 반응하지만, 그러한 사건이 실제로 위험하다고 믿지는 않는다(1982: 8). 월피는 환자가 각성된 신체 감각이 자신이 미쳐 가거나 죽어 가고 있다는 의미라며 공포스러워하는 상황에서만 파블로프식 조건형성으로부터 잘못된 사고가 야기되었을 가능성이 있다고 생각하였다.

월피(1981a)는 조수에게 자신의 파일에서 '부적응적인 공포가 주된 고통이 되었던 40개의 사례' 를 골라내도록 한 후, 조건형성된 불안의 원인에 있어서 상대적인 빈도를 분석하였다. 그 다음, 사례들의 자동적 조건형성 또는 인지적 원인론에 관해 그리고 단일 학습 시행 또는 반복된 노출을 필요로 했던 기원에 관해 분석하였다. 거의 2/3에 달하는 사례들에서 파블로프식 조건형성의 기원이 있었고, 그중 80%가 단일 조건형성 사건에 기인한 것으로 나타났다. 인지에 기반한 공포는 단일 사건 원인과 다수 사건 원인이 거의 반반이었다. 두 사례에서는 조건형성 요소와 인지적 요소가 모두 있었고, 원인 사건을 파악하지 못한 사례도 두 개 있었다. 단일 사건 파블로프식 조건형성 범주에 해당하는 사례가 월등히 많다는 결과는 실험신경증에 대한 이 모델이 기본적으로 매우 중요하다는 것을 지지하였다.

조건자극

월피는 조건자극(CS)이 비신경증적 공포로부터 신경증적 공포를 구별해 주기 때문에, 무조건자극(UCS)보다는 조건자극에 훨씬 더 많은 관심을 기울였다. 신경증적인 개인의 생활을 붕괴시키고, 그들로 하여금 치료자를 찾도록 만드는 것은 무해한 사건에 대한 반응이지 실제로 위험의 전조가 되는 사건에 대한 반응은 아니다.

> 정상적인 공포와 신경증적인 공포를 차별화할 수 있는 것은 조건형성이 발생한 자극 상황의 특징이다. 만약 자극 상황이 객관적으로 위험하였거나 위험의 징후가 있었다면, 공포는 타당하거나 '적응적'인 것이다. 이것은 신경증적인 공포가 아니다(1982: 27).

실험신경증 연구에 관한 개관 논문에서, 월피는 실험의 일반적인 장치 단서를 동물의 투쟁과 자동적인 각성을 촉발하는 조건자극으로 간주했다. 월피는 자신의 실험을 통해서 고양이를 훈련받는 방에 두거나 실험실로 데려갔을 때, 또는 그가 우리에 나타났을 때 고양이가 당황하고 흥분하는 것을 관찰하였다. 그는 동물의 증상이 전기충격 이전에 버저 소리가 울릴 때 강해지고, 동물을 다른 방에 두었을 때 줄어드는 것에 주목하였다. 각성의 정도가 다양한 자극의 함수라는 것을 관찰하였고, 이는 치료적 개입의 개발에 있어 핵심적인 역할을 하였다.

위협적인 상황에서 제시되는 무수한 자극 외에 무엇이 공포 반응에 조건형성되는 것일까? 월피는 이 질문에 대하여 '심리적 감금(confinement)' 과 '준비성(preparedness)' 이라는 두 가지 요인을 고려하였다.

첫 번째 요인인 '심리적 감금'(1958: 81)은 동물실험신경증 상황에서 전형적인 물리적 감금과 유사하다. 특정한 자극이 반드시 '외부 세계에서 두드러지게' 존재하는 것이 아니라, '사고 속에 지배적으로 자리잡고 있는' 것으로서 기술된다. 따라서, 한 사람이 혐오적인 경험을 하는 순간에 우연히 있었거나 그것에 관해 생각한 것은 모두 공포반응과 연결되는 것처럼 보인다. 자신의 사례와 출판된 진단적 면접을 통하여, 월피는 조건형성 상황에서 내담자가 우연히 알아차리고, 생각하고 느낀 것에 주목하였다. 이는 어두운 형상이나 자동차 내부와 같은 외부 감각적 자극일 수도 있고, 성적 각성의 느낌이나 손발이 따끔거리는 느낌과 같은 체내 감각적 자극일 수도 있다.

두 번째 요인인 '준비성' 은 준비된 자극과 관련이 있다. 1960년대에 동물의 조건형성된 맛 혐오에 대한 연구는 청각 또는 시각적 조건자극(CS)이 전기충격과 같은 무조건자극(UCS)과 조건형성된 것처럼, CS인 맛과 UCS인 구역질이 쉽게 조건화될 수 있으나, 반대는 불가능함을 보여 주었다(Garcia & Koelling, 1966). 이러한 발견은 Seligman(1971)의 '준비성(preparedness)' 이론으로 확장되었다. 이 이론에 따르면, 어둠, 벌레, 뱀과 같이 진화적으로 중요한 사건은 유전적 소인 때문에 특히 쉽게 조건 혐오자극이 될 수 있는 반면, 망치나 난로와 같이 종종 고통과 연합되는 현대적인 자극은 공포 자극으로 생각되지 않는다. 이 이론은 모든 '중립적' 자극이 어떠한 형태의 UCS에 대해서도 CS로서 동일하게 작용한다는 '등위(equipotentiality)'이론과 대조를 이룬다.

월피(1982: 26)는 준비성의 계통적 설명에 의문을 제기하고, 특정 사건이 두려움과 공포의 대상으로서 현저해지는 것에 대해서는 문화적 과거력에 원인이 있을 것이라고 제안하였다. 또한 그는 몇몇 대상은 유쾌한 연합의 과거력 때문에 혐오적인 조건형성 자극이 되는 것으로부터 '보호받을' 수 있음에 주목하였다. 등위이론을 직접적으로 옹호하지 않았지만, 월피가 제시한 사례는 등위이론과 일치하였다.

월피(1990: 16, 26; 1993)는 CS와 UCS가 단지 동시에 일어나는 것만으로는 학습이 일어나는 데 충분치 않음을 보여 준 좀 더 최근의 파블로프식 조건형성의 개념화를 검토하였다(Rescorla, 1988). 많은 실험 결과가 CS가 단순히 시간적으로 UCS와 근접하여 일어나는 게 아니라, UCS의 발생을 예언하거나 그것에 대한 '정보를 제공'한다는 사실을 지적하고 있다. 월피는 신경학적 설명을 선호하여 이러한 자료의 인지적 함의를 거부하였다.

일반화된 자극 월피(1958: 12)는 UCS와 직접적으로 연합되지 않은 사건에 대한 불안반응을 설명하기 위해 헐의 '일차적 자극의 일반화' 원리를 인용하였다. 헐에 따르면, 모든 자극 상황은 다차원으로 이루어진 합성물이다. 자극이 일치하거나 물리적으로 유사한 요소를 공유하는 범위 내에서 일반화가 일어난다. 월피는 방의 물리적인 유사성에 근거하여 조건형성된 우리 이외의 방에서도 고양이가 보였던 불안반응을 설명하였다(1958: 50, 53). 또한 그는 흰 쥐에 대한 두려움이 조건형성된 후, 흰색이거나 털로 된 다른 대상들에 대해서도 두려워하였던 왓슨과 레이너의 어린 앨버트(1920) 사례도 인용하였다(1958: 48).

인간의 신경증적 반응에서 일차적 자극의 일반화가 일어나기는 했지만, 월피는 그가 초기에 '근접성에 의한 관여(involvement by continuity)'(1958: 98)라고 명명하였고 후에 '이차적 일반화(secondary generalization)'(1969: 9-10)라고 불렀던 것에 훨씬 더 관심이 있었다. 이 원리에 따르면, 유사한 '감정' 이나 '내적 반응' 을 일으키는 자극은 한 차원을 형성한다. 그는 폐쇄된 방에 물리적으로 감금되는 것뿐만 아니라, 꽉 죄는 지퍼, 제거하기 어려운 매니큐어 또는 꽉 맞는 반지와 같은 자극을 포함하여 '에워싸인 느낌(feeling of enclosement)'의 차원에 따라 불안을 느끼는 폐쇄공포증을 가진 여성의 사례를 제시하였다(Wolpe, 1969: 10; 1990: 160). 따라서, 다양한 자극에 대한 동일한 체내 감각적 반응이 불안을 촉발시킬 수 있다.

이차적 조건형성 월피는 인간에게 있어 물리적인 외상자극에 기반한 조건형성은 상대적으로 드물다고 생각하였다(1958: 78). 파블로프가 '이차적 조건형성(Second-Order Conditioning)' 이라고 하였던 과정, 즉 이전에 조건형성된 혐오자극에 노출되는 과정이 좀 더 일반적이다.

> 실험신경증과 임상적 신경증 간의 주요한 차이는 전자의 경우 초기의 공포각성이 전기충격과 같은 무조건자극에 의한 것임에 반해, 임상적 신경증에서는 심각한 위험에 대한 인지와 같은 조건자극에 의해 일어난다는 점이다. 임상적 신경증은 이차적 조건형성에서 유래한다(Wolpe, 1982: 41).

인간의 경우, 그 자체로는 물리적으로 해롭지 않을지라도 이전 학습에 기반하여 '심각한 위험으로 지각되는' 어떠한 자극도 UCS가 될 수 있다. 만일 어떤 상황에서 동시에 발생한 자극에 대해 조건형성되었던 자동적인 불안 각성이 야기된다면 그것으로 충분하다. 전쟁신경증의 사례들에서 군인들이 실제로 부상을 당하거나 신체적으로 해를 입는 것은 필수적이지 않다. 죽음이나 부상에 대한 위협은 폭발음, 넓고 푸른 상공 또는 사막의 모래에 대해 불안이 조건형성되는 데 있어 UCS의 역할을 하게 된다(Wolpe, 1958: 78-79). 다른 사례에서 보면 자극이 꼭 객관적인 위험일 필요는 없다. 예를 들어, 엄격한 종교성을 지닌 가족에게 지옥불의 위협은 불안과 성적 각성이 조건형성되는 결과를 가져올 수 있다(Wolpe, 1958: 79). 이러한 과정을 통해 공포가 확산될 수 있다. 즉, 어떤 사람이 번개나 오염된 음식 또는 총을 두려워하는 것은 불쾌한 자극과 직접적으로 연합되기 때문이 아니라, 언어를 통해서 그러한 것들이 '위험'과 연합되기 때문이다(Wolpe, 1982: 27). 그러한 과정은 한 사람이 '잘못된 생각,' 즉 실제로는 위험하지 않은 특정한 사건이 해롭다는 신념을 가지고 그러한 사건에 대하여 불안반응을 나타낼 때 부적응적이 될 수 있다(Wolpe, 1958: 199-200). 이차적 조건형성은 위에서 기술한 바와 같이, 불안의 '인지적 원인'으로 설명된다.

불안의 지속

만일 불안이 학습되는 것이라면, 여타의 학습된 행동을 통제하는 법칙을 따라야 한다. 모든 학습이론의 기본적인 원리는 '소거' 다. 이는 UCS와 연합되지 않은 채 CS에 대한 반응이 반복적으로 일어나면 결국 조건화된 반응이 사라지게 된다는 것이다. 그러나 유해한 UCS가 더 이상 일어나지 않음에도 불구하고 지속된다는 점이 불안을 규정짓는 특성이다. 인간에게서 신경증을 촉발시키는 사건은 과거라는 희미한 안개 속으로 사라지지만, 부적응적 행동은 우호적인 환경에서도 지속된다.

동물의 실험신경증이 소거되지 않았던 결과를 설명하기 위해서, 파블로프는 그들의 신경계가 돌이킬 수 없게 손상되었다고 제안하였다. 월피는 이 가설을 거부하였고, 조건형성된 불안반응이 소거 원리에 명백히 예외되는 현상을 설명하기 위하여 특별한 이론적 설명을 발전시키려 하였다. 월피(1952a)는 처음에는 신경증적 행동에 기저하는 불안이 그 자체의 감소를 통하여 계속 강화받기 때문에 소거되지 않는다고 제안하였다. 이후 그는 불안이 다른 반응에 비하여 억제되거나 방해받는 것이 쉽지 않기 때문이라고 제안하면서, 두 번째 가설을 추가하였다(1958: 66).

불안 추동의 감소

초기에 월피(1952a; 1958: 22-23)는 불안을 포함한 모든 반응의 획득과 유지에 있어 추동 감소를 통한 강화가 필수적이라는 헐의 이론을 유지하였다. 따라서 불안반응은 불안 추동의 감소에 의해 강화되는 것이다. 자신의 고양이 실험을 언급하면서, 월피(1958: 66)는 각 회기의 종결 시 실험 우리로부터 동물을 나오게 하면 불안 추동이 감소되고, 그것은 실험 우리 안의 자극과 조건형성된 불안반응을 강화시킨다고 가정하였다. 그는 약하지만 같은 과정이 한 회기를 통해서도 일어날 수 있다고 가정하였다. 즉, 만일 그 동물이 강렬한 불안반응을 일으키는 실험 우리의 일부를 향해 있다가, 그 다음에 불안을 덜 야기하는 부분을 향해 돌아서게 되면, 추동 감소가 일어날 것이고 그를 통해 불안반응은 강화될 것이다.

월피의 견해는 헐의 제자인 Neal Miller(1948; 1951)의 이론과 유사하다. 밀러는 어떤 반응이 그것의 감소를 통해 그 자체가 강화되는 본질적인 모순에 대한 관심을 표현하였다. 만일 그렇다면, 반응은 결코 소거되지 않을 것이다. 밀러는 불안에 의해 동기화된 회피반응이 소거를 방해한다는 것을 발견하였다. Mowrer(1947; 1950: 279)는 추동감소 이론에 이의를 제기하였다. 대신에 그는 자율신경계 학습은 단지 CS와 UCS의 시간적 근접성만으로도 충분하지만, 추동감소는 운동적인 학습(motoric learning)을 필요로 한다는 2요인 이론(Two-factor theory)을 제안하였다. 만일 어떤 자극이 중지되었을 때 추동감소가 일어난다면, 갑작스러운 UCS의 중지는 점진적인 감퇴보다 훨씬 더 강화하는 것이 될 것이다. UCS의 중단을 조작하는 마우어러의 일련의 실험들은 불안조건형성의 근접성 이론을 지지하였다.

마우어러를 인용하면서, 월피는 '만일 불안의 발생이 학습에 매우 중요하고 그 감소는 전혀 중요하지 않다면, 이 책의 주장은 감명을 주지 않을 것이라고 시인하였다(1958: 23). 불안의 획득에 대한 추후의 논의에서는 더 이상 추동 감소를 언급하지 않았다. 예를 들어, 그는 불안조건형성의 근접성이론을 수용할 뜻을 비치면서, '[공포] 조건형성은 이론적으로는 근접한 모든 종류의 자극에 대하여 발생할 수 있다.'(1982: 25)고 언급하였다. 반면에, 그는 운동적이거나 지각적 그리고 정서적인 모든 학습은 중추신경계 내에 있는 '추동 뉴런' 의 점화가 중지되는 것에 의하여 단단히 결합되어 있는 자극-반응의 신경적인 연결(stimulus-response neuronal connections)에 기반을 두고 있다는 주장을 계속하였다(1982: 16). 따라서 월피는 신경학적 수준에서는 추동감소의 필요성을 옹호하면서도, 경험과 관찰의 현상학적 수준에서는 불안조건형성의 근접성이론을 수용하는 것처럼 보였다.

월피는 불안 획득을 위해서는 단순한 근접성만으로도 충분하다는 것을 인정하면서도, 불안의 유지에 관해서는 추동감소이론을 계속하여 지지하였다. 따라서 CS가 불안반응을 유발할 때마다 자극이 중단되거나 개인이 회피하게 되면 반응이 강화될 것이다(1982: 242). 논리적인 결론을 취하자면, 고통을 이끄는 어떤 반응도 그것이 중단되었을 때 고통이 감소하기 때문에 반복되기 마련이다. 사실, 식욕 또는 성적인 각성과 같은 조건형성된 다른 추동에 관해서도 마찬가지일 것이다. 실제로 월피(1958: 23)는 먹이와 연합된 막대누르기를 학습하거나, 암컷의 모습과 냄새를 따라서 미로를 돌아다니는 쥐에 대한 연구를 인용하면서 자극이 종결되었을 때 배고픔 또는 성욕의 각성을 통해 CS의 강화가 일어나고, 추동감소가 뒤이어 일어난다는 생각을 지지하였다. 만약 조건형성된 배고픔이나 성적 추동 그 자체가 이런 식으로 불안과 유사하게 강화된다면, 이 이론은 결코 소거되지 않는 자기영속적인 행동(self-perpetuating response)을 예측할 것이다. 그러나 그러한 '이차적인 강화물'은 강화하는 특성을 유지하기 위해서 무조건자극과 주기적인 연합을 필요로 한다는 많은 증거들이 있다. 그렇지 못하면, 이러한 행동은 머지않아 소거된다. 월피는 불안과 다른 학습된 추동에서 자동적인 강화(autonomous reinforcement)라고 불리었던 이러한 문제에 대해서는 언급하지 않았다.

억제

소거에 대한 몇몇 이론들은 소거된 반응이 다른 반응으로 대체된다고 제안하였지만, 경쟁반응의 특성에 관해서는 의견을 달리하였다. 헐의 이론은 내적 억제 과정이 '반응하지 않는' 반응을 강화한다고 제안한 반면, Guthrie(1935)의 이론은 '외적 반응이 본래의 반응을 대체' 한다고 제안하였다. 월피는 불안의 지속을 설명하는 데 이 모두를 채택하였다.

반응적 억제 헐의 이론에 따르면, 자극-반응의 과정이 일어날 때마다 특정한 근육작동체계가 피로해지게 되는데, 헐은 이를 '반응적 억제(Reactive Inhibition)' 라고 불렀다. 반응적 억제는 반응을 함으로써 감소되고 따라서 반응 중단을 강화시키는 추동의 구성요소가 된다. 반응이 더 이상 강화되지 않는 조건하에서 반응적 억제는 누적되고, 결국 반응 중단이 반응하려는 경향을 압도하게 된다. 휴식 기간 동안 반응적 억제는 사라지고 반응은 자발적으로 회복된다. 게다가, 반응 중단과 연합된 추동 감소는 조건형성된 억제(conditioned inhibition)라고 명명된 '반응하지 않는' 반응을 강화시킨다. 조건형성된 억제의 강도가 본래의 습관을 넘어설 때, 반응의 완전한 소거가 일어난다.

월피(1952e; 1958: 24-29)는 비록 피로와 유사하긴 하지만, 억제 추동이 말초신경계 과정이라기보다는 중추신경계 과정임을 강조하였다. 이를 지지하기 위하여 그는 두 가지 자극에 동일한 반응이 조건형성되었던 파블로프 실험을 인용하였다. 한 자극에 대한 반응의 소거는 다른 자극에 대한 반응에 영향을 미치지 않았다. 월피의 신경생리학적 이론에 따르면, 억제적 조건형성은 흥분성 조건형성과 유사하며, 본래의 자극과 반응을 연결시키는 중추 시냅스의 전도성을 감소시키지만, 이는 헐에 의해 제안된 바와 같이 '반응하지 않는 반응'을 반드시 강화시키는 것은 아니다.

월피(1958: 66, 71)는 주로 자율신경계적 반응인 불안이 근골격계적 반응과는 대조적으로 매우 적은 반응적 억제를 일으킨다고 제안하였다. 따라서 조건형성된 억제로부터 거의 방해받지 않기 때문에 불안은 소거되는 것으로부터 보호된다. 그러나 이러한 설명은 타액분비, 심장박동률 또는 피부전도 반응과 같은 자율신경계 조건형성 반응이 쉽게 소거될 수 있음을 보여 주는 실험적 증거를 무시한 것이었다. 확산적인 자율신경계 반응인 불안이 단순한 자율신경계적 반응에 비해 잘 소거되지 않는 이유는 설명되지 않았다. 후에 월피는 반응적 억제 기제(1969: 8, 17)의 중요성에 의문을 제기하였고, 마침내 그것을 운동적 반응(1982: 17)의 소거로 분류하였다.

상호억제 월피는 선구적인 신경생리학자인 Charles Sherrington으로부터 '상호억제(Reciprocal Inhibition)'라는 용어를 빌려왔다. 셰링턴은 특정한 근육군의 척추 반사

흥분이 상반되는 근육군의 흥분을 막으며, 역으로도 마찬가지라는 발견을 기술하기 위해 이 용어를 사용하였다. 월피는 이 용어를 '한 반응이 일어나면 동시에 일어나는 반응의 유발강도를 감소시키는 것처럼 보이는 모든 상황을 포괄할 수 있도록 확장시킬 것'을 제안하였다(1958: 29). 그는 이 개념이 방해 또는 역조건형성(counter-conditioning)이라는 거스리(1935: 64-84)의 이론과 유사함을 인식하였다. 거스리는 본질적으로 소거를 이전의 자극에 대한 새로운 반응을 학습하는 문제라고 제안한 바 있다. 그러나 거스리가 명백한 반응 대치에 관심을 가진 반면, 월피는 양립할 수 없는 반응이 신경수준에서 영향을 미쳐 본래의 시냅스 연결을 억제하게 된다고 제안하였다. 따라서 경쟁 반응은 본래의 반응을 완전하게 대치할 필요가 없다. 그것은 신경 수준에서 단지 반응을 억제하는 역할을 한다. 월피는 상호억제가 운동적 반응뿐만 아니라, 인지적이고 언어적인 습관 영역에서도 그리고 무엇보다도 특히 자율신경계 반응에서도 작용한다는 점을 강조하였다(1976a: 12-16).

방해(interference)이론의 한 가지 문제점은 경쟁 반응의 원천이다. 일반적으로는 자극이 양립할 수 없는 반응과 연합될 때 또는 반응강도에 있어 순간순간의 변동이 양립할 수 없는 반응의 가능성을 높여 줄 때 소거가 일어나게 된다. 이것은 일반적인 '망각' 의 원인이 되는 기제다(1958: 30). 월피는 실험실 실험에서 낮은 수준으로 조건형성된 불안반응이 쉽게 소거되고, 대부분의 사람들의 경우 '일상생활의 정상적인 정서반응'에 의한 상호억제가 쉽게 일어나지만, 신경증적 불안반응은 너무 강렬하여 그 상황에서 일어날 수 있는 다른 반응들을 모두 억제시킨다는 것을 관찰하였다(1982: 46). 신경증적 불안은 다른 모든 반응들을 밀어내면서 확연하게 지속된다. 월피(1982: 17, 44)는 Amsel(1962)을 인용하며 보상받지 못하여 생겨난 '좌절' 반응이 이전에 정적으로 강화된 반응과 경쟁하는 데 특히 중요하다고 지적하였다. 마우어러(1960: 419)는 CS가 주어진 후 혐오적인 UCS가 제시되지 않을 때, '안도(relief)' 라고 명명한 대응적인 반응이 발생한다고 제안하였다. 월피는 치료적 절차를 개발하는 데 있어 이러한 이론을 사용하긴 했지만, 불안의 일반적인 소거에 대하여 이러한 가능성은 고려하지 않았다.

신경증적 장애의 유형들

월피는 공식적인 진단 분류 체계를 사용하지 않았으며, 매우 광범위하게 수용되고 있던 미국정신의학협회(1980)의 DSM(Diagnostic and Statistical Manual)을 상당히 비판하였다. 그는 공통적인 증상의 기술에 근거하는 이러한 접근이 원인론이 상당히 다른 사례들을 함께 취급하고 있으며, 따라서 적절한 치료에 매우 중요한 정보를 무시한다고 생각하였다(Wolpe, 1990: 253, 257, 268, 282). 그 대신에 월피는 때때로 진단적 범주를 정의하는 역할을 하고, 때로는 범주 안에서 개인차의 원인이 되지만, 모든 사례에서 적절한 개입 프로그램을 개발하는 데 있어 반드시 고려되어야 하는 여러 원인론적 변인들을 강조하였다. 이러한 변인에는 생물학적 요인, 장애에 있어 불안의 역할, 불안이 획득된 방식(파블로프식 조건형성 학습 또는 인지적 학습), 조건형성된 자극의 특징, 부적응적 행동의 특징이 포함된다.

생물학적 요인

월피가 처음으로 이루었던 가장 중요한 차별적인 기여는 기질적인 장애로부터 학습된 장애를 구별하였다는 점이며, 학습된 장애의 경우 치료에서 근본적으로 재학습 과정이 적합하다고 주장하였다. 그는 정신병질 성격과 정신병(1958: 205), 정신분열병(1970), 내인성 우울증(1973: 236), 특정한 종류의 공황장애(1982: 285-286)가 생물학적 기반이 있는 것으로 간주하였다. 그는 '경계선' 성격장애의 범주가 정신분열병과 신경증 간의 연속선상에 있다는 정신분석적 의견을 거부하였다(1982: 9). 어떠한 기질적 요인 때문에 고통을 받고 있는 사람은 이차적으로 부적응적 습관을 학습할 수 있고 이는 재학습 과정을 통해서 극복할 수 있다고 깨닫기는 하였지만, 생물학적 장애에 적합한 치료는 의학적인 것이라고 생각했다. 정신분열병 환자에게 조작적 조건형성 기법이 유용하다는 것을 매우 빨리 알아차리긴 했지만, 특정한 습관을 변화시킴으로써 정신병을 '치료' 할 수는 없다는 점에 주목하였다(1969: 221). 마찬가지로, 어떤 부적응적인 정신병질적 행동들도 재학습이 가능하다(1982: 8).

월피는 아이젱크(1970)의 이론에 기반하여, 내인성 우울증이 '생물학적 결함' 에서 기인하며, 특징적인 증상(운동성 지체와 같은) 및 의학적 검사(마음이 진정되는 데 필요한 역치 등)에 입각하여 진단할 수 있다는 입장을 고수하였다(1973: 236; 1982: 270-282). 그것은 의학적 치료를 필요로 한다. 마찬가지로, 몇몇 공황장애는 다양한 생물학적 요인에 기인한 것이다(1990: 258-268). 특정한 약물, 갑상선 기능항진, 저혈당증, 심장 승모판 탈출, 메니에르병 또는 측두엽 간질 등이 생물학적 요인에 포함된다. 그는 모든 공황 발작이 비정상적인 젖산 대사(lactate metabolism)에 기인한 것이라는 일반적으로 인정되는 이론에 반대하였다. 생물학적 요인에 기반을 둔 공황발작은 '유사 광장공포증(pseudo agoraphobia)' 을 일으킬 수 있다(1982: 285).

월피는 학습된 신경증적 장애에서도 생물학적 요인이 어떠한 역할을 할 수 있다고 가정하였다. 많은 환자들이 묘사하는 조건화된 경험은 불쾌하기는 하지만 신경증이 아닌 다수의 보통사람들이 경험하는 것을 넘어서는 것 같지는 않았다. 심지어 전쟁, 사별 또는 아동학대와 같은 외상적 경험도 일시적인 장애를 일으키고, 장기간 지속되는 장애의 발병 가능성을 높이기는 하지만, 모든 사람들에게 신경증을 유발하지는 않는다. 월피는 그러한 개인차를 설명하는 데 있어 유전적 소인이 중요하다는 관점을 고수하였다(1958: 76-77; 1982: 33, 36-37).

월피는 증진된 반응성과 불안정성을 보이는 상태인, '타고난 정서적 불안정성(innate emotional lability)' 이 불안 조건형성에서 중요한 요인이라고 가정하였다. 이를 지지하기 위해, 그는 매우 어린 유아들이 보이는 다양한 자극에 대한 반응성의 차이가 추측건대 신경계 기능에서의 유전적 차이와 관련되어 있다는 1930년대의 연구를 인용하였다. 그는 '정서적으로 높은 민감성을 지닌 사람이 냉정한 사람보다 상대적으로 주어진 조건하에서 불안 각성의 강도가 높을 것'이라고 결론을 지었다(1982: 36). 또한 그는 유전적으로 결정되는 두 가지 직교하는 차원인 '신경증적 경향' 과 '외향성-내향성' 을 제안한 아이젱크(1957; 1961a)의 성격이론을 인용하였다(1958: 77). 높은 수준의 신경증적 경향은 자율신경계 과잉반응성에 의해 특징지어지는 반면, 낮은 수준의 신경증적 성향은 정상적인 반응성으로 특징지어진다. 아이젱크는 과소반응성(under-reactivity) 조건은 제안하지 않았다. 높은 수준의 내향성은 자극-반응의 연결이 쉽게 이루어지는 반면, 높은 수준의 외향성은 이러한 연결이 어려운 것으로 나타났다. 기분부전(dysthymia)은 높은 수준의 신경증적 성향과 내향성이 결합한 결과이고, 신경증적 불안이 학습되는 데 소인이 된다. 정신병질적 성격장애(psychopathy)는 높은 수준의 신경증적 성향과 외향성이 결합한 결과이고, 불안이 조건형성되기 어렵거나 불안이 거의 유발되지 않는다. 히스테리(hysteria)는 높은 수준의 외향성과 다소 낮은 수준의 신경증적 성향이 결합한 결과다. 정상인들은 내향성-외향성 척도에서 중간 정도에 해당하고, 낮은 수준의 신경증적 성향을 나타낸다.

생물학적 요소는 또한 약물과 알코올중독 및 정신신체 장애에 있어서도 중요하다. 약물중독은 월피가 '갈망'이라고 불렀던 획득된 생물학적 상태에 기인하는 것으로 여겨졌는데, 이는 장기적인 약물 사용의 결과로서 엔도르핀이 통증 수용기에 결합되어 생겨난 것이다(1969: 210; 1982: 8). 월피는 알코올중독에서 유전적 요소에 대한 일반적인 생각에 대해서는 언급하지 않았다. 정신신체적 장애에 관하여 월피는 특정한 기질적인 체계에 불안한 자율신경계적 각성이 '향해지는(channeling)' 생물학적 소인의 역할에 주목하여 울프 Wolff(1950; Wolf & Wolff, 1947)의 연구를 인용하였다(1958: 36; 1980; 1982: 292-296). 그는 생리적 요인과 심리적 요인이 상대적으로 기여하는 정도가 사례에 따라 다양하므로 철저한 의학적 평가가 필요하다고 주장하였다.

불안의 역할

신경증에 대한 월피의 정의에서 알 수 있듯이 불안은 일부 신경증을 제외한 모든 신경증에서 기본적인 역할을 한다. 월피는 불안이 주된 요인이 아닌 몇몇 장애에 대해서는 자신의 치료 방법이 적합하지 않다고 여겼지만, 불안에 기반을 두지 않은 다른 장애들도 다루었다. 월피는 보통 불안과 관련된 것으로 여겨지지 않는 장애도 불안의 작용을 확인하기 위하여 좀 더 면밀하게 검토해야 한다고 주장하였다. 명백하게 불안과 관련된 장애에서 중요하게 고려해야 할 점은 불안반응이 획득되는 방식이다.

비불안장애 월피가 중요한 비불안(Non-Anxiety) 신경증적 장애로 묘사하였던 것이 바로 히스테리였는데, 이 장애는 그의 초기 연구에서는 광범위한 분석의 대상이 되었지만, 이후에는 단지 지나치는 정도로만 언급되었다(1958: 85-89, 185-192; 1969: 28; 1990: 95). 초기의 관심은 아마도 히스테리가 확고한 자리를 차지하고 있었던 당시에 지배적이던 프로이트 학파의 관점으로부터 자신의 이론을 차별화하려던 그의 관심을 반영하는 것으로 보인다. 정신의학의 주된 흐름에서 이 장애에 대한 관심이 감소하자, 월피도 그러했다. 그는 기본적으로 히스테리를 비자율신경적인 생리 체계, 주로 감각 또는 운동 체계 내에서 혼란스러운 상황에 대해 조건화된 반응으로 간주하였다. 아이젱크의 이론에 따라, 월피는 히스테리 환자들이 현저하게 외향적이어서 자동적인 불안반응이 야기되고 조건형성되는 경향이 적기 때문에, 그들이 했던 방식으로 반응한다고 제안하였다. 동시에 발생하는 불안반응 또한 외향성의 정도에 따라 일어날 수 있었다. 재학습 절차가 불안하지 않은 다른 사례에서 필요한 것처럼, 불안한 히스테리 환자에게는 불안의 탈조건형성 기법이 필요하였다.

게다가, 월피는 수많은 '순수하게 학습된 부적응적 습관들' 은 신경증을 특징짓는 불안이 결여되어 있다고 제안하였다. 그는 생떼, 손톱 물어뜯기, 발모광(머리카락 뽑기), 야뇨증, 극단적인 인색함, 만성적인 느린 행동(1982: 8) 등을 이러한 부적응적 습관에 포함시켰다. 불안이 주된 요인이 아니기 때문에, 그는 이러한 습관과 관련된 재학습 절차는 언급하지 않았다.

내재된 불안 월피가 느끼기에는 많은 진단적 범주들이 부적응적인 행동에서 핵심이 되는 불안을 간과하거나 경시했다. 내재된 불안(hidden anxiety)은 우울, 성적인 일탈, 성적인 기능부전, 중독성 장애, 정신신체적 장애 그리고 말더듬에서 중요한 것처럼 보인다.

월피는 '정상'과 '내인성' 우울증으로부터 '신경증적' 우울증을 구별하였다(1973: 234-237; 1982: 270-282). 그는 정상적인 우울은 심각한 실패나 상실에 대한 일시적인 반응으로 보았고, 상실한 욕구 대상의 대체물을 찾도록 한다면 적응 가능한 것으로 보았다. 그는 만성적인 스트레스 상황은 장기적이고 심각한 우울증을 이끌 수 있다고 생각했다. 하지만 이는 여전히 임상적 개입이 필요한 문제가 아니라는 의미에서 '정상적'으로 간주할 수 있었다. '학습된 무기력' 패러다임에 따라, 신경증적 우울증은 한때 그가 습득한 것으로 간주하였던 조건형성된 불안에 기반하고 있다고 보았다(1973: 235; Maier et al., 1970). 이후 월피는 시간 제한적인 효과와 일반화가 되기 어렵다는 문제 때문에 학습된 무기력 개념을 거부하였고, 다른 장애와 관련된 것과 같은 방식으로 불안이 우울증으로 이어질 수 있다는 의견을 내놓았다(1982: 272-273). 식욕부진이나 운동 지체와 같은 우울증의 몇 가지 증상은 불안의 직접적인 표현으로 여겨진다. 우울한 '정서 색조'를 포함하여 다른 우울 증상들은 '보호적 억제(protective inhibition)' 때문에 지속적인 높은 수준의 불안으로부터 생겨난 것일 수 있다(1990: 279). 25명의 환자에 대한 개관을 통하여, 월피(1979)는 우울증을 생성하는 불안의 기원과 관련하여 직접적인 불안 조건형성, 잘못된 인지, 대인관계에서의 부적절감, 그리고 사별에 대한 과도한 반응과 같은 4가지 다른 '맥락'을 구별하였다. 따라서 우울증의 적절한 치료 프로그램은 각 개인이 느끼는 불안의 원인이 되는 요소를 파악하는 과정을 필요로 하였다.

월피는 페티시즘, 노출증, 소아 성도착, 동성애와 같은 성적 일탈행동에서 불안이 중요한 역할을 한다고 가정하였다. 이러한 성적 일탈행동에서는 대인관계불안이 적절한 성적 단서에 대한 각성을 억제시키는 반면, 성적 각성이 부적절한 단서에 조건형성된 것이다(1990: 311; Stevenson & Wolpe, 1960). 그는 한때 동성애가 유전적으로 결정됨을 보여 주는 쌍둥이 연구결과를 받아들였다(1969: 258). 그러나 우울증 치료에 참여했을 당시, 초기 사례에서 성적인 선호가 분명하게 자발적으로 바뀐 것(1958: 208; Stevenson & Wolpe, 1960)과 이후 사례들에서의 경험은 월피로 하여금 남성 동성애가 일반적으로 세 가지 종류의 학습된 습관 중 하나 이상과 관련되어 있다는 결론을 내리게끔 이끌었다. 정서적 또는 신체적 접근이 이루어지는 맥락에서 여성에 대하여 조건형성된 불안, 특히 여성에 대한 비주장성과 복종 그리고 남성에 대한 긍정적인 성애적 조건형성(1973: 238)이 그것이었다. 그는 동성애가 다수의 남성과 여성에게 만족을 줄 수 있지만, 그것을 수용할 수 없는 남성은 치료를 요구할 권리가 있다고 느꼈다(1990: 311). 그는 여성 동성애에 대한 분석은 제시하지 않았다.

남성과 여성 모두의 성적인 기능 장애는 조건형성된 불안 모델에 잘 들어맞는다(1958: 130-135; 1990: 298-299). 월피는 성적인 불안의 원인이 아동기에 성적 탐구에 대하여 실제로 처벌받았거나 처벌의 위협을 겪은 경험 내지는 성인기에 성적인 행위를 하는 동안 고통을 받았거나 당황했던 경험에서 유래한다고 이론화하였다. 월피는 오르가슴 전의 성적인 각성은 주로 부교감신경계 기능과 관련이 있는 반면, 불안은 교감신경의 각성과 주로 관련되므로 불안과 성 기능 간의 역관계에는 직접적인 생리적 기반이 관련되어 있다고 가정하였다. 남성의 경우 교감신경계의 각성은 발기를 억제하고, 사정을 촉진한다. 성적 행위와 연관된 매우 다양한 자극에 대해 불안이 조건형성될 수 있다. 불안이 성적인 상황에서 한 번 조건형성되면, 그 억제 효과는 수치심을 야기하고 더 많은 불안이 일어나는 등, 점점 상승하는 방식으로 진행된다.

월피의 견해에서 중독 행동은 환자가 '정서적 고통'을 경감시키기 위해 다양한 약물을 사용하는 행동에서 기원한다. 그는 몇몇 사례에서 본래의 고통스러운 상황은 중지되지만, 갈망이라는 '내인성 충동'의 통제 아래 중독 행동은 계속 지속된다는 점에 주목하였다(1969: 210). 그러한 상황에서는 갈망에 대한 직접적인 공격이 필요하다. 다른 사례에서는, 물질 사용이 환자 스스로 신경증적 불안을 통제하려는 수단이었으므로 불안을 먼저 다루어야 하는데, 그렇지 않은 경우에는 중독 행동을 제거하려는 시도는 실패로 돌아가거나 '증상 대치' 로 이어질 수 있다(1969: 200-201).

월피는 많은 '정신신체적' 장애에서 불안의 자율신경계 각성의 역할에 주목하였고, 다양한 혼란스러운 상황에 의해 일어난 불안이 고혈압, 위장장애, 두통과 같은 다양한 생리적 반응으로 스스로를 표현한다고 제안하였다(1958: 35-36; 1980). 이것은 같은 시기에 발전한 스트레스 이론과도 유사한데, 그 이론은 조건화된 자극에 대한 관련성에 관심을 덜 기울이고, 삶의 요구에 대한 자율신경계와 호르몬의 반응에 더 역점을 두고 다룬 것이다(Selye, 1976). 두 가지 개념화 모두 다양한 삶의 상황에 대한 병리생리학적 각성에 초점을 두었고, 불안에 대한 월피의 치료방법은 스트레스 (또는 정신신체적) 장애의 치료에도 매우 적합하였다(Moore, 1965, 5장을 보라.).

월피는 말더듬을 대인관계불안이 운동성 장애로 표현된 산물이라고 여겼다(1969: 25; 1973: 232-233). 그는 '일부 사례에서 불안이 제거된 후에도 말더듬는 증상이 어느 정도 유지되었고, 개별적인 소거가 필요하다.' 는 점을 지적하였다(1973: 233). 이후에, 그는 말더듬에 관련된 '생리학적 소인'에 관한 증거를 인용하였다(1990: 289). 하지만 이것만으로는 장애를 완전히 생물학적인 것으로 간주하는 데 충분치 않았으며, 치료의 선택에 있어 불안의 탈조건형성을 계속하여 추천하였다.

조건화된 인지적 불안 월피는 환자가 두려워하는 대상이 실제로 위험하거나 해롭다고 믿는지 그 여부를 결정하는 것이 중요하다고 강조하였다. 그러한 신념의 기원은 파블로프식 조건형성을 통해 얻어졌든, 잘못된 정보나 오지각과 같은 인지적 방법에 의해서 획득되었든 간에 대부분 불안이 획득된 방식의 결과다. 인지에 기반을 둔 불안은 단순공포증, 사회공포증, 광장공포증, 우울증, 강박행동을 포함한 여러 가지 장애에서 중요한 요인이다.

잘못된 신념이 존재할 때, 월피는 일반적으로 불안을 탈조건화하기 전에 우선 신념을 검토하는 것이 필수적이라고 제안하였다(1982: 87). 예를 들어, 뱀에 대한 공포와 같은 단순공포증의 경우, 환자가 뱀을 만져보는 치료 목표를 받아들이기 전에 모든 뱀은 독이 있다는 믿음을 우선 교정해야만 한다. 광장공포증 환자들의 경우, 잘못된 믿음의 형태에 따라 상이한 변형이 나타난다(1982: 284). 한 가지 유형은 불안 각성의 내인성 자극 특징이 죽음이나 실신의 전조라는 믿음으로부터 초래된다. 또 다른 유형은 외부 세계가 물리적으로 위험하다는 믿음으로 특징지어진다. 세 번째 유형은 혼자서는 지낼 수 없다고 믿는 불행한 결혼생활을 하고 있는 여성들로 이루어진다.

월피는 신경증적 우울장애에서 인지적 요인들과 관련된 네 가지 범주를 구별하였다(1982: 274-281). 한 유형은 '잘못된 자기비하적 인지' 에 의해 유발된 불안이다. 이는 두 번째 유형인 '직접적으로 조건형성된' 불안을 경험했지만, 자신의 경험을 잘못 해석하지 않는 사람들과 구별이 된다. 세 번째 유형은 중요한 대인관계 상황을 통제하지 못한다고 느끼고, 타인의 기분을 상하게 하거나 뻔뻔스럽게 보이지 않을까 하는 생각 때문에 불안해하는 사람들이다. 월피가 이런 맥락에서 기술하지는 않았지만, 이것 역시 인지적 오류로 생각된다. 네 번째 유형은 상실 또는 사별에 대한 '과잉반응' 을 포함한다. 상실에 대한 반응은 '불안'이라기보다 '고통' 이라는 용어로 기술되며, 이는 내인성 민감성, 상실에 대하여 이전에 조건형성된 불안 또는 자기비하적 인지의 발달에 의해 형성된다. 월피가 기술한 범주는 우울증에서 보이는 다양성, 특히 인지적 불안에 있어서의 차이와 개인 치료 계획의 중요성을 강조하였다.

대인관계불안은, 아이였을 때 엄마가 칼을 들고 죽이겠다고 위협을 했던 남자의 사례(1958: 121)나 엄마에게 빈번하게 구타를 당했던 사례(1969: 256)와 같은 일부 사례들에서는 그 원인이 파블로프식 조건형성에 기초하고 있었다. 그러나 종종 대인관계불안은, 부모가 복종을 강요한 사례(1973: 82)나 초등학교시절 반 아이들 앞에서 발표하는 것에 대해 걱정했었던 여성의 사례(1973: 41)에서와 같이 인지적 기원이 있는 것으로도 보인다. 게다가, 대인관계불안을 지닌 많은 사람들은 자신보다 타인을 항상 우선시해야 하고, 단호하게 행동하는 것은 옳지 않다는 잘못된 신념을 가지고 있다. 다른 인지적인 기반을 가진 두려움에 대해서도, 월피는 불안을 극복하는 치료를 시작하기 전에 우선 이러한 잘못된 생각을 검토하는 것이 필요하다고 주장하였다(1973: 83; 1982: 121-122).

조건자극과 반응

환자를 진단하는 데 있어 필수적으로 고려해야 하는 나머지 변인들은 불안반응을 통제하는 자극 및 반응 자체의 특징을 확인하는 것과 관련된다. 반응 자체의 특징에 관하여 월피와 DSM 체계 사이에 약간의 불일치가 있다. 대부분의 장애들은 증상에 의해 정의되며, 어느 정도는 환경이 증상을 일으키기도 한다. 월피는 환자의 생활에서 현재 사건에 가장 관심을 두었는데, 이는 현재의 사건들이 환자가 극복해야만 하는 상황이기 때문이다. 본래 불안을 학습한 상황에 대한 정보도 유용하지만 이는 꼭 필요한 것도 아니고 충분하지도 않은데, 그 이유는 불안이 종종 일반화와 이차적 조건형성을 통해서 퍼져나가 초기의 학습 경험을 구성하였던 자극들을 넘어서 다양한 자극을 포함하게 되기 때문이다. 많은 신경증적 장애에 대한 월피의 자극-반응 분석이 아래에 간결하게 제시되어 있다.

공포증은 대개 불안을 야기하는 자극에 의해 정의되었다. 월피는 단순공포증이 상대적으로 드문 데 비해 행동치료 연구에서는 지나치게 많이 등장한다고 느꼈다(1982: 10, 3장을 보라.). 역학적 증거는 DSM 진단 기준에 맞는 '단순'공포증이 일반 모집단에서 매우 빈번하다는 것을 보여 주었지만, 상대적으로 치료는 드물었다는 점을 지적하였다(Boyd et al., 1990; Robinson et al., 1984). 월피는 공포증에서 어떤 대상에 대한 분명한 공포가 때로는 가장 적절한 차원이 아닌 경우가 있었기 때문에, 자극-반응 요인들에 대하여 철저하게 이해하는 것의 중요성을 강조하였다(1969: 30). 더 나아가, 복잡한 장애가 종종 단순한 구성요소들로 분석될 수 있고, 각각은 개별적으로 치료될 수 있다고 제안하였다.

> 이러한 방법이 오직 '단순한' 사례들에서만 적절했다고 가정해서는 안 된다. 누구도 치료할 수 없었던 '단순' 공포증이 역사적으로 많았다는 점은 제쳐두고, 현 시점에서의 연구는 치료하기 어려운 '성격적인 신경증(character neuroses)'

조차도 일반적으로 '단순' 공포증과 같은 방식으로 구조화되고, 치료될 수 있는 공포증의 복잡한 체계로 구성되어 있음을 보여 준다(1958: xi).

월피의 경험에 따르면, 사회공포증 또는 대인관계불안은 훨씬 더 보편적이었다(1982: 10). 사회적이거나 권위적인 상황에서 사람들은 빈번한 자극에 접하게 되므로 비판이나 거부에 대한 두려움을 느끼게 되어 분노 또는 즐거움과 같은 정서를 억제하게 될 뿐만 아니라 사회적인 모임이나 관계를 회피하게 된다. 사회불안은 정신신체적 장애 또는 우울증과 같은 이차적인 증상을 야기하기도 한다. 광장공포증이 복잡한 장애의 한 예로 인용되었다. 왜냐하면 여기에는 명백한 자극-반응 관계, 즉 안전한 사람이나 공간으로부터 분리되는 것에 대한 두려움이 존재하지만, 적절한 사례개념화와 치료 계획이 세워지기 위해서는 추가적으로 고려해야 할 것이 많기 때문이다(1990: 11).

'부동불안(free floating anxiety)' 은 빛과 어둠의 대비, 소음, 공간, 신체 감각, 시간의 흐름과 같이 어느 곳에나 존재하는 환경적 자극에 대한 공포 반응이다(1958: 83-84). 월피는 특정한 불안을 야기하는 자극과 부동불안을 야기하는 자극이 뚜렷하게 구분되지 않으며 만연하는 정도에 있어서 같은 연속선상에 있다고 언급하였다. 월피는 부동불안의 원인에서 두 가지 요인이 중요하다고 제안하였다. 첫 번째는 처음 조건형성되었을 때 경험한 불안의 강도다. 반응이 강할수록 더 많은 수의 자극들이 조건형성되는 경향이 있다. 두 번째는 경험이 조건화되는 동안, 명확하게 정의된 자극이 없어서 모호한 자극이 조건화되는 것이다. 월피는 DSM에 의해 정의된 '범불안장애'와 부동불안을 구별하였으며, DSM에 기술된 증상을 보이는 몇몇 환자들이 심리치료가 적절치 않은 기질적 장애로 고통받고 있을 가능성이 있다고 제안하였다(1990: 268-269).

공황장애는 앞서 기술한 바와 같이 생물학적 요소가 원인이 되어 나타나거나, 높은 수준의 스트레스가 촉발 사건과 결합되는 것처럼 심리적 요인에 의해 일어난 최초의 공황 발작 동안에 있었던 단서들에 대해 공황 반응이 조건형성된 결과다(1990: 258-268). 월피는 공황장애에 관한 DSM기술을 수용하였고, 스트레스 상황에서 과호흡에 의해 공황 발작 증상이 일어난다는 레이(1985; 1987)의 견해에 동의하였다. 하지만 모든 공황장애 환자가 과호흡과 연합된 내인성 자극을 죽음이나 정신이상의 전조로 잘못 귀인하여 공황 발작을 일으킨다는 레이의 견해에는 동의하지 않았다. 그는 몇몇 사례에서는 내인성 자극이 혐오적인 공황 경험과 연합되었기 때문에 단순하게 조건자극으로서 기능을 하고, 인지적으로 잘못된 귀인이 개입되지 않은 채 직접적으로 공황

반응을 야기한다고 제안하였다. 광장공포증의 경우, 치료는 원인적인 요소와 통제 자극에 입각하여 어떤 하위집단이냐에 따라 달라진다.

'전쟁신경증'은 월피의 고양이 실험에 필적하는 신경증적 불안에 관한 고전적 조건형성의 범례를 보여 준다(1958: 78; 1982: 27-28). 정신과 수련을 받던 초기에 그러한 사례들을 직면하였음에도 불구하고, 전쟁신경증은 월피가 이론과 실제를 발전시켜 나가는 데 있어 사례 이상으로서의 역할은 하지 못했다. 월피는 후에 외상후 스트레스 장애(PTSD)에 대한 관심이 증가하자 이 문제를 다루었다. DSM 정의에 따르면, 외상후 스트레스 장애는 조건형성된 자극이 없는 상황에서도 부가적인 증상을 보이는 장애로 기술된다(1990: 270-273). 그는 PTSD가 전쟁 외에 폭력적이고 외상적인 다양한조건형성 상황에서 발생한다는 데 동의하였지만, 조건형성된 자극과 직접적으로 관련되지 않은 증상의 발생에 대해서는 어떠한 설명도 제시하지 않았다. 또한 재학습 원리에 기반한 치료법들조차 상대적으로 효과가 없음을 알게 되었고, PTSD 두 사례에서 자신의 실패를 인정하였다.

월피는 강박사고(반복되고, 지속적이고, 침투적인 사고)와 강박행동 간의 관습적인 구별이 실제적인 가치가 거의 없다는 점을 지적하면서, 강박장애보다는 강박행동이라는 용어를 더 선호하였다(1958: 90; 1982: 294). 그는 강박행동의 두 가지 범주인 불안을 감소시키는 것과 불안을 상승시키는 것을 구분하였다(1958: 90-93). 불안을 감소시키는 강박행동은 조건형성된 불안을 일으키는 자극에 대한 반응으로 발생하는 것이며, 불안이 경감됨으로써 강화된다. 그는 불안감소 강박행동의 원인에서 2단계의 과정이 포함된다고 제안하였다. 처음에 환자는 실제적이고, 매우 강하거나 자주 반복되는 위협을 피할 수 있는 분명한 도피 반응이나 회피 반응을 학습한다. 그리고 수년 후에 그 반응은 조건형성된 불안이 일어날 때마다 되풀이된다. 불안을 상승시키는 강박행동은 처음에는 불안조건형성 상황에서 발생하는데, 그 후 불안 각성이 생길 때마다 보이게 되며 각성을 증가시키고 행동을 악화시키게 된다. 불안 감소를 통하여 강화되지도 않으면서 어떻게 이 반응이 유지되는지는 분명치 않고, 월피도 다른 기제를 제시하지 않았다. 월피는 소수의 사례에서 강박행동이 불안과는 독립적인 우연한 자극에 조건형성될 수도 있다는 점을 지적했지만, 더 이상 상세히 설명하지는 않았다(1990: 294).

개인적인 요인들

어떤 사람이 특정한 장애에 걸리기 쉽게 만드는 유전적 요인과 그 외 생물학적 요인들에 더하여, 월피는 신경증적 행동의 학습에 대한 개인차를 설명하기 위해 수많은 요인을 가정하였다(1982: 33-37).

학습된 소인 월피는 개인의 생활 전반을 통해 다양한 맥락에서 학습된 비신경증적 불안반응이 특정한 상황에서 야기된 불안과 합해질 수 있으며, 이는 그렇지 않은 경우에 비해 훨씬 심각하다고 제안하였다(1958: 76). 월피는 한 여성의 사례를 예로 들었는데, 그녀는 어린 시절에 암송을 하던 중에 암기하였던 것을 잊어버렸던 기억이 있었다. 그녀는 이후에 교실에서 발표하는 상황에서 약간의 불편감을 경험하였지만 큰 문제는 없었다(1982: 30, 36). 성인이 되어 공식적인 회의 자리에 저명인사인 남편과 동행하면서 다른 사람들의 관심의 초점이 되었는데, 이때 그녀는 엄청난 불안을 경험하였다. 그 후 그녀는 사람들 앞에서 발표하는 것뿐 아니라 낯선 사람에게 말을 하는 것도 매우 두려워하게 되었다. 사람들이 자신을 바라보는 것에 대해 예전부터 민감했던 점이 회의장에서의 경험을 통해 그녀에게 신경증적 불안이 조건형성되게끔 하였다. 또한 월피는 2차 세계대전 시 이전에 존재하던 '정서적 민감성'과 이후의 전쟁신경증 발달 사이의 직접적인 관계를 발견한 영국 항공사 직원의 연구도 인용하였다.

일시적인 요인 월피는 어떤 일시적인 생리적 조건 또는 다른 조건이 혐오적인 사건에 대한 반응을 증가시키고, 신경증적 조건형성을 초래할 가능성을 제시하였다(1958: 77; 1982: 17). 그는 피로, 감염, 호르몬, 약물 그리고 '최면상태와 같은 의식의 특수한 상태' 등을 그러한 조건에 포함시켰다. 월피는 이에 대한 예로 신랑이 질병, 피로, 알코올 때문에 신혼 첫날밤을 잘 치르지 못하고 나서 성적인 자극에 조건형성된 불안에 의한 발기부전을 경험하게 된 사례를 인용하였다(1958: 132).

불안억제 자극 월피는 스트레스 사건의 영향이 주변 사건에 의해 좋아질 수 있다고 제안하였다. 그는 공습을 당하였던 아동들이 그 상황에서 부모가 차분하게 행동하면 그러한 사건에 덜 민감해지는 경향이 있다는 연구를 인용하였다. 여기서 우리는 다른 사람들이 극도의 공포를 나타내며 반응한다면 불안이 촉진될 수 있다고 추측할 수 있다. 하지만 월피는 이러한 가능성을 밝히지도 않았고, 사회적 사건 이외에 불안조건형성을 억제(또는 강화)할 수 있는 다른 자극을 제안하지도 않았다.

정보 월피는 정보 또는 정보의 부족이 신경증의 발달에 영향을 미치는 것으로 가정하였다. 그는 불안을 야기하는 상황에서 기이한 감각을 경험하면서 자신이 죽어 가거나 미쳐 가고 있다는 것과 같은 재앙적인 결론을 끌어내는 환자의 예를 인용하였다. 의사에게 이러한 감각에 대해 진료를 받았지만 환자는 충분한 설명을 듣지 못하였고 환자는 더욱 불안해지게 되었다. 이러한 2차적인 두려움은 본래의 불안보다 더 문제가 될 수 있다. 정보의 부족은 환자가 잘못된 정보를 수용하고 잘못된 해석을 하도록 남겨 둠으로써, 인지적으로 기반을 둔 공포에 있어서 중요한 요인이 된다.

치료: 신경증적 행동의 소거

지속적이고, 침투적이며, 파괴적인 여러 측면을 가진 불안반응을 극복하기 위하여 특정한 개입이 필요하다. 심리치료자가 해야 할 일은 불안의 소거를 촉진하기 위해서 필요한 특별한 환경을 조성하는 것이다. 월피의 첫 번째 저서인 『상호억제에 의한 심리치료(*Psychotherapy by Reciprocal Inhibition*)』에는 부적응적 행동이 치료되는 이론적 기제가 간략하게 기술되어 있다. 그는 다음과 같이 일반적인 치료원리를 설명하였다.

> 만일 불안을 유발하는 자극이 있는 상황에서 불안과 양립할 수 없는 반응이 일어나도록 하여 불안반응이 완전히 또는 부분적으로 억제되는 과정이 수반될 수 있다면 이러한 자극

과 불안 사이의 결합이 약화될 것이다(1958: 71).

이 말은 일종의 '대체이론(replacement theory)'을 제안하였던 '원초아가 있던 자리에 자아가 있게 하라.'는 프로이트의 언명과 비교될 수 있다. 프로이트의 원초아와 자아는 숨겨져 있는 정신내적인 구조로서 뒤얽힌 관계로만 겉으로 드러나게 된다. 대체 치료 방법이란 것도 역시 유사하게 뒤얽히고, 간접적인 것이어서 치료 효과의 기준은 종종 분명하지 않다. 이와 반대로, 월피의 이론은 상대적으로 객관적이고 명확하며, 불안을 유발하는 자극과 불안과 양립불가능한 반응의 통제를 요구하는 치료로서 치료의 성공여부는 불안 증상의 감소로 측정될 수 있었다. 프로이트 이론과 몇 가지 유사점이 있음에도 불구하고, 월피의 치료법은 진정으로 '새로운 형식에 담긴 새로운 이론'이었다. 낡은 정신분석이론을 헐 학파의 행동주의적 용어로 다시 기술하려는 밀러와 마우어러의 시도와는 달리, 월피의 불안의 소거를 위한 '상호억제' 모델은 꿈의 상징을 해석하거나 전이를 훈습하는 것과는 전혀 다른 새로운 과제를 치료자에게 제시하였다. 이러한 과제들은 각 환자에게 고유한 자극-반응을 분석하고 불안 각성을 억제하기 위해 불안에 대하여 길항적인 반응이 무엇인지를 결정하며, 결국 재학습을 위하여 상황을 조정하는 것을 포함한다.

자극-반응 분석

앞서 기술한 바와 같이, 치료자의 초기 과업은 상호억제치료에 부적합한 생물학적 장애나 다른 장애를 가진 환자를 선별하는 것이다. 월피가 사용한 평가 절차는 3장에 설명되어 있지만, 본질적으로 자기보고와 직접적인 관찰을 통하여 환자가 자율신경계, 운동, 인지적 영역에서 경험한 문제에 대하여 전부 기술하는 것이다.

불안이 조건형성된 반응이라는 견해를 유지하면서, 월피는 문제 행동을 촉발하는 상황이나 문제 행동과 연합된 상황을 연구하였다. 그는 대부분의 환자가 그들의 증상과 관련된 불안유발 자극을 자각할 수 있거나, 또 현재와 과거 경험에서 사건을 관찰하고 기억하도록 요구하는 직접적인 지시를 통해서 그러한 자각을 할 수 있다고 여겼다. 프로이트학파에서 정서적으로 매우 강렬한 내용의 회상이나 재인에 대한 적극적인 저항을 의미하는 억압은 그의 환자들에서는 관찰되지 않았다(1958: 94, 216-217). 수용, 비판단적인 경청, 숙련되고 체계적인 질문 그리고 질문에 대한 환자의 반응을 통하여, 월피는 치료자가 환자의 신경증적 행동을 통제하면서 자극 사건을 파악할 수 있다고 생각했다.

주제

불안을 일으키는 사건을 설명할 수 있는 자료를 수집하는 것 외에, 월피는 자극들의 집합에서 차원 또는 주제 범주를 살펴보았다(1958: 140; 1990: 160-171). 이론적으로 하나의 주제는 자극일반화 과정 및 이차적 조건형성 과정을 통해 조건화된 자극과 관련된 일군의 자극들이었다. 종종 주제는 높은 곳, 폐쇄된 공간, 성적 자극 또는 비판과 같은 외부 상황과 관련되었다. 그러나 어떤 사례에서는 통제력을 상실할 것 같은 느낌 또는 구속된 느낌과 같이 특정한 내적인 반응을 생성하는 자극을 일으키는 사건들로 분류할 수 있었다. 종종 환자의 공포는 한 가지 이상의 차원에서 발생하였다.

다양한 주제는 아마도 다양한 조건형성 경험의 결과일 것이다. 혐오적인 무조건자극(UCS)이 발생되었을 때 다양한 자극이 있었을 가능성이 있다. 고양이가 버저 소리와 전기 충격이 주어졌던 방의 시각적인 특성 모두에 대해 공포 반응을 학습하는 것처럼, 전쟁신경증으로 고통받는 사람들은 전쟁과 연합된 시각, 청각, 후각적 자극에 모두 조건화된 반응을 보일 수 있다. 특히, 어떤 사람이 불안 각성에 취약한 소인을 지니고 있다면, 그 사람은 일생 동안 계속해서 혐오적인 조건형성 경험과 마주하게 될 수 있다. 만약 불안반응이 빈번하게 발생한다면, 추가적인 자극들이 이차적 조건형성 과정을 통해서 조건형성될 수 있다.

불안의 위계

많은 사례에서, 두려운 사건을 직면할 수 없는 까닭은 그 사건이 불러일으키는 불안이 다른 모든 반응들을 압도하기 때문이다. 이러한 이유로 월피는 불안유발 자극을 약화시킴으로써 불안반응을 약화시키는 방법에 대한 이론을 발전시켰다(1958: 139). 이 이론에 따르면 강한 불안을 일으키는 자극은 약한 불안반응을 야기하는 요소들의 집합체로 생각할 수 있다. 소수의 자극 요소들을 제시하게 되면 약한 수준의 불안이 유발되며, 이는 성공적으로 극복할 수 있다. 자극이 복잡한 요소로 구성되어 있기 때문에, 자극의 구성요소나 각각의 요소가 유발하는 불안의 양을 일일이 설명하는 것은 불가능하며 수량화하는 것은 더욱 힘들다.

실제적으로, 월피는 먼저 자극과 불안의 관계를 추정하였다. 이를 위해 환자에게 어떤 상황에 직면했을 때 경험할 것 같은 불안의 세기에 따라 순위를 매기도록 요청하는 단순한 방법을 사용하였고, 주제와 관련된 자극 사건의 목록이 작성되었다(1958: 140). 후에 그는 '주관적인 불편감의 단위(subjective unit of disturbance: sud)' 척도를 사용하였다(Wolpe & Lazarus, 1966: 73). 환자는 상상할 수 있는 가장 최악의 불안을 떠올려서 이를 100으로 하고, 완벽하게 평온했던 때를 떠올린 후에 이를 0으로 평정하도록 지시를 받았다. 그리고 나서 어떠한 사건을 경험한다고 상상하면서 그

때 경험하게 되는 불안의 크기에 따라 0에서 100 사이의 점수를 환자 스스로 부여하게 하였다. 이러한 방식으로 자극 항목은 각각이 일으킨 suds(주관적인 불편감의 단위)의 양에 기초하여 위계적으로 정량화되고 배열될 수 있었다.

sud척도를 사용하여 한 항목에서 다음 항목까지 점진적으로 연속적인 불안의 위계를 만들 수 있었다(Wolpe & Lazarus, 1966: 73). 만약 한 항목에 80점이 주어지고 다음 항목에 40점이 주어졌다면, 월피는 50, 60 그리고 70suds에 해당하는 항목들을 반드시 찾아내야 한다고 주장하였다. 점진적인 위계의 중요성은 월피의 불안 감소에 대한 확산이론에 근거한 것이다(1958: 140). 위계상에서 가장 낮은 항목에 대한 불안을 제거하게 되면, 근접한 항목에 의해 일어나는 불안도 감소하게 된다. 월피는 고소공포증이 있는 사람에 대한 가설적인 사례를 제시하였는데, 2층에서 창 밖을 내다보는 것은 불안 수준이 1이었고, 3층에서 밖을 바라보는 것은 수준 2었다(1969: 97-98). 2층에서 창 밖을 내다볼 때 일어나는 불안을 0으로 감소시키게 되면, 3층에서 창 밖을 내다볼 때 유발되는 불안도 감소할 수 있을 것이며, 위계의 윗 단계에서도 마찬가지일 것이다. 월피는 억제가 근접 자극으로 일반화되어, 이후의 시행에서는 근접 자극에 대한 불안도 극복될 수 있는 범위 안에 들어가게 된다고 가정하였다.

이 이론이 지닌 함의는 상호억제하는 상황이 단지 작은 불안만을 극복할 수 있을 정도의 효과가 있다는 생각이다. 만약 위계상에서 항목 간의 간격이 너무 크다면, 불안 감소는 다음 항목으로 일반화되지 못하고 치료의 진행은 차단될 것이다. 나아가, 월피는 자극이 너무 많은 불안을 야기하여 이를 억제할 수 없다면, 불안이 상황을 지배하게 됨으로써 이차적 조건형성 과정에 의해 동시에 발생하는 자극으로까지 불안이 확대될 수 있다고 제안하였다. 치료적 진행이 차단되는 것뿐만 아니라, 고양이 실험에서 일어났던 것처럼 치료 상황의 자극 요소들에 대해 불안이 조건형성되기 때문에 오히려 퇴행을 초래한다는 것이다. 월피는 높은 수준의 자극을 조급하게 제시했던 환자에게서 유사한 결과가 나타났다고 보고하였다(1958: 141). 따라서 위계상에서 작은 보폭으로 진행하는 것이 중요하다.

불안억제 반응

다음 과제는 불안을 극복하기 위해 사용할 수 있는 반응들을 찾아내는 것이다. 월피가 제안한 불안의 자율신경계이론은 불안을 극복하기 위해 사용가능한 몇 가지 반응을 시사해 주었다. 그는 종종 실험적 관찰에 의존하였고 자신의 임상적 경험에 주의를 기울이고, 다른 연구자들이 보고하였던 문헌들을 샅샅이 찾아보았다. 그러고 나서 그는 자신의 이론을 확장하였고 부가적인 접근 방법을 제안하였다.

치료자가 유발한 반응

우선, 월피는 치료적 상황 그 자체가 종종 불안과 양립할 수 없는 정서적 반응을 야기한다는 점을 관찰하였다(1958: 13, 193-194). Frank(1961)의 견해를 인용하며, 월피는 치료자가 환자에게 나을 수 있다는 희망을 주고 도움을 받고자 하는 환자의 기대에 부합할 수 있다는 점에 주목하였다. 환자가 자신의 어려움을 드러낼 때 치료자와 논의하는 과정에서 동시에 불안이 다소 억제될 수 있다. 이는 대부분의 심리치료 과정에서 공통적인 요소인데, 월피는 이것이 다양한 전통적인 치료에서 치료 성공률이 비슷한 이유를 설명해 준다고 제안하였다(4장을 보라.). 그는 이것이 자신의 치료적 접근에서도 역시 발생한다는 점을 잘 알았지만, 불안을 억제하는 부가적인 절차를 분명하게 사용하였다.

부교감신경의 각성

월피가 따랐던 한 가지 방법은 어떤 반응들이 불안을 억제하는지를 관찰한 후, 그러한 반응을 불안 억제에 사용하는 것이었다. 음식섭취, 공격성, 성적 각성 등이 이 범주의 반응에 해당되었다. 그 작용기제는 불안반응의 특징인 현저한 교감신경계의 각성을 상호적으로 억제하는 부교감신경계가 우세해졌기 때문이라고 가정하였다. 이완도 부교감신경적 특성에 포함되므로 불안억제행동 목록에 추가되었다(1958: 72).

섭식 월피는 임상적 문제를 가진 사람들을 치료하는 데 있어 음식 섭취를 적용하는 데는 한계가 있다고 생각하였다. 그는 아동을 대상으로 토끼에 대한 공포증을 치료하는 데 음식을 사용한 메리 커버 존스의 선구적인 연구를 인정하였다(1958: x; Jones, 1924). 그리고 몇몇 신경증 환자에게서 반혼수(subcoma) 인슐린 충격요법이 효과가 있었다는 임상적 보고는 환자들의 공복 추동이 증가되었고, 그들이 음식을 먹는 동안 불안자극이 우연히 발생하였기 때문이라고 추측하였다(1958: x). 하지만 음식 섭취를 임상적 절차로 권유하지는 않았다.

자기주장과 분노 반응 월피(1969: 94)는 1947년에 자신의 이론을 임상에 적용하기 시작한 때부터 환자의 생활 내에서 행동변화를 일으키기 위하여 의도된 절차를 사용하였고, 여기에는 샐터(1949)가 '흥분성' 행동으로 불렀던 것이 포함되었다. 그러나 상호억제이론을 발전시킨 후에 월피는 자기주장 행동을 자신의 이론적 맥락에 포함시켰다. 그는 분노나 공격적인 반응뿐만 아니라, 친밀하거나 애정 어린 감정의 표현도 자기주장 행동에 포함시켰다(1958: 114). 초기에는 분노에 가장 관심이 많았지만, 후기에는 다른 요소들을 좀 더 고려하였다. 이러한 폭넓은 반응의 범주는 '다른 사람에게 불안을 제외한 어떠한 정서라도 적절하게 표현하기' 라는 자기주장 행동에 대한 월피의 정의를 반영하였다(1973: 81).

월피는 불안을 억제할 수 있는 분노 표현 행동의 두 가지 요소를 제안하였다(1958: 114). 한 가지 구성요소는 '부교감신경계 우세' 로, 이는 교감신경계 각성으로 나타나는 불안과는 생리학적으로 양립 불가능한 것이었다. 월피는 분노와 불안이 자율신경계, 중뇌 그리고 '신경생물학적' 수준에서 동시에 일어날 수 없다는 자신의 주장을 지지하는 여러 연구와 개관 논문들을 인용하였다(1958: 72; 1990: 138). 따라서 불안을 일으키는 자극이 존재하는 경우에 분노 각성은 그러한 자극의 영향력을 약화시키는 기능을 할 수 있다. 하지만, 그러한 분노가 사회적 제재를 초래하여 불안반응을 강화시키지 않도록 적절한 방식으로 표현되어야 한다는 점이 중요하다(1958: 118).

두 번째 구성요소는 운동 활동으로, 이 또한 불안을 억제하는 고유한 생리학적 특성을 가진다(1958: 114). 게다가, 월피는 자기주장을 하는 운동(그리고 아마도 언어)행동이 조작적 의미에서 그러한 행동을 강화시키는(조작적 조건형성)

사회적 지배력과 같은 긍정적인 결과를 가져온다는 점을 인식하였다. 따라서 불안의 역조건형성은 매번 도구적 반응의 조작적 조건형성과 혼합되어 각각 다른 반응을 촉진시키게 된다(Wolpe & Lazarus, 1966: 40). 이러한 생각은 월피가 최초로 조작적 조건형성을 구별되는 과정으로 명백하게 구분한 점에 반영되었다. 후에 그는 어떤 사람들이 자기주장 행동을 하지 못하는 것이 불안에 의해 억제되었기 때문이 아니라 특정한 사회적 상황에서 적절한 운동적 습관을 익히지 못했기 때문이라는 점을 알게 되었다(1982: 119). 불안이 하나의 요인일 때 자기주장 훈련을 하는 것에 대해 월피가 경고를 하긴 했지만, 이런 경우에는 '사회적 기술 훈련' 이 요청되었다(1990: 136, 4장에서 제시됨.).

성적인 각성 월피는 부교감신경이 성 기관의 조직을 지배하는 것이 성적인 각성의 기제이고 교감신경의 활성이 사정과 관련되어 있다는 것을 보여 주는 19세기 생리학적 연구를 언급하였다(1958: 72). 따라서 교감신경계가 활성화된 불안은 성적인 각성을 억제하고 사정을 촉진시켜, 남성에게는 발기 부전과 조루를, 여성에게는 '불감증' 을 일으키게 된다(1958: 36). 이후 Masters & Johnson(1966)의 연구는 월피의 견해를 지지하였다(1969: 72). 월피는 불안을 유발하는 상황에서 성적인 각성을 일으켜서 개의 실험신경증을 극복할 수 있었다는 러시아에서 이루어진 연구를 인용하면서, 성적인 각성이 불안을 억제하는 잠재력이 있음을 설명하였다(Wolpe & Lazarus, 1966: 104). 또한 그는 사회 불안이 있는 젊은 여성이 연애를 하면서 불안으로부터 벗어날 수 있었던 사례를 인용하였다(1973: 164). 그러나 성적인 각성은 주로 성적인 기능부전의 원인이 되는 성적인 불안을 극복하는 데 사용되었다.

이완 음식을 먹는 반응은 신경증 환자들을 치료할 때 임상적으로 사용하는 것은 부적당하다고 판단되었고, 자기주장 행동은 사회 불안 치료에 제한되었으며, 성적인 각성은 성적인 불안에 한정되었기 때문에 인간 신경증의 다양한 모든 불안을 다룰 수 있는 도구가 필요하였다. 월피는 Edmund Jacobson(1938)의 점진적 근육이완법에서 그런 수단을 발견하였다. 이완은 부교감신경계가 지배적인 상태다(1958: 72). 이는 광범위한 상황에서 사용될 수 있기 때문에 교감신경계가 우세한 불안 각성을 극복하기 위해서 가장 이상적이고 적절한 것이었다.

제이콥슨의 절차는 환자가 몸 전체에 걸쳐 일부 근육의 긴장을 높였다가 이완하는 과정을 필요로 하였다. 제이콥슨은 환자가 누워서 이완을 하며 시간을 보낼 수 없다는 것을 깨닫고, 환자가 일상적인 활동에 직접적으로 사용하지 않는 근육을 이완시키는 법을 배우는 ‘차별적 이완법(differential relaxation)’을 개발하였다(Jacobson, 1938: 81-83). 월피는 ‘신경증적 장애’가 과도한 근육긴장으로부터 초래된다는 제이콥슨의 이론을 거부하였고, 그가 긍정적인 결과를 얻을 수 있었던 건 면담 과정 동안에 발생한 우연한 상호억제와 불안 단서가 있는 상황에서 이완이 이루어졌기 때문이라고 주장하였다. 월피는 자신의 치료 프로그램에서는 7회기 이하의 이완 훈련으로 충분했던 반면, 제이콥슨은 100에서 200번 정도가 필요했다고 밝혔고, 자신의 치료가 성공적인 이유가 우연하게 치료적 변화가 일어나기를 기다리지 않고 불안 자극에 이완을 체계적으로 대치시켰기 때문이었다고 설명하였다(1958: 135-136).

후에 월피는 요가, 초월적 명상, 바이오피드백과 같은 다른 이완훈련법을 수용하였다(1982: 186-187). 모든 사례에서 치료 효과가 나타난 기제는 이들 절차에 의해 생성된 ‘부교감신경계 우세’ 상태라고 간주하였다. 점진적인 근육 이완과 같이, 치료 효과를 결정하는 것은 불안자극을 이완된 상태로 대치하는 데 달려 있다.

화학적으로 유도된 반응들

월피는 의학적 수련을 받았기 때문에 불안에 대항하기 위해 약물 사용을 고려하는 것이 당연했다.

> 이론적으로 약물은 불안반응을 약화시켜서 상반되는 반응에 의해 불안이 더 쉽게 억제될 수 있도록 하거나, 길항적 반응을 강화시켜서 같은 결과가 일어나게 함으로써 긍정적인 영향을 미칠 수 있다. 그러나 불안을 감소시키는 모든 약물이 길항적인 반응을 강화시킴으로써 치료적으로 이로울 것이라고 기대할 수는 없다. 약물은 불안에 영향을 미치는 작용 부위가 있으며, 그 부위가 중추신경계의 어느 곳이든 간에 길항적 반응은 불안 억제적 작용을 한다(1958: 201).

불안완화제 불안 및 길항적 반응에 대한 월피의 이론이 중추신경계에서의 약물의 작용 위치를 구체적으로 기술하지 않고 자율신경계만을 주로 다루었기 때문에, 약물 선택을 위한 더 이상의 지침서를 제공하지 않았다. 그보다 그는 약물에 대한 반응에 있어 개인차가 다양하기 때문에, 특정 환자에게 무엇이 효과적인지를 결정하는 것은 시행착오의 문제라고 지적하였다(Wolpe & Lazarus, 1966: 116). 몇 년이 지난 후에, 월피는 코데인(codeine), 토라진(thorazine), 발륨(valium)을 포함하는 많은 약물을 추천하였다.

신경학적 근원이 무엇이든 간에 월피의 상호억제이론에 따르면 효과적인 약물치료 프로그램은 불안반응이 유발되지 않은 상태에서 불안에 조건화된 자극을 경험하게 하여 그 상황에서 비불안반응이 강화될 수 있도록 해 준다(Wolpe

& Lazarus, 1966: 119-120). 재조건형성이 일어나기 위해서는 약물의 불안완화 효과가 불안유발 자극과 연합되는 것이 중요하다. 월피는 동물의 실험신경증을 극복하기 위한 시도로 다양한 약물을 사용했던 파블로프와 다른 초기의 연구자들을 비판하였는데, 그들이 약물 투여와 자극에 대한 노출 변인을 체계적으로 조정하지 않았기 때문이다. 월피는 이러한 연구에서 발견된 긍정적인 결과는 모두 동물이 약물의 영향하에서 조건형성되었던 불안자극에 우연히 노출되었기 때문이라고 생각하였다. 이를 지지하기 위하여 그는 2×2 요인 연구를 인용하였다(Miller et al., 1957). 이 연구에서는 쥐의 회피반응을 소거하는 데 있어 약물(클로르프로마진 vs. 식염수)의 효과와 자극 노출(버저소리 vs. 우리)의 효과를 체계적으로 살펴보았다. 약물과 혐오조건형성 자극에 대한 노출 두 가지를 모두 받은 동물은 다른 변인의 결합 조건에 있던 동물들보다 훨씬 적은 회피반응을 보였다.

약물 사용에 대한 월피의 결론은 강렬한 불안반응이 일어나는 것을 막을 수 있을 정도로 약의 용량이 충분해야 한다는 것이었다. 그렇지 않으면 불안이 주변 자극에 재조건형성될 수 있고 이는 환자의 치료에 역효과를 초래할 수 있다(Wolpe & Lazarus, 1966: 117, 121). 월피는 투약 기간이 제한적이기 때문에 약물 중독의 위험은 낮다고 생각하였다.

환자가 약물을 투여받는 동안 더 이상 불안반응을 보이지 않게 되면, 월피는 약물을 사용하지 않는 상태에서 새로운 학습을 하는 단계로 진행하는 데 문제가 없다고 생각하였다. 몇몇 사례에서 월피는 점진적으로 약물요법을 줄여나갔지만(1958: 202-203; 1969: 181-182; 1982: 232-233), 다른 사례들에서는 그러지 않았다고 보고하였다. 상식적인 판단으로 볼 때 약물을 점진적으로 끊는 것이 이해가 되기는 하지만, 월피는 이러한 실행에 대한 이론적 근거를 제시하지 않았다. 단지 그는 '신경증적 반응이 탈조건화되면 필요한 약물 용량이 적어지고, 치료를 종결하기 꽤 오래전에 약물을 끊는 것이 종종 가능하다.' 고 언급하였다(Wolpe & Lazarus, 1966: 117).

이산화탄소 흡입 월피가 가장 많은 관심을 기울였던 화학적 절차는 이산화탄소 흡입법이었다(1958: 166-172). 그는 1947년에 신경증적 환자가 이산화탄소와 산소를 30% 대 70%로 혼합한 기체를 흡입하고 무의식 상태가 되었다는 임상적 보고에 처음으로 주목하였다. 무의식 상태를 만드는 것은 대중요법적인 정신과적 치료였고, 이 방법은 아마도 전기충격요법과 인슐린 혼수에 대한 추가적인 방법으로 여겨졌을 것이다. 월피는 어떠한 긍정적인 결과가 얻어지든지 간에 그것은 치료의 비특정적 효과 때문일 것이라고 제안하였고, 아마도 이 절차가 불안을 유발하는 특징 때문에 좀 더 긍정적인 결과가 가려진다는 점을 지적하였다. '매우 짧은 의식의 혼미에 불과한' 상태만을 일으킨 단일 흡입법을 사용한 연구자가 더 긍정적인 결과를 보고하자, 월피는 직접 시험을 시작해 보려는 자극을 받았다. 월피는 개인의 반응에 따라 이산화탄소의 농도를 달리할 것을 제안하였지만, 65%의 이산화탄소와 35%의 산소의 혼합기체를 추천하였다.

월피는 어디에나 존재하는 환경적 특징 또는 신체 감각과 같은, 불안을 야기하는 자극이 끊임없이 존재하는 부동불안의 사례에서 이산화탄소 흡입법을 사용하였다. 월피는 이러한 방법의 생리적 기제를 확신한 것이 아니라, 강렬한 호흡 자극에 의한 흥분 또는 각성 뒤에 따르는 완전한 근육이완이 불안에 길항적인 작용을 하므로, 흡입하는 순간에 존재한 모든 자극들에 대한 불안과의 연결을 약화시키는 역조건형성 과정이 치료적 기제라고 제안하였다. 그는 이러한 방법이 전반적인 불안을 몇 시간 동안 제거한다는 것을 발견하였고, 불안감소 시간을 몇 주간으로 증가시킬 수 있었다. 그는 불안이 재발하는 것은 환자가 외부의 불안유발 상황을 다시 한 번 직면하게 된 탓이라고 가정하였다. 그는 의식이 흐릿해졌을 때 심상으로 자극들을 제시함으로써 특정한 자극에 의해 유발된 불안을 극복하는 것이 가능하다고 제안하였다.

다른 불안억제반응들

월피는 불안감소에 대한 추가적인 접근을 제안하는 실험적이고 임상적인 문헌들에 대해 민감하였다. 그는 임상 장면에서 많은 방법을 시도하였고, 그것들을 '상호억제' 라는 이론적 틀에 적합하게 만들었다. 모든 절차들은 불안을 억제한다고 생각되는 부가적인 활동들을, 주로 심상을 이용하여 불안자극과 함께 제시하는 것을 포함하였다. 이러한 절차는 경쟁적인 활동들의 특성 및 그런 활동이 유발되는 방식 면에서 차이가 있었다.

전기자극에 의해 통제된 반응 월피(1958: 89, 173-174)는 Mowrer & Viek(1948)의 실험에 고무되었다. 이 실험은 한 집단의 쥐가 공중으로 점프하면 전기충격이 중단되도록 한 반면, 두 번째 통제집단은 동일한 횟수의 충격을 받으면서 동물의 행동과 상관없이 전기충격이 중단되었다. 첫 번째 집단의 경우 충격을 가한 후 먹이를 주었을 때 혼란기가 지난 후 먹이를 먹은 반면, 두 번째 집단은 먹이 섭취를 완전히 거부하며 불안의 징후를 보였다. 월피는 이러한 결과는 뛰어오르는 운동성 활동에 의해 불안이 억제되는 것을 보여준 것이라고 해석하였다. 이러한 결론으로부터, 월피는 약한 전기충격을 환자의 손과 팔뚝에 가하여 팔을 구부리게 만드는 '새로운 치료적 방법' 을 개발하였다. 마우어러와 비에크의 실험과는 달리 이 절차에서 구부림은 충격이 있을 때 구부리라는 치료자의 지시에 대한 반응이었다. 환자가 자신의 불안위계에서 약한 불안유발 사건을 상상하는 동안 전기충격이 가해졌다. 보고된 바에 의하면 충격/구부림을 15~25번 반복하자 사건에 대한 혼란스러운 감정이 '극복되었다.' 후에 월피는 약한 전기자극만으로도 불안을 억제하는 데 충분하다고 제안하면서, 이 절차에서 운동 활동이 꼭 필요한지에 대해 의문을 제기하였다(1973: 147-148).

약한 전기충격이 명백하게 불안을 억제하는 특성이 있다는 것은 한 임상가의 시연을 통해 월피에게 제안된 것인데, 월피는 이를 '통제된 실험'에서 수정하였지만 그 상세한 내용은 알려지지 않았다(Wolpe & Lazarus, 1966: 147-148). '혐오적인 자극 없이 강렬하게 느껴지는' 전기충격은 20~30분 동안, 1분당 8~10번의 비율로 1초간 환자의 팔뚝에 전해졌다. 그의 사례에서 충격은 손목관절의 구부림을 일으키기에 충분한 것이었다. 이 절차를 통해 환자는 거의 0에 가까운 불안을 보고하였다. 그러면 환자에게 2~3배 많은 전기충격을 가하면서 자신의 불안위계에 있는 장면을 상상하도록 요청한다. 처음에 월피는 '긴장을 풀고 이완하세요.'라는 말을 하면서 전기충격을 가하였지만, 후에는 이러한 절차가 불필요하다고 느꼈다. 월피는 운동성 활동이 아니라 전기충격 자체가 불안억제에 기여하는 것으로 보았고,

이를 '외부억제' 과정이라 명명하였다. 그는 외부 전기자극이 '조사하려는' 또는 '방어적인' 반사작용을 일으킬 수 있고, 이는 조건자극에 대한 타액 분비의 양을 감소시킨다는 파블로프의 관찰로부터 이 용어를 빌려왔다(파블로프, 1927: 43-47). 그러나 파블로프가 음식물에 대한 반사반응을 중요하게 생각했다는 사실 외에도 두 현상 간에는 차이가 있다. 첫째, 파블로프의 외부억제는 대개 일시적이어서, 자극을 반복적으로 제시하여 '습관화'가 일어나도록 한다. 영속적인 외부억제는 '사전에 먹이기(pre-feeding)' 또는 부정적인 각성을 야기했던 혐오적인 자극에 의하여 일어난다. 이러한 관찰들과 불안에 대한 약한 전기충격의 추정 효과 간의 유사성을 알아내는 것은 어렵다.

또한 월피는 혐오적인 충격의 종결과 동시에 일어나는 자극이 긍정적인 강화가 되며, 불안을 억제하는 속성을 획득하게 된다는 것을 시사하는 다른 몇몇 쥐 실험에 의하여 고무되었다. 이러한 쟁점에 대한 마우어러의 비판적인 개관 논문(1960: 140-144)은 부정적 각성이 존재할 때만 그러한 조건자극이 '이차적인' 긍정적 강화물로서 기능한다는 결론을 내렸다. 좀 더 적절하게 마우어러(1960: 419)는 이러한 자극에 대한 안도반응이 공포반응에 길항적이라고 제안하였다. 월피는 인간에 적용할 수 있는 유사한 절차를 개발하였는데, 여기에는 또다시 팔뚝에 전기충격을 가하는 절차가 포함되었고 이를 '불안-안도조건형성'이라고 불렀다(1958: 180-181). 이 과정에서 충격의 강도와 지속 시간은 분명히 유쾌하지 않은 것이었다. 환자가 가능한 한 오래 견딘 후 '평온(calm)' 이라고 말하면 전기충격이 중단되었다. 이러한 방식으로 불안에 반하는 안도 반응이 평온이라는 단어와 조건형성되었고, 환자는 불안이 일어나는 상황에서 '평온' 이라는 단어를 말하라는 지시를 받았다. 월피는 충격에 의해 일어나는 자율신경계의 정서적 각성이 클수록 그것이 끝났을 때 안도감이 크며 치료 효과도 더욱 크다고 이론화하였다.

요약하면, 월피는 전기충격이 불안에 대하여 길항적인 여러 반응을 통제한다는 이론을 확립하였다. 우선, 이는 운동성 활동을 일으킬 수 있다. 하지만, 그의 '조건형성된 운동반응' 절차에서는 반응이 충격 그 자체보다는 치료자의 지시에 의해 통제되었다. 따라서 충격은 단지 신호로만 제공되었고 아마도 다른 모든 자극들도 역시 제공되었을 것이다. 그러나 후에 월피는 불안에 영향을 주는 것은 충격 그 자체이지 운동성 반응이 아니라는 결론을 내렸다. 약한 충격의 두 번째 속성은 '외부억제' 다. 그러나 파블로프와 일치되게, 만약 전기충격이 단지 주의분산 자극의 역할만을 한다면 그 효과는 일시적일 것이고, 전기충격이 방어적인 반응을 일으킨다면 불안을 억제하기보다 증가시킬 것이라 예상할 수 있다. 결국, 혐오적인 전기충격의 중단은 '안도감' 을 유발하였고, 그와 연합된 자극에 조건형성될 수 있다고 월피는 제안하였다. 이러한 견해는 당시의 학습이론과 더욱 일치하는 것이었다.

운동 반응 초기 연구로부터, 월피는 근골격계 활동이 불안을 상호적으로 억제한다고 제안하였다. 비록 그러한 활동이 고양이가 보였던 충격에 대한 반응의 일부일지라도 자율신경계의 각성상태인 핵심적 불안을 억제한다고 느꼈다(1952a). 그는 '경쟁적으로 조건형성된 운동 반응' 을 불안을 억제하는 반응의 목록에 포함시켰다(1958: 113). 그러나 위에서 기술했듯이, '조건형성된 운동 반응' 외에 이 원리에 기반한 다른 절차를 발전시키지 못하였다. 하지만 월피는 불안을 극복하기 위하여 다양한 운동 활동을 사용한 임상적 보고에 대해 알고 있었고, 상호억제의 측면에서 이를 설명하였다. 초기의 예는 라자루스의 연구로서, 그는 펀칭백을 빠르게 치거나 푹신한 쿠션을 격렬히 치도록 환자에게 지시하였고 이를 불안을 유발시키는 사고와 연합시켰다(Wople & Lazarus, 1966: 146). 좀 더 이후의 사례에서는 불안자극이 실제로 존재하거나 상상하는 상황에서 가라데와 쿵후 같은 '동양의 방어기술' 을 연습하도록 하였다(1973: 154-155). 월피는 초기에 '특별한 신체적인 훈련' 의 범주에 요가와 초월적 명상을 포함시켰지만, 이후에 이 방법들은 자율신경계적 효과에 근거하여 자율신경계 훈련법과 근전계 바이오피드백(electromyographic biofeedback)과 함께 이완훈련으로 분류하였다(1982: 186-187).

월피는 이완과 같은 고요한 운동 활동과 쿵후 같은 격렬한 활동 두 가지 다 상호적으로 불안을 억제한다는 명백히 역설적인 점을 다루지 않았다. 이완의 작용 기제는 부교감 자율신경계의 효과에 있다고 가정되었는데, 이런 효과는 좀 더 격렬한 활동에는 아마도 없는 것이었다. 월피는 격렬한 행동의 효과를 '반응내적인 상호억제'라고 설명하였는데(1982: 48), 그것은 한 요소는 강화되고 지배적으로 되는 반면, 다른 요소는 약화되는 복합적인 반응 내에서 요소들 간의 경쟁으로부터 일어난다. 이를 지지하기 위해 월피는 위에 언급했던 마우어러와 비에크(1948)의 연구를 인용하였다. 충격을 중단함으로써 복합적인 불안반응의 운동성 요소(점프하기)를 선택적으로 강화하고, 그 후에 불안의 또 다른 요소(음식섭취 억제)를 감소시키도록 하였다. 월피는 이를 고려하지는 않았지만, '신호가 주어지는 회피 학습'에서 관찰된 현상을 설명하는 데 동일한 과정이 인용될 수 있었다. 동물은 불안의 자율신경계적 증거 없이 운동 회피반응을 조용히 수행하였지만, 회피반응을 못하게 하자 강렬한 불안반응이 일어났다(Solomon et al., 1953). 이는 복합적인 불안반응의 일부분이 아닌 운동 활동이 억제적인 속성을 가진다고 가정한 월피의 이론과 부합되었다.

상상에 의해 유발된 반응들 월피는 환자에게 두려운 상황에서 긍정적인 장면을 상상하도록 지시한 여러 연구자의 임상적 보고를 고려하였다(1973: 149-154). 이러한 장면(그리고 그들이 유발하는 감정)은 불안을 억제하고, 불안의 각성을 중화시키는 것으로 여겨졌다. '정서적 심상' (Lazarus & Abramovitz, 1962)이라고 명명된 한 가지 절차는 유쾌한 흥분감을 주는 상황을 상상하는 것을 포함한다. '유도된 분노' 라 불린 두 번째 절차는 불안한 상황에서 분노와 공격성을 상상해 보는 과정을 포함하며, 때로 베개를 주먹으로 치기도 한다(Goldstein et al., 1970). 세 번째 절차는 '직접적 암시' 라 불리는 것으로 환자에게 약간의 불안자극을 포함하는 일상적인 상황에서 편안하게 있는 상상을 해 보도록 한다(Rubin, 1972).

모델에 의해 유발된 반응들 이 절차는 언어적으로 묘사하기보다는 영화나 실제 장면에서 모델들의 행동을 보여 줌으로써 불안과 불안에 상반되는 자극을 결합시킨다. 반두라와 그의 동료들은 개나 뱀을 두려워하거나 고소공포가 있는 사람들에게 두려운 상황을 무서워하지 않고 직면하는 모델들의 영상을 보여 주거나, 실제 시범을 하는 것을 관찰하도록 하는 일련의 실험을 실시하였다(Bandura, 1969: 175-192). 비교 연구에서는 모델링 절차가 심상과 이완을 사용한 경우보다 더 치료 효과가 크다는 것을 보여 주었다. 월피는 이 방법을 '유의미한 실질적인 진보'로서 인정하였고, 이러한 발견을 설명하기 위해 자신의 이론을 확장시켰다(1973: 161-162; 1990: 212-214). 본질적으로, 월피는 모델링이 인지적 불안과 조건형성된 불안 모두를 다룬다고 가정하였다. 예를 들면, 모델을 관찰하는 것은 독이 없는 뱀도 해롭다는 잘못된 믿음을 지닌 사람에게 정확한 정보를 제공해 준다. 동시에 실험자에 의해 '유쾌한 정서적 반응'이 각성되고, 모델은 조건형성된 각성을 통해 불안을 상호적으로 억제할 수 있다. 조건형성된 불안 또는 인지적 불안이라는 기준에 의하여 잘 구별되지 않는 환자집단에서는 일석이조의 명백한 이점을 지닌다.

빠른 안구운동 최근의 혁신적인 발전은 Francine Shapiro(1989a; Wolpe, 1990: 272-273)라는 임상가에 의해 보고되었다. 그녀는 자신에 대한 관찰을 통하여, 안구를 반복적으로 좌우로 움직였더니 계속해서 떠오르던 불안한 사고가 사라지는 것을 관찰하였다. 그녀는 이러한 관찰을 외상후 스트레스 장애(PTSD) 환자에게 확장시켰다. 환자들에게 외상적인 이미지를 계속하여 떠올리면서 자신의 손가락을 따라 좌우로 안구를 움직이도록 지시하였다. 그녀는 환자 눈으로부터의 거리, 손가락 움직임의 범위와 속도가 중요한 변인이라고 보고하였다. 월피는 두 가지 사례에서 이 절차를 성공적으로 사용하였음을 보고하였다. 그는 '고유하지 않은 비본질적인 안구 근육의 이완이 탁월한 정서적 효능을 가진다.' 라는 제이콥슨(1990: 273)의 관찰을 인용하면서, 불안의 둔감화 과정이 신경 수준에서 발생되었다고 추측하였다.

요약 및 결론

우선 월피는 불안이 유해한 무조건적 자극에 의해 각성이 되고, 파블로프식 조건형성 기제를 통해 동시에 존재하는 다른 자극과 연합된다고 가정하였다. 그는 불안반응의 획득과 유지가 불안 추동의 감소에 의한 강화를 필요로 한다는 관점을 지지하였고, 무조건자극(UCS)과 조건자극(CS) 간의 단순한 근접성만으로도 정서적 학습이 충분하다는 마우어러의 이론에 대해서는 애매한 태도를 취하였다. 비록 UCS의 원형이 고통스러운 자극일지라도, 수많은 인간의 신경증은 상처를 입는 것이 아니라 단지 임박한 위협감으로부터 유래한 것이었다. 월피는 인지적으로 자극의 위협적인 특성이 부모와 다른 사회적 영향을 통하여 발생한다고 믿었지만, 프로이트 학파의 유아사회화 이론(infant socialization theory)은 유용하지 않음을 발견하였다. 두 가지 모순된 반응을 일으키는 양가적인 상황도 또한 유해한 UCS의 역할을 할 수 있었다. 그러나 프로이트 학파에 기반을 둔 갈등이론을 경시하였기에, 월피는 불안 각성의 원천으로서 갈등에 대한 이론들을 훑어보는 것 이상의 관심을 기울이지는 않았다.

조건자극은 불안 각성과 동시에 일어나는 외부적 또는 내부적인 모든 사건을 포함한다. 월피는 '준비된' 조건자극의 이론에 많은 비중을 두지 않았고, 이후에 '정보' 이론에도 주의를 기울이지 않았다. 조건자극에 의해 야기된 불안은 이차적 조건형성 과정을 통해 부가적인 사건들과 연합될 수 있다. 또한 불안은 일반화 과정을 통해 조건자극과 다양한 측면에서 유사한 부가적인 자극으로 확산될 수 있다. 월피의 이론은 불안이 한 번 발생하면 여러 경로를 따라 확산되고, 신경증적인 개인의 삶 전반을 통제하게 된다고 가정하였다.

임상 실제에서, 월피는 조건형성 또는 불안에 기반을 두지 않은 정신병, 정신병질, '내인성' 우울증 등의 장애들은 배제하였다. 조건형성된 불안에 대한 그의 광범위한 정의는 '신경증적' 우울, '정신신체적(스트레스와 관련된)' 장애, 성적인 기능부전, 성적인 일탈(남성 동성애자의 사례를 포함하여), 많은 중독성 장애 그리고 말더듬과 같은, 종종 명백하지 않은 다양한 장애들을 포함하였다. 또한 그는 성적인 일탈, 중독성 장애, 말더듬의 사례에서는, 불안과 더불어 많은 요인이 작용하므로 불안을 탈조건화하려는 단순한 시도만으로는 불충분하다는 점을 인식하였다. 다양한 공포증, 외상후 스트레스 장애(PTSD) 그리고 강박장애와 같은 다른 장애들 대부분에서는 불안의 중추적인 역할이 더욱 명백하였다.

치료는 불안반응의 소거를 필요로 한다. 피로와 간섭이라는 두 가지 주요한 소거이론은 각각의 소거 현상과 관련된 실험 자료의 일부를 설명할 수 있었지만, 각기 문제점도 가지고 있었다. 월피는 두 가지가 상호보완적이라 생각하였다. 그는 이 두 가지를 신경증적 행동의 지속성을 이해하는데 적용하였고, 더 중요하게는 탈조건형성 방법을 개발하기 위한 길잡이로 적용하였다. 전기충격을 받았던 장소와 점점 유사한 방에서 먹이를 먹게 되는 쥐의 경우와 비교해 보면 인간의 심리치료는 상당히 복잡하였다. 그러나 고양이의 신경증적 행동의 성공적인 치료를 설명한 월피의 이론적 개념화는 신경증적 환자에 대한 새로운 접근법의 방향을 제공해 주었다.

조건형성된 불안에 대한 이론은 불안을 유발한 최초의 자극, 일반화된 자극, 이차적 조건형성된 자극을 정렬하기 위하여 환자의 환경에 대한 자극-반응 분석을 하도록 이끌었다. 그는 이러한 자극들 속에서 공통된 관계 패턴을 발견해

이를 '주제' 라고 명명하였고, 불안의 위계적 배열을 만들었다. 주제와 위계는 불안에 대한 치료적 공격을 안내해 주는 지도가 되었다.

이러한 치료적 공격을 위한 무기는 제이콥슨의 점진적 근육이완과 샐터의 '흥분성' 반응을 포함한 다양한 자원으로부터 월피가 채택한 불안억제 반응들이었다. 그의 이론은 광범위한 불안억제 반응에 대한 기초를 제공해 주었지만, 결코 일관된 것은 아니었다. 이완과 유사한 어떤 행동은 말초적 자율신경계 수준에서 작용한다고 여겨졌다. 반면, 다양한 약물로 유도된 상태와 같이 다른 경우에는 좀 더 중추신경계에서 작용한다고 가정되었다. 전기충격으로 통제된 반응과 빠른 안구운동과 같은 것들의 기제는 여전히 명확하지 않다. 시종일관 월피는 경험적인 기준을 역설하였고, 자신의 연구결과를 지지하는 방법들을 기꺼이 고려하였다. '상호억제' 라는 강력한 가설은 조건형성된 자극이 있는 상황에서, 그 원천이 무엇이든 간에 불안에 대항하는 반응을 통해 불안을 극복할 수 있게 한다는 것이다.

월피가 수행한 실험적 전통이 부가적으로 기여한 것은 치료적 개입의 결과를 관찰하고 최적의 결과를 이루기 위해 치료를 조정해야 하는 치료자의 책임에 관한 것이었다. 이론이 각 사례와 관련된 자극과 반응을 관찰하고 특정한 개입을 개념화하기 위한 지침을 제공하는 반면, 관련된 변인들의 수와 복잡성은 종종 완전한 이해를 불가능하게 하였다. 새로운 정보에 대하여 늘 깨어 있고 그에 맞게 치료를 조정하고 안내하는 것이 치료자의 의무다. 그리고 경험주의자로서 자신의 노력의 성과를 객관적으로 보고하는 것도 치료자의 의무다.

3 임상 실제에서 주된 기여

월피는 지난 세기 중반에 심리치료를 지배하였던 정신분석에 대한 명백한 대안으로서 자신의 임상치료를 시작하였다. 그는 앞 장에서 설명한 바 있는 학습 원리를 이용한 치료 절차들을 개발하고 수정하였으며, 이를 확장시켜 자신의 치료 방법과 결과들을 보다 큰 전문가 집단과 공유하였다. 이러한 혁신적인 절차들과 학습이론과의 결합은 오늘날 '행동치료' 라고 알려진 분야의 토대를 형성하였다. 이 장은 치료의 전 과정에서 월피가 기울였던 관심을 반영한 두 부분으로 나누어진다. 첫 번째 부분에서는 평가절차와 치료를 위해 환자를 준비시키는 과정을, 두 번째 부분에서는 치료 방법들을 개관하였다.

평가와 준비

정신분석과는 달리 월피(1958: 105-113)는 치료적 개입에 선행하는 평가 단계를 분명하게 구분하였다. 또한 치료 전 평가 결과와 환자가 앞으로 받게 될 치료 방법과의 관련성을 환자에게 분명하게 말해 주었다. 그는 과거력에 초점을 둔 상세한 면접으로 평가를 시작하였고, 한 가지 이상의 심리학적 평가도구로 면접을 보충하였다. 두 번째 단계는 치료를 위해 환자를 준비시키는 교육 단계였다. 이 단계에서 월피는 환자들에게 불안조건형성의 관점에서 불안장애의 특징을 설명하고, 앞으로 환자가 수행하게 될 특정한 절차들의 원리에 대하여 설명하였다. 개입 전반에 걸쳐 치료 효과를 모니터하고 필요한 변화들을 이끌어내기 위한 평가도 계속하여 실시하였다.

평가 절차

평가의 목적은 치료에 대한 결정을 내리는 것이었다. 2장에서 기술했듯이, 월피의 첫 번째 과제는 자신의 치료 방식에 적합하지 않은 기질적 장애(organic disorder)나 불안에 기반을 두지 않은 장애를 가진 환자들을 선별하는 것이었다. 정신증적 혹은 정신병질적 증상을 보이는 사람들은 전통적인 정신의학적 그리고 심리학적 진단방법에 의하여 확인이 가능하였다. 보다 식별하기 어려운 환자들은 기질적인 병이나 다른 생물학적 조건 때문에 불안 증상을 보이는 사람들이었다. 때때로 이러한 환자들의 특성을 모른 채 치료하기도 하였는데, 결국에는 치료가 힘들다는 것을 확인하게 될 뿐이었다. 월피는 이러한 경우에 대해 주의 깊게 의학적 평가를 의뢰할 것을 권고하였다. 또한 손톱 물어뜯기나 발모광과 같이 불안을 수반하지 않는 부적응적인 습관들이나, 생물학적 기반을 둔 갈망 상태의 치료 동기가 부족한 약물 중독환자도 제외시켰다(1982: 8-9).

평가의 두 번째 과제는 환자의 불안반응의 특성을 확인하는 것이었다. 월피는 지금 당장 그 역할이 분명하지 않아도 현재 보이는 어려움에서 불안이 어떠한 작용을 하는지를 알아내기 위하여 특별히 주의를 기울였다. 평가의 마지막 과제는 환자의 불안반응과 표현된 증상들을 통제하는 자극-반응관계를 결정하는 것이었다.

임상적인 면접과 자기보고식 질문지가 두 가지 주된 평가 방법이었다. 상황이 허락된다면, 월피는 종종 진료실 밖에서 비형식적이고 직접적인 관찰을 하기도 하였다.

임상적 면접 월피는 면접 수행에 관한 자세한 정보들을 제공하였고, 영상 자료와 이를 기술한 책도 출간하였다

(1958: 105-106, 120-123; Wolpe & Lazarus, 1966: 24-26, 29-37). 그의 방식은 보이지 않게 소파에 기대서 대부분 침묵을 하는 치료자에게 환자가 자유연상을 말하는 정신분석적인 절차들과는 분명하게 상반되는 것이었다. 월피는 평가를 위한 면접은 치료자가 책상을 사이에 두고 내담자를 바라보는 사무적인 방식으로 이루어져야 한다고 권고하였다. 그는 면접의 목적을 설명하고, 환자에게 비밀유지에 대해 확신을 주고, 환자가 원하는 경우 이름 대신 코드명을 사용하는 것에 동의한다는 것을 글로 적어 두거나 녹음해 두었다. 그는 면접 시 매우 지시적으로 구체적인 질문들을 하였으며 대체로 정해진 절차에 따라서 특정한 주제들을 따라갔다. 동시에, 월피는 수용과 무비판적 경청이라는 방식을 통해 '치료자는 무조건 자신의 편이라는 느낌'을 환자에게 전달해 주려고 하였다. 그는 환자가 '협력적인 동맹자(cooperative collaborator)'이며, 또한 여러 상황에서 나타나는 자신의 반응을 정직하게 보고한다고 가정하였다. 발병과 관련된 학습 경험이 환자의 기억 속에서 발생되었다고 가정하였으며, 프로이트 학파의 접근에서 주요한 초점이 되었던 억압된 유아기적 사건은 제외시켰다.

면접의 첫 번째 순서는 환자에게서 현재 문제들에 대한 정보와 그런 문제들이 발현되는 양상 및 발병을 둘러싼 주변 상황과 관련된 정보를 얻는 것이었다. 환자에게 문제를 일으켰던 촉발 사건과 문제를 악화시키거나 좋아지게 했던 이후의 사건들을 결정하는 데 특별한 주의를 기울였다.

월피는 불안의 인지적인 기원 및 조건형성 기원에 관한 정보들과, 불안의 양상을 변화시키거나 다른 자극에까지 확산시킨 이후의 사건들에 대해서 탐색하였으며, 각각의 불안 습관이 조건형성된 과거력을 추적하였다. 장애의 원인론에 대하여 월피는 다음과 같이 언급하였다.

> "많은 환자들이 다양한 반응의 발병과 특별한 사건의 발생 또는 사건의 만성적인 상태를 연결 지을 수 있다. 또 다른 환자들은 어떠한 관련 상황도 확인하지 못한 채, 단지 증상이 시작된 대략적인 시기를 파악할 수 있다. 세 번째 환자 집단은 신경증적인 반응의 시작에 대해서 아무것도 기억해낼 수 없다. 나는 약간의 기억이라도 떠올리기를 희망하면서 환자들에게 좀 더 주의 깊게 과거에 대해 생각해 보도록 하였다. 그러나 만약 몇 분 이내에 중요한 사실들이 튀어나오지 않는다면 기억을 쥐어짜는 것을 그만두게 하며, 환자에게 "나는 과거의 사건을 모으는 데 많은 시간을 할애하려는 의도가 없다. 왜냐하면 그것이 흥미롭고 도움이 되기는 하겠지만 반드시 필요하지는 않기 때문이다."라고 말해 주었다. 왜냐하면 신경증적인 반응을 극복하는 것은 현재의 시점에서 어떤 자극이 지금 신경증적 반응을 촉발시키거나 촉발시킬

수 있는지를 결정하는 것과 더 많이 관련되어 있기 때문이다. 하지만 새로운 측면들을 보여 주는 사례에서는 이후에 사건의 특정한 순서에 관한 과거력을 종종 조사하기도 한다. 또한 어떤 환자들은 때때로 관련 자료들을 자발적으로 제공하기도 한다." (1958: 105)

월피는 환자가 촉발 사건을 기억하지 못하는 것에 대하여 전혀 중요하게 생각하지 않았으며, 발병과 관련된 자세한 사항을 기억할 수 있는 환자들과 기억하지 못하는 환자들 간에 장애의 유형 및 치료의 결과에 있어 어떠한 차이점도 보고하지 않았다.

현재 보이는 문제에 대하여 조사한 후에 월피는 환자의 과거력을 살펴보았다. 환자가 이야기하는 자연스러운 흐름에 따라 면접의 순서와 깊이가 달라지기는 했지만, 주제의 일반적인 윤곽을 따라갔다. 평가 단계를 짧게 하기 위하여 읽고 쓸 수 있는 사람들에게는 '개인력 질문지(Life History Questionnaire)'를 주었는데(Wolpe & Lazarus, 1966: 26), 이것은 체계적으로 개발된 것은 아니었다. 환자는 훈육 방법, 종교적인 훈련 그리고 부모나 양육자와의 관계, 형제, 자매, 친구들과의 관계 등 아동기 발달에 대한 질문을 받았다. 학업이나 직업에 대한 과거력도 조사하는데, 특별한 문제나 성취, 동료 및 상사와의 관계 등이 이에 포함되었다. 그 다음, 성과 관련된 과거력을 탐색하는데, 최초의 성에 대한 자각, 자위, 초기의 성적인 경험과 이후의 관계들 그리고 성과 관련된 정서들을 알아보았다. 성과 관련된 영역과 그 밖의 부부 문제에 관해서도 탐색하였다. 이처럼 철저한 과거력 탐색은 환자가 말하기 주저하거나 미처 알아채지 못한 추가적인 주제들뿐만 아니라 환자의 현재 문제의 기원과 발생 기제를 드러나게 하기 위한 것이었다.

질문지 월피는 면담을 보충해 주는 세 가지 질문지—윌로우비 성격 질문지(Willoughby Personality Schedule)(Willoughby, 1932), 공포조사표(Fear Survey Schedule)(Wolpe & Lang, 1964, 1969) 그리고 번뢰터 자기충족감 척도(Bernreuter Self-Sufficiency Scale)(Bernreuter, 1933a)—를 추천하였다. 질문지들은 면담에서 빠뜨릴 수도 있는 부적응적인 영역들을 드러내 주는 진단적인 측정도구와 치료기간 및 치료 후에 나타난 변화에 대한 양적인 지표들을 제공하는 결과 측정도구로서의 두 가지 역할을 한다.

윌로우비 성격 질문지는 1920년대에 다양한 성격 특성들을 평가하기 위해 개발된 질문지들을 수집한 것을 바탕으로 개발된 검사다(Thurstone & Thurstone, 1930). '신경증적'인 기능과 관련된 다양한 문항들을 수집하여 시카고 대학의 신입생들에게 시행하였다. Thurstones은 낮은 총점을 받은 사람들과 높은 총점을 받은 사람들을 구별해 주는 42개의 문항들을 추출하였다. 윌로우비(1932)는 서스톤의 42개 문항을 25문항으로 개정하고 '예/아니요' 로 채점하던 것을 0~4점의 척도로 변환하여, 총점의 범위가 0~100점이 되도록 하였다. 그는 이 척도가 '대인관계적 스트레스에 대한 과민감성' 과 대인관계의 회피를 반영한다고 생각하였다. 윌로우비 성격 질문지(1934)를 다양한 대학생 집단에 실시한 결과, 반분 신뢰도와 검사-재검사 신뢰도가 약 .90이었으며, 남자보다 여자집단의 점수가 유의미하게 더 높았다.

월피는 샐터의 뒤를 이어 자신의 임상 실제에서 윌로우비 성격 질문지의 사용을 부활시켰다(1958: 107-111). 그는 질문지의 내용이 객관적인 위협이 없는 상황에 관한 것임을 강조하면서, 환자에게 각각의 항목을 구두로 설명하였고, 나중에는 지시문에 이러한 정보들을 포함시킨 자기시행 버전(self-administered version)을 사용하였다(1962: 28). 월피는 295명의 환자들의 치료 전 점수를 알아보기 위하여 심리평가를 시행하였다. 그 결과, 평균, 중앙값, 최빈수가 모두 40에서 49 사이에 해당되고 남녀 차이가 없는, 대략적인 정상분포를 얻게 되었다. 그는 이러한 점수를 윌로우비의 대학생 규준집단과 비교했을 때 자신의 환자집단의 점수가 유의미하게 더 높다는 것을 확인하였다. 월피는 신경증 진단을 확증하고 신경증적인 반응의 정도를 측정하는 데 윌로우비 성격 질문지 점수를 사용하였다. 비록 낮은 점수가 반드시 신경증적 경향성이 낮다는 의미는 아니라고 경고하였지만, 20점 이하는 '정상' 이라고 생각했다. 즉, 어떤 환자들은 성적인 공포 혹은 신체적 공포와 같이 평가 목록에 포함되지 않은 자극 상황에 대해 조건형성된 불안을 가지고 있을 수 있다. 월피는 또한 총점뿐만 아니라 개별적인 문항들도 살펴보았다. 그는 '총점이 중요하지만 그 점수가 어떻게 구성되는지도 중요하다.' 는 점에 유념하였다. 4점짜리 2개와 1점짜리 2개로 구성된 총점 10점은 1점짜리 20개로 이루어진 점수에 비하여 훨씬 중요한 신경증적 민감성을 나타낸다(1958: 111). 예를 들어, 전반적으로 낮은 점수를 보인 어떤 환자가 사고 현장에서 도와주기를 주저하는 것과 관련이 있는 한 문항에는 가장 높은 수치를 보였는데(1958: 54), 좀 더 질문을 해 본 결과 고통과 상해에 대한 민감성이 드러났고 이것이 환자의 성적 기능의 장애에서 핵심적인 요인으로 밝혀졌다.

윌로우비 성격 질문지에 대한 보다 최근의 심리 측정적인 평가에서 신뢰도와 타당도가 입증되었다. 100명의 대학생과 도시 거주자 집단을 대상으로 실시한 결과, 성별 간의 차이는 나타나지 않았지만 윌로우비가 얻었던 결과와 거의 동일한 점수 분포가 나타났다(Hestand et al., 1971). 다른 연구에서는 다양한 신경증적 진단을 가지고 있는 외래 환자

437명에게 월로우비 성격 질문지를 시행하였다(Turner et al., 1980). 이 표본의 평균은 월피가 환자연구에서 보고했던 것과 거의 유사하였으며, 남녀 간의 차이도 유의미하지 않았다. 내적 일관성으로 측정한 신뢰도도 상당히 높았다. 문항 간 상관분석과 요인분석 결과, 이 척도가 '대인관계 불안'이라고 명명된 단일한 구성개념을 측정한다는 점이 지지되었다. Turner 등은(1980) '주장성' 을 측정하는 다수의 측정 도구들이 구성개념 타당도가 부족한 것과는 대조적으로, 이 척도는 자기주장 훈련을 실시하는 연구와 치료에 유용하다고 강조하였다. 많은 신경증적 장애에서 대인관계 불안의 중요성이 부각되었기 때문에, 월로우비 성격 질문지는 폭넓게 유용한 도구가 되었고, 월피의 연구 과제에서도 매우 적합했던 것으로 보인다.

월로우비 성격 질문지의 개별 문항을 살펴보는 것이 불안을 유발시킬 수 있는 상황에 대한 보다 포괄적인 척도들을 개발하는 데 전조가 되었다. 최초의 '공포조사표(Fear Survey Schedule)' 는 일반적인 공포를 기준으로 대학생들 중에 연구 피험자들을 모집하기 위해 개발되었으며, 7점 척도로 평가되는 50가지의 일반적인 공포 문항들로 구성되어 있었다(Land & Lazovik, 1963). 이러한 연구에 감명을 받은 월피는 랭과 협력하여 환자들의 임상적 보고에서 얻은 72개의 문항 목록을 개발하였다. 이 검사는 '전혀 그렇지 않다' 에서 '매우 그렇다' 까지 5점 척도로 공포를 평가한다(Wolpe & Lang, 1964). 월피는 이 문항들이 동물, 사회적 상황, 손상(질병과 죽음), 소음, 고전적 공포증 등에 관한 범주에 해당한다는 점을 주목하였다. 이 목록은 1966년에 76개의 문항으로, 1969년에는 87개의 문항으로 확장되었고, 108문항으로 구성된 척도가 개발되었다(Wolpe & Lang, 1969). Geer(1965)는 또 다른 공포증 조사도구를 개발하였는데, 각 문항들은 대학생들의 보고를 통해 구성된 것으로 7점 척도로 평가되는 총 51개의 문항으로 이루어진 검사였다. 이 중에서 일부 문항은 피험자들이 상황에 실제 접근하여 경험한 공포의 상, 중, 하 정도와 비교하여 타당도가 검증되었다. 이후의 검사들은 이러한 초기 검사들을 확장하거나 조합하여 구성되었다.

기어에 이어 다양한 공포증 척도의 심리측정적인 특성에 관한 연구들이 많이 이루어졌다(Hersen, 1973). 예를 들어, Hersen(1971)은 정신과 입원환자 집단을 대상으로 월피-랭의 척도와 기어가 개발한 척도 간의 상관계수가 약 .80이라는 결과를 얻었다. 그 신뢰도는 매우 높았으며, 다른 측정도구나 다른 집단을 대상으로 한 요인분석 연구에서도 월피의 초기 관찰 결과와 동일하게, 동물, 사회적 상황 및 질병과 관련된 상당히 일관적인 요인들이 산출되었다. 스스로 보고한 공포의 정도가 두려워하는 대상에 대한 행동적인 회피나 그 대상이 있을 때 나타나는 신체적 각성의 정도와 얼마나 연관되어 있는가가 연구의 주된 주제가 되었다(Bellack & Hersen, 1977). 대학생을 대상으로 한 연구에서는 이러한 측정 도구들 사이에 상당한 불일치가 종종 발견되었다(Lang, 1968). 이러한 불일치가 나타나는 한 가지 원인은 적어도 대학생 표본에서는 특정한 행동들을 예측하기에는 문항들이 너무 일반적이라는 점이었다(Lick et al., 1977). 학생 표본과는 대조적으로 임상 장면에서는 불안의 언어적 측정치와 다른 측정도구들이 보다 더 밀접하게 일치되었다(Sallis et al., 1980). 예를 들어, 공포증 환자들을 대상으로 치료기간 동안, 자기보고, 회피 및 심장 박동을 모니터하였던 연구에서는 심장 박동은 관련이 없었지만, 언어와 행동이 밀접하게 일치됨을 발견하였다(Leitenberg et al., 1971).

월피는 면접에서 간과될 수도 있는 사건들에 대한 정보를 모으기 위한 방법으로서 공포조사표를 장려하였다. 이에 관하여, 최근에 Barlow(1988: 486)는 공포조사표가 공포증 환자들에서 추가적인 특정 공포증의 패턴을 결정하는 데 유용하다는 점을 언급한 바 있다.

서스톤이 개발한 질문지와 방법 및 내용이 유사한 '번뢰터 자기충족감 질문지(Bernreuter Self-Sufficiency Inventory)'는 번뢰터(1933b)가 대학생들에게 다양한 상황에 대한 선호도와 감정에 대해 질문하여 개발한 125문항으로 이루어진 성격 질문지에서 유래한 것으로, '신경증적 경향' 이나 '자기충족감' 과 같은 여섯 가지 특질에 대한 점수를 제공해 주었다. 번뢰터(1933a)는 60문항으로 구성된 자기충족감 하위척도를 개별적인 질문지로 출판하였다. 그는 이 질문지를 자기 자신이나 타인이 평가함으로써 격려가 필요한지, 혼자 있기를 바라는지와 같은 영역에서 대학생들을 구별해 줄 수 있다고 보고하였다.

샐터(1949: 52-54)는 자기충족감 측정에서 낮은 점수를 받은 환자는 '억제적' 인 특징이 있다고 보고하였으며, 이들은 '치료적으로는 비관적' 이라고 경고하였다. 월피도 이 점수가 낮은 경우, 환자가 치료 과정에 포함되어 있는 과제를 수행하는 데 어려움이 있을 수 있다고 언급하였다(1958: 106-107). 그는 이 척도가 의존성이 심한 사례에서 유용하다고 제안하였는데, 낮은 점수는 자기주장 훈련의 지시 사항들을 수행하는 데 어려움이 있거나(1969: 28), 광장공포증을 보이는 사람의 경우 과도하게 의존적인 특성을 나타낸다고 하였다. 반면, 높은 점수는 정신병질적인 특성이거나 일부 정상인의 특징이라고 하였다. 월피는 자기충족감에서 낮은 점수를 보인 환자에게 제안할 수 있는 특별한 개입에 어떤 것이 있는지는 제시하지 않았다. 그는 자기충족감 점수와 진단적인 범주 및 치료에서의 어려움 간에 관련이 있다는 자신의 관찰을 지지하는 어떠한 자료도 제시하지 않았다.

공포조사표 외에도 진단에 도움을 주고 심리치료에 관한 연구에서 양적인 측정치를 제공하는 여러 질문지들이 개발되었다. 이러한 질문지들에 대해서는 다른 연구자들이 광범위하게 개관하였다(예를 들어, Bellack & Hersen, 1977; Jensen & Haynes, 1986). 대부분의 측정 도구들은 불안, 우울, 자기주장성, 비합리적인 신념, 결혼 만족도 및 신체적인 호소와 같은 특정한 속성에 초점을 맞추었다. 측정치들의 총점은 환자의 진단 범주를 확인하고, 치료 전후의 변화를 평가하는 데 유용하다. 하지만 윌로우비 성격 질문지에 대한 논의에서 월피가 이미 언급했듯이, 이 검사들을 개별적인 치료 프로그램들을 개발하는 데 이용하기 위해서는 특정한 문항에 대한 환자의 반응을 반드시 고려해야 한다. 비록 월피가 주장했던 자극-반응 평가에는 거의 유용하지 않지만, MMPI와 같이 초점이 더욱 광범위한 성격검사들도 진단 및 치료 효과를 평가하는 연구에 널리 사용된다. 월피는 모슬리 성격검사(Maudsley Personality Inventory)(Eysenck, 1959b)의 내향성-외향성 척도가 정신병질적 성격을 선별하는 데 유용하였다고 제안하였다(1969: 28).

월피는 그의 평가 절차에 상당히 공감할 것으로 예상되는 '행동치료와 연구' 학회의 임상 펠로우들을 대상으로 11가지 질문지의 사용에 대하여 조사하였다(Wolpe & Wright, 1988). 가장 자주 사용되는 검사는 벡 우울척도(Beck

Depression Inventory)(46%)였고, 다음으로는 월피-랭(42%), MMPI(35%), 윌로우비(19%) 그리고 번뢰터 질문지(12%) 순이었다. 자기주장성 혹은 불안과 같은 특정한 특질을 측정하는 도구들의 사용은 포함되지 않았다. 월피는 이 연구가 불행하게도 비효율적인 치료로 이어질 수 있는 불충분한 평가 절차를 보여 주었다고 느꼈다. 그는 불충분한 평가 절차가 특정한 진단 범주에 속하는 모든 환자가 치료 목표가 비슷할 거라고 간주하는 '동질성에 대한 잘못된 신념' 탓이라고 생각하였다. 이러한 문제에 관한 한 예로, 그는 광장공포증으로 진단받은 한 여자가 20년 동안 정신분석을 받고, 두 명의 훌륭한 치료자들에게 6개월간의 행동치료를 받은 후에도 심각한 문제가 지속되었던 사례를 기술하였다. 윌로우비와 월피-랭 질문지를 실시한 결과, 높은 수준의 신경증적 불안과 여러 가지 부적응적인 사회 공포가 드러났다. 단지 이것을 실시한 것만으로도 결국에는 치료가 성공적으로 종결되었다.

환자를 준비시키기

월피는 환자와의 협력적인 관계를 강조하였는데, 이는 환자가 자신의 장애에 대하여 알고, 평가와 개입에 협력하는 것을 필요로 한다. 이것은 치료자가 자극-반응 분석에서 드러난 내용과 치료 장면에서 그것이 가지는 의미를 환자에게 직접적으로 교육함으로써 이루어질 수 있다. 그의 접근은 환자가 보이는 장애의 본질을 발견하는 것이 치료의 주된 부분이었고, 치료자가 결코 분명하게 지시하는 일이 없으며 오랜 기간 치료가 지속되는 정신분석이나 로저스 학파의 치료 같은 동시대의 심리치료자들과는 분명하게 다른 것이었다. 월피는 진단을 내리고 치료를 지시하는 데 있어 전통적인 의사의 역할과 전문가 역할이 유사하다고 가정하였다. 그러나 이론적인 설명을 제공하고 질문을 받으며, 반대의견에 대한 논의를 세심하게 한다는 점에서는 차이가 있다. 그의 사례 발표는 환자들이 종종 의문점을 가지고 있다는 것을 드러내 주었다. 많은 사람들이 오랜 시간 동안 정신분석을 받았으며, 그 치료적 방향은 월피의 것과는 많이 달랐다. 하지만 그는 자신의 이론적인 원리를 거부한 환자의 사례는 하나도 보고하지 않았다.

월피는 자신이 환자에게 이야기해 주었던 신경증적 불안에 대한 일반적인 표현들을 제시하였다. 자세한 사항들은 시간이 지나면서 다소 변화되었지만, 그가 제시한 설명에는 일반적으로 정상적인 공포와 신경증적 공포의 차이점, 비적응적인 공포 조건형성에 대한 간단한 예시, 자극 일반화의 예시, 학습 원리에 대한 과학적인 근거의 주장, 환자의 과거력에서 얻어진 경험을 학습과정들을 설명하는 내용들을 포함하고 있었다. 다음은 이러한 설명에 대한 간단한 예다.

"공포는, 예를 들어 위험한 동네를 밤에 혼자 걷고 있거나, 회사에서 직원들을 감축하려고 한다는 것을 알았거나, 혹은 독이 있는 뱀을 보게 되었을 때처럼 실제적인 위험이 있는 상황에서는 적절한 것입니다. 하지만 실제적인 위협이 없는 상황에서 유발될 때는 적절하지 않습니다. 가령, 누군가가 주사를 맞는 장면을 보는 것, 사람들이 모여 있는 방으로 들어가는 것, 혹은 자신의 인생에 있어 중요하지 않은 누군가로부터 비난받았다고 느낄 때가 그렇습니다. 부적절한 공포감은 신경증적 공포라고 불립니다.

신경증적 불안은 어떻게 시작될까요? 만약 특정한 상황에서 심한 공포 반응이 일어난다면 이러한 상황들은 공포와 연합되고, 따라서 후에 그러한 상황이 어떠한 형태로든 나타나면 자동적으로 공포 반응이 촉발됩니다. 예를 들어, 한 대위가 베트남에서 엄청난 폭발이 일어나는 '지옥을 통과' 하는 것 같은 경험을 한 뒤 미국으로 돌아와서 뉴욕 거리를 아내와 함께 걷다가 근처에 있던 트럭 뒤에서 연기가 나오는 것을 보았습니다. 그는 갑자기 매우 두려워하며 '주차된 자동차 옆으로 달려가서' 몸을 웅크리고 있었습니다. 당신이 느끼는 공포도 마찬가지로(앞의 이야기에서 보았듯이) 불쾌한 경험으로부터 유래되었습니다. 공포감이 경험의 여러 측면에 조건형성되었거나 연합된 것이죠. 그것이 바로 유사한 상황에서 자동적으로 공포 반응이 일어나는 이유입니다. 이러한 공포가 학습된 결과라면 그것을 제거하는 가장 최고의 방법은 그와 반대되는 학습을 하는 것입니다." (1990: 90)

월피는 정신신체장애, 말더듬 혹은 폭식의 사례에서처럼, 드러나는 문제가 불안 그 자체보다 증상들과 관련되었을 때는 불안의 강도와 증상의 심각성 사이에 관련이 있다는 점을 지적하였다. 이 점은 환자로 하여금 불안감소 절차를 준비하게끔 한다. 하지만 월피는 인지적인 기반을 둔 불안의 사례에서는 환자에게 설명을 하지 않았다. 일반적으로, 평가과정 동안에 발견되는 잘못된 생각으로 인한 불안은 권위적이면서 동시에 교정적인 방식으로 즉시 다루어져야 한다는 관점을 유지하였다(1958: 106).

때때로 평가과정 동안 환자의 증상에 대하여 설명해 주고 그릇된 생각을 명확하게 하는 것이 '비특이적인' 치료 효과에 기여할 수 있다. 일반적으로 월피는 '통찰' 의 치료적 가치를 대수롭지 않게 여겼던 반면, 어떤 환자들은 자신의 증상이 납득할 수 있는 근거를 가지고 있다거나, 혹은 자신이 두려워하는 상황들이 객관적인 위협을 일으키지 못한다는 점을 알게 되면 안도감을 경험한다는 것을 알았다(1958: 106, 200). 어떤 사람은 인지적으로 기반을 둔 공포증이 있는 환자들이 초반에 '비특이적인' 치료 효과를 경험할 가능성이 더 많다고 가정할 것이다. 그러나 월피는 이러한 주제에 대해서는 언급하지 않았다.

치료 기법

치료적 개입 단계는 불안을 유발시키는 자극에 직면했을 때 불안과 상반되는 반응들을 하도록 환자를 훈련시키는 것으로 구성된다. 여러 가지 다양한 훈련 절차들이 개발되었고 진단 범주와 환자의 개별적인 특성에 따라 특정한 절차를 선택하게 된다. 여기에서는 월피가 임상 장면에서 오랜 시간에 걸쳐 실시하면서 변화된 것과 그것에 선행되었던 사건들에 특히 주목하면서, 월피가 개발하고 수정한 각 절차들을 기술하였다. 유사한 접근법 혹은 다른 사람들에 의해 적용된 방법들도 간략히 논의하였다. 이 절차들의 효과에 관한 연구들은 4장에 제시되어 있다.

인지적 절차들

월피는 초기에 '잘못된 생각의 명료화'를 실제적인 치료적 기법이라기보다는 환자를 치료에 준비시키는 초기 과정으로 보았다(1958: 200). 이후에 인지치료에 대한 전문적인 관심이 증가함에 따라, 그는 저서에서 인지치료 절차에 관한 하나의 분리된 장에 이를 포함시켰다(1982: 89).

잘못된 생각 교정하기 잘못된 생각은 객관적으로 위험이 없는 상황이나 경험을 위험하다고 생각하는 잘못된 신념이다. 이것은 부모와 성직자들과 같이 영향력이 있거나 존경을 받는 사람들이 제공한 잘못된 정보나, 다른 사람의 반응이나 자기 자신의 경험을 관찰하면서 생긴 잘못된 추론으로부터 생겨난다. 월피는 환자가 자신의 신체적인 반응이 심각한 신체적 혹은 정신적 질병을 의미한다고 믿는 '건강염려증적' 인 공포에서 특히 일반적으로 잘못된 생각이 나타난다고 보고하였다(1969: 59).

월피가 사용하였던 초기의 기법은 권위적인 지시와 반론하기(counter-argument)였다(1958: 106). 치료자는 자신의 전문적인 역할에 의존하거나 다른 권위에 호소하여, 불안한 상황이 실제로는 환자가 예상하는 것처럼 위험한 상황을 의미하지는 않는다고 주장하였다. 예를 들어, '의사' 라는 월피의 지위는 의학 서적과 의학적 검사에 나타난 음성 결과를 참고하여 건강염려증적인 환자에게 그녀가 경험하는 증상들이 끔찍한 암과는 아무런 연관성이 없다는 것을 납득시킬 수 있도록 해 주었다(1982: 110).

월피는 종종 환자와 함께 단순히 추론을 하는 것만으로는 잘못된 신념을 변화시키는 데 불충분하다는 것을 주목하였다. 이런 경우, 그는 환자의 상황에 대한 지각을 변화시키기 위하여 공포 감소와 연관된 활동에 직접 참여할 것을 권유하였다. 예를 들어, 광견병에 대한 비합리적인 공포를 가지고 있는 환자는 광견병 예방 주사를 맞음으로써 두려움을 덜 수 있다. 치료 활동에 참여하는 것은 또한 환자의 잘못된 생각을 바꿀 수 있었다. 예를 들어, 불신과 관련된 성적인 어려움을 겪고 있는 한 여성은 치료자가 함께 있을 때 잠시 눈을 감고 있는 것으로부터 타인을 신뢰하는 법을 배우기 시작하였다(1982: 108).

월피는 심지어 부적절한 신념이 변화되어도 환자가 불안을 극복하기에 충분치 않음을 관찰하였다. 그는 환자가 위험하다고 믿었던 상황들에 직면할 때 발생하는 자동적인 각성이 그러한 상황들과 관련된 자극에 조건형성된다고 이론화하였다. 즉, 신념의 변화가 조건형성된 각성이나 그와 연관된 증상들을 자동적으로 변화시켜 주지는 않는다. 따라서 치료적 작업은 다른 방법을 통해서 그러한 '이차적으로' 조건형성된 불안반응을 극복하는 것으로 변경되었다.

사고중지법 월피는 이 방법을 소개해 준 테일러를 신뢰하였으며, 그가 이 절차의 초기 선구자라고 언급하였다. 그는 삽화적이고 지속적이며 불안하게 만드는 일련의 사고에 몰입해 있는 환자들에게 이 방법을 사용하였다(1958: 200-201; 1969: 224-226). 치료의 첫 단계는 꼬리에 꼬리를 물고 이어지는 생각들이 부질없으며 불안을 유발시킨다는 점에 대해 논의하는 것이다. 그 생각이 정말로 비생산적이고 문제가 있다는 것을 환자가 인정하는 것이 중요하다. 다음 단계에서는 환자에게 눈을 감게 하고 쓸데없는 생각들을 큰 소리로 말하도록 요청한다. 환자가 머릿속의 생각들을 말하는 동안 치료자가 갑자기 '그만!' 이라고 소리치고, 비록 생각들이 곧 다시 일어난다 하더라도 그 생각이 실제로 멈췄다는 사실을 지적한다. 이러한 시연이 여러 번 반복되었다. 다음 단계에서는 환자에게 소리를 내지 않고 동일한 순서를 해 보도록 하고 생각이 다시 생겨날 때마다 같은 절차들을 반복하도록 시켰다. 환자는 치료자와 함께 여러 번 연습을 한다. 마지막으로, 일상생활에서 불안한 생각들이 떠오를 때마다 그 절차들을 사용하도록 환자에게 지시한다. 나중에는 환자에게 불안한 생각들이 시작될 때 이를 멈추고 다른 것에 집중하라고 지시한다.

월피는 원래 방법이 성공적이지 않을 때는 변형된 방법을 제안하였다. 한 가지 방법으로는 처음에 '그만!' 이라는 말과 함께 환자의 팔뚝에 전기충격을 주는 것이었다. 또 다른 것으로는 환자에게 기분 좋은 생각을 유지하도록 지시하고, 원치 않는 생각들이 침투했을 때 신호를 보내도록 하여 그 시점에서 치료자가 '그만!' 이라고 소리치는 방법이 있다. 다른 연구자들은 환자 스스로 전기충격을 가하거나(McGuire & Vallance, 1964) 자신의 손목에 고무 밴드를 튕기도록 하였다(Mahoney, 1971). Rimm(1973)은 환자에게 '그만' 하고 소리친 후에 긍정적인 자기주장적인 문장을 말하도록 하였다.

월피는 단지 몇 개의 사례만을 제시하였는데, 자신이 직접 확실하게 절차를 실시한 경우만을 제시하였다(1969: 225). 다른 사람들도 많은 사례를 보고하였으며 소수의 실험적 연구들이 있었다(Rimm & Masters, 1979: 396-404). 강박 사고 외에도, 침투적 심상(Fisher & Winkler, 1975)과 공포증(Rimm, 1973)에도 사고중지법이 사용되었다. 특히, 사고중지법을 임상적으로 적용한 예는 학교 기숙사에서 벌어진 무서운 살인 사건이 발생한 후 공포에 사로잡혀 있었던 수백 명의 학생들에게 집단적으로 실시한 것이었다(Shelton, 1973).

일시적인 불안한 사고와 사고중지법의 효과에 대한 월피의 이론적인 설명은 분명히 불충분하였다. 그는 그러한 생각들이 불안을 일으키는 사건들로부터 생겨나지만 그렇다고 해서 관련된 자극에 조건형성된다는 것을 의미하지는 않는다고 지적하였다. 그는 사고중지법이 사고억제를 강화시켜 주는 역할을 하여 불안을 감소시키는 효과가 있다고 가정하였다. 사고중지법이 특히 혐오적인 자극과 함께 사용될 때는 조작적인 처벌 패러다임(operant punishment paradigm)에 부합되는 반면, 혐오적인 자극이 긍정적인 말로 대체되는 경우에는 월피의 역조건형성 모델(counterconditioning model)에 부합된다.

생활 지도 월피는 어떤 환자들은 신경증적 행동을 악화시키고 치료를 방해하는 '생활의 문제'를 가지고 있다는 점을 관찰하였다(1990: 101-102). 현명하지 못한 일상 업무의 수행, 결혼 및 이혼과 관련된 어려움, 가족의 의무를 다하는 것과 관련된 갈등이 이에 포함된다. 그는 환자들이 그러한 문제를 해결할 수 있도록 돕는 논리적이고 납득할 수 있는 방법들을 제안하였다. 짧은 사례를 제외하고는 월피는 이러한 방법에 대하여 더 이상의 세부적인 내용은 제시하지 않았다.

자기주장 훈련

월피는 자기주장 훈련 절차들을 개발하는 데 있어서 여러 선배들이 있었다는 점을 인정하였는데(1958: 114-130; 1969: 61-71; 1973: 79-94), 가장 처음 영향을 준 사람이 Andrew Salter였다(1949). 샐터는 '흥분성' 정서적 표현의 치료적인 중요성을 주장하였지만, 그의 접근과 자기주장 훈련 사이에는 현저한 차이점이 있었다. 샐터는 '억압적인 성격'이 부적응적 행동에 기반이 되는 것으로 간주하였고(1949: 47), 이러한 상태를 변화시키기 위한 일반적인 절차로서 환자의 증상에 상관없이(1949: 59) '흥분적 행동' 연습을 사용하였다. 반대로 월피는 훨씬 더 선택적으로, 단지 사회적 자극에 조건형성된 불안이 사회적인 상호작용을 억압하는 환자들에게만 자기주장 훈련을 처방하였다. 샐터가 언급하였듯이 어떤 환자는 전반적으로 주장적이지 못한 문제가 있지만, 어떤 환자는 특정한 사람이나 상황에서만 문제가 있었다. 샐터는 행동 변화를 유발하기 위하여 처음부터 지시와 충고에 의존했던 반면, 월피는 행동시연을 추가하였으며 매우 불안한 환자들에게는 둔감화 기법을 추가하였다. 샐터가 흥분적인 행동의 즉각적인 결과를 거의 고려하지 않았던 반면, 월피는 주장적인 행동이 가져올 수도 있는 부정적인 결과들을 고려하였다. 따라서 자신의 불안 이론을 기반으로 한 월피의 자기주장 훈련은 샐터의 것보다 훨씬 더 정교하고 좀 더 명시적인 절차였다. 또한 월피는 비록 다른 용어로 기술되긴 하였지만 자기주장적 행동으로 간주할 수 있는 기법을 사용하였던 두 명의 정신분석적 저자들을 인용하였고, 이를 Moreno(1946)의 '사이코드라마'와 비교하였다.

월피는 친밀하고 애정 어린, 불안이 아닌 감정을 표현하는 것은 물론 분노를 표현하는 공격적인 행동까지 포괄하는 것으로 주장적인 행동을 정의하였다. 그는 '적대적인' 그리고 '칭찬하는' 범주 두 가지에 속하는 주장적인 말의 목록을 제공하였으며, 예로서 샐터의 '흥분적인' 행동의 여섯 가지 양식들을 인용하였다. 두려움 때문에 다양한 사회적 상황에서 효과적으로 반응하지 못하는 환자들에게는 자기주장 훈련이 필요하다. 개개인의 요구를 만족시키기 위해 여러 가지 변형된 방법들이 개발되었고, 자기주장 훈련 절차는 몇 단계로 수행되었다.

환자 교육 자기주장 훈련을 실시하기 위해 환자를 준비시키는 데 종종 특별한 관심이 요구된다. 월피는 자기주장 훈련이 적절했지만 현재 문제가 사회적인 불안이 아닌 학업 실패, 강박 사고, 말더듬, 정신신체 장애, 이차적인 불감증, 우울 그리고 동성애적 소아애호증(homosexual pedophilia)과 같은 수많은 사례를 인용하였다. 어떤 환자들은 자신을 희생하며 사회적인 의무와 타인의 권리를 우선시할 것을 강조하는 어린 시절 양육 경험으로 인해 자기주장적인 행동을 억제하게 되는 잘못된 생각들을 가지고 있다. 또 다른 환자들은 공격적인 행동의 어떤 측면에 대해 강하게 조건형성된 불안반응들을 지니고 있었다.

자기주장 훈련의 필요성을 진단하기 위하여 월피는 수줍음, 상처받은 감정 그리고 비판에 대한 민감성을 평가하는 윌로우비 성격 질문지 문항들에 대한 환자의 응답을 살펴보았다. 또한 불만족스러운 물건이나 서비스를 받은 상황에서 어떻게 행동하는지에 대해 질문함으로써 더 많은 정보를 얻었다. 월피와 라자루스가 질문지를 출판한(1966: 41)

이후에 자기주장성을 측정하는 몇 개의 질문지들이 발행되었다(Galassi et al., 1974; Rathus, 1973). 월피는 Gambrill과 Richey(1975)의 질문지를 추천하였다.

환자가 자기주장 훈련에 참여하도록 설득하기 위하여, 월피는 노여움, 공포 또는 환자가 경험하는 부정적인 정서들을 지적하면서 환자의 증상과 대인관계 상황에서의 어려움 간의 관계에 대해 논의하였다. 그는 환자의 일상적인 반응에 대하여 자기주장적인 대안 반응을 제시하였고, 이를 통해 더 긍정적인 느낌과 효과적인 대인 관계를 가질 수 있을 것이라고 예언하였다. 그는 때때로 다른 환자들이 성취한 성공에 대하여 이야기하기도 하였다. 초기에 실시한 치료에서는 환자의 망설임을 극복하기 위해 환자를 달래거나 강요하는 방법에 의존하였다. 하지만 후에는 보다 더 교육적이었는데, 타인에 대한 존중과 더불어 환자의 권리를 강조하였고, 적절하고 적절하지 않은 '적대적인' 행동과 다정한 행동 사이의 차이점을 가르쳤다.

자기주장 훈련 요소들 자기주장 행동을 촉진하기 위한 첫 번째 접근은 환자에게 그것을 시도해 보도록 권하는 것이었다. 그는 선택한 상황이 안전하다는 점을 치료자가 확인해야 한다고 경고하였다. 만약 자기주장과 관련된 환자들의 첫 번째 시도가 부정적인 결과를 낳게 된다면 그들의 예민성을 더욱 증가시키고, 이어지는 치료들을 보다 더 어렵게 만들 수 있다. 환자들은 주장하는 것에 대해서 엄청난 불안을 느끼기 때문에, 월피는 상황들의 위계를 정하고 가장 쉬운 것부터 시작하도록 충고하였다. 다음 회기에 환자는 자신의 경험들을 보고하고, 치료자는 격려, 수정 및 더 나은 수행을 위한 의견들을 제공했다. 월피는 환자에게 주장할 수 있는 적절한 기회를 잘 포착하도록 역설하였으며, 반복적인 성공 경험을 통해서 그러한 행동이 더욱 쉬워질 거라는 점을 언급하였는데, 그것은 점차적으로 불안이 감소하기 때문이라고 설명하였다. 이런 방식으로 치료자의 지시적인 통제는 줄어들고 환자는 주장적인 행동을 주도하는 사람이 될 수 있다.

행동시연(behavior rehearsal) 기법은 단순한 지시보다 우위에 있는 방법이다. 어려움의 위계나 유발되는 불안의 양에 따라 등급이 매겨진 상황에서 행동을 시연하는 게 가장 적합하다. 월피는 행동시연에 대하여 간결하게 기술하였다.

> 그것은 환자와 치료자가 환자의 생활 장면에 대해서 짤막한 대화를 연기하는 것으로 이루어진다. 환자는 자신의 역할을 하고, 치료자는 환자가 부적응적인 불안을 느끼고 억제하는 대상의 역할을 하게 된다. 치료자가 다른 사람들이 할 법한, 대개는 적대적인 내용의 말을 하고, 환자는 그것이 '실

제' 인 것처럼 반응하면서 시작한다. 보통 환자는 처음에 주저하고 방어적이며 소심한 모습을 보일 것이다. 그러면 치료자는 보다 더 적응적인 반응들을 제시해 준다. 대화를 수정해서 다시 시연해 본다. 그 과정은 치료자가 환자의 말이 적절하게 수정되었다는 만족감을 느낄 때까지 계속해서 반복된다. 환자가 사용하는 단어뿐만 아니라 목소리의 크기, 단호함 그리고 정서적인 표현 및 동반되는 몸의 움직임 등 모든 것을 고려해야 한다. 이러한 모델링, 조성 및 시연의 목적은 환자가 실제 상황에서 실제적인 '상대'를 다룰 수 있게 효과적으로 준비시켜서 그 대상이 유발하는 불안을 상호적으로 억제하고, 자기주장적인 습관이 형성되도록 하는 것이다(1973: 90-91).

월피는 자기주장의 비언어적인 요소들을 가르칠 때 Serber(1972)가 한 것처럼 비디오피드백을 사용할 것을 추천하였다.

월피는 지시와 행동시연 모두를 포함하는 자기주장 훈련에 관한 여러 사례를 발표하였으며, 현재 생활사건에 대한 환자의 설명을 통하여 어떻게 자연스럽게 훈련이 이루어지는지를 보여 주었다. 그는 또한 자기주장 훈련을 사용한 실제 사례에 대한 오디오 테이프와 필름도 제작하였다.

월피는 어떤 상황에서는 분노를 표현하거나 주장적인 행

동을 직접 표현하는 것이 적합하지 않다고 느꼈는데, 비이성적인 상사에 의해서 보복을 당할 수 있는 가능성이 있기 때문이었다. 상사에게 주장적인 행동을 함으로써 불리한 영향을 받을 수 있는 고용인이 그 예가 되었다. 그는 이러한 상황에서는 상대의 민감성을 이용함으로써 보다 더 포착하기 어려운 방식으로 상황에 대한 통제력을 얻을 수 있다고 제안하였다. 이 때문에 그는 때때로 환자에게 『허세와 술수(*Lifemanship and Gamesmanship*)』이라는 Stephen Potter의 유머러스한 책들을 읽어보라고 권하였는데, 이 책에는 자신의 적을 당황하게 만드는 여러 가지 방법이 기술되어 있었다(Potter, 1971). 라자루스(1971)는 이러한 접근이 정직하지 않다며 비판하였고 월피도 결국에는 그러한 주장을 그만두었는데, 아마도 자기주장 훈련에 대한 이후의 접근에서는 정직함과 타인의 권리에 대한 중요성을 암묵적으로 인정하였기 때문인 것 같다(4장 참조).

월피는 어떤 환자들은 사소한 자기주장 행동을 수행하는 데도 상당히 큰 어려움이 있으며, 그것은 주장 행동의 어떤 측면과 관련된 강한 불안반응 때문이라는 것을 발견하였다. 환자가 자신이 공격적으로 행동하는 것과 다른 사람들이 보일 수 있는 공격적인 반응을 두려워하는 경우, 월피는 우선 체계적 둔감화 프로그램을 실시하였다(아래를 보라.). 즉, 환자는 불안을 유발시키는 상황들의 위계를 따라 자신이 공격적으로 행동하는 심상을 떠올리면서 둔감화 훈련을 시작하도록 교육받는다. 환자가 자기주장적인 행동을 상상하는 것이 편안해지면 치료자는 직접적인 훈련을 계속 진행할 수 있게 된다.

체계적 둔감화

'체계적 둔감화(systematic desensitization)' 는 월피의 고양이 실험과 불안조건형성 및 상호억제 이론으로부터 직접적으로 발전되었지만(1952a; 1958: 139-165; 1969: 91-168; 1973: 95-162), 동시에 그는 Mary Cover Jones(1924)의 선구적인 노력을 인정하였다. 둔감화 기법은 다양한 신체적, 사회적 사건에 의해 불안이 유발되는 환자에게 권유된다. 체계적 둔감화는 단순공포증으로 진단받은 환자에게는 확실히 효과적인 것처럼 보였지만, 단순한 장애라고 해서 체계적 둔감화를 적용하는 것이 늘 옳은 것은 아니며 좀 더 분석해 보면 전혀 다른 접근이 적절하다는 것이 밝혀질 수 있음을 경고하였다. 월피는 '칼공포증(knife phobia)' 이 있는 한 여성의 예를 소개하였는데, 그녀가 느끼는 칼에 대한 공포는 가족에 대한 분노 때문이라는 것이 더 많은 분석을 통해 드러나면서 그녀에게 자기주장 훈련을 받게 할 필요가 있었다(1973: 30; Barlow, 1988: 485, 비슷한 예시를 기술하였음.). 월피는 복잡한 신경증적 문제에 대한 체계적 둔감화의 유용성을 증명하기 위해 노력하였다(1958: xi). 그는 강박사고와 강박적인 씻기(1973: 229-235, 262-265), 말더듬(1982: 290), 반응성 우울증(1982: 276-277) 그리고 광장공포증(1969: 146-147)의 사례에서 체계적 둔감화를 사용한 예를 보여 주었다.

심상적 둔감화 상호억제이론에 기반을 두고 있기 때문에 체계적 둔감화는 역불안반응(counter-anxiety response)과 연합된 최소한의 불안을 유발시키는 자극을 필요로 한다(2장 참조). 표준화된 수행에서, 불안유발자극을 일으키고 조절하기에 가장 편리한 방식은 자기주장의 위계에 따라 배열된 사건을 환자에게 상상하도록 말로 지시하는 것이다. 이완은 불안과 상반되는 반응을 제공해 준다. 따라서 체계적 둔감화는 불안의 위계 설정하기, 이완 훈련하기 및 불안자극을 이완으로 대치하기의 중요한 세 단계로 구성되어 있다.

위계 설정하기 평가 단계에서 수집된 정보들은 환자에게 불안을 유발시키는 특정한 자극들을 알려 준다. 월피는 윌로우비 성격 질문지와 공포조사표의 개별 문항에 대한 반응이 특히 유용하다는 것을 알게 되었다. 그 후 그는 불안유발자극들의 미세한 내용을 자세하게 추가적으로 기술해 나갔다. 불안위계를 설정할 때 종종 환자들에게 객관적으로 명백하게 위험한 상황들을 제외하고, 부정적인 정서를 유발시키는 것으로 상상할 수 있는 모든 상황들의 목록을 만들게 한다. 환자들이 불안 항목에 포함된 상황을 직접 경험했어야 할 필요는 없고, 만일 그러한 사건들이 발생한다면 자신들이 어떻게 느낄지를 상상하도록 요청한다.

이 모든 자료들은 불안위계에 포함될 수많은 항목을 제공해 준다. 치료자의 과제는 각 항목들 간의 관련성을 알 수 있도록 그것을 '주제' 별로 분류하는 것이다. 환자는 항상 하나 이상의 주제와 관련된 공포를 가지기 때문에 모든 항목들과 연결되는 하나의 공통적인 실마리를 찾아내는 것은 단순한 문제가 아니며, 오히려 여러 가지 주제별 범주들로 분류해야 한다. 월피는 주제들을 결정하는 명백한 규칙과 그것을 유도하는 절차적 '기술' 을 제시하지는 않았다. 많은 주제들은 자명하였지만 다른 것들은 숙련된 해석이 요구되기도 하였으며, 그는 명확하지만 부정확한 결론을 끌어내지 않도록 경고하였다.

> 예를 들어, 영화관이나 파티 혹은 다른 공적인 상황에 가는 것에 대한 공포는 폐쇄공포증을 의미할 수 있지만 실제로는 뚫어지게 쳐다보는 것에 대한 공포를 의미할 수도 있다. 사회적 상황에 대한 공포와 회피는 종종 거절이나 비판에 대한 두려움에 기반을 둔 것으로 밝혀진다. 혹은 환자가 만나는 사람들의 수에 따라서 다양해지는 공포는 단지 사람들이 물리

> 적으로 존재하는 것과 상관이 있을 수도 있다. 한 환자는 사회적 상황에 대한 공포를 보여 주었는데, 이는 실제로는 공공장소에서 나는 음식 냄새에 조건형성된 불안반응이었다. 불안의 원인을 정확하게 파악하는 것의 중요성은, 한 남자의 발기 불능이 성적인 상황의 어떠한 측면과 연관된 불안 때문이 아니라 외상에 대한 생각에 기인한 것으로 밝혀진 사례(Wolpe, 1958: 152)에서도 알 수 있다(Wolpe & Lazarus, 1966: 67).

불안위계는 각각의 주제별 범주에 속한 항목들로부터 구성된다. 환자에게 항목들을 주고 실제로 그 상황에 직면하였을 때 발생할 것 같은 불안 정도에 따라서 항목들을 배열하라고 지시한다. 순위를 매기는 데 도움을 주기 위하여 '주관적인 불안 단위(Subjective unit of disturbance: sud)' 가 개발되었다. 환자는 '당신이 경험했었거나 또는 상상할 수 있는 경험들 중에서 가장 나쁜 것을 생각하고 그것에 100이라는 숫자를 할당하라. 이제 완전히 평온한 상태를 생각하고 그것을 0이라고 하라. 이제 당신은 평정척도를 가지게 되었다. 이 척도를 가지고 지금 당신 스스로를 평가한다면 몇 점인가?'라는 지시를 받게 된다. 환자는 위계에 포함된 각각의 항목들에 대한 sud를 평가하라는 지시도 받게 된다.

다음으로는, 낮은 위계에서부터 높은 위계까지 항목들의 전 범위가 포함되어 있는지 그리고 sud 평가에서 하나의 항목과 다음 항목 간의 차이가 크지 않고 고르게 연속적인지를 확인하기 위하여 위계를 살펴본다. 대개 이러한 기준을 충족시키기 위해서는 항목들을 추가로 더 만들어야 한다. 이는 다양한 불안자극 요소들을 추가하거나 제외하는 것의 효과에 대해서 치료자와 환자가 논의하면서 이루어진다.

각각의 위계에는 일반적으로 복합적인 자극 차원들이 포함된다. '관습적인' 차원에는 자극 요소들의 수와 빈도, 노출 기간 및 두려운 사건에 대한 시간적 혹은 공간적 근접성이 포함된다. '개인특유적(idiosyncratic)' 차원은 각 환자의 과거 조건형성 경험에 대한 것으로 한정된다. 예를 들어, 사회적인 상황에서 폐쇄공포증을 가지고 있는 환자의 위계는 존재하는 사람들의 수, 다른 사람들과의 친밀감의 정도와 같은 '관습적인 차원' 과 구토하는 것에 대한 공포와 연합된 마지막 식사를 한 지 얼마나 시간이 지났는지와 같은 '개인특유적 차원' 이 포함된다. 차원들의 가능한 조합 각각에 반드시 항목이 포함되어야 하는 것은 아니며, 그보다는 요소들의 집합이 사용된다. 몇몇의 사례에서는 특정한 차원에 해당되는 하위 위계를 삽입한다. '유심히 바라보기' 와 관련된 위계의 차원에는, 관찰자의 수와 전문성 및 근접도 그리고 작업의 특성 등이 포함된다. 다음의 위계는 차원의 조합을 선택하고 하위차원을 사용한 예를 보여 준다(1969: 118).

1. 10명의 사람들이 지켜보는 가운데 그림을 그린다.
2. 6명의 사람들이 지켜보는 가운데 그림을 그린다.
3. 3명의 사람들이 지켜보는 가운데 그림을 그린다.
4. 실제 장소에서 한 명의 전문가가 지켜보는 가운데 그림을 그린다(불안은 관찰자가 10피트 떨어져 있을 때 시작되고 더 가까이 다가갈 때 증가된다.).
5. 비전문가 한 명이 지켜보는 가운데 그림을 그린다(불안은 4피트 거리에서 시작된다.).

이완 훈련하기 위계를 만드는 것과 동시에, 월피는 환자에게 점진적인 근육이완 훈련을 시켰다. 그는 먼저 환자에게 이완이 불안에 직접적으로 대립되는 정서적인 효과를 가진다는 것을 이론적으로 설명해 주었고 그것이 치료적 개입의 일부이며 치료실 밖의 생활에서도 유용하다는 점을 말해 주었다. 환자에게 이완은 연습을 통해서 향상될 수 있는 하나의 기술이라는 점도 말해 주었다.

제이콥슨 기법(1938)의 단축된 형태를 6~7회기 동안 20분 정도씩 이완 훈련을 실시하였다(2장 참조). 이완 훈련의 목표는 환자에게 긴장하고 이완했을 때의 근육 감각을 구별하고 근육의 활동을 '멈추'거나 '방출하는' 법을 가르치는 것이다. 환자는 특정한 행동을 하고 감각을 관찰하라는 지시를 받는다. 치료자도 환자를 관찰하고 환자가 느꼈을 것에 대해서 피드백과 제안을 해 준다.

첫 번째 훈련은 팔에 초점을 두었다. 그는 환자에게 의자 팔걸이를 꽉 쥐라고 한 후, 손과 팔의 감각의 특징과 위치를 관찰하라고 지시한다. 다음으로 상박(upper arm) 근육을 훈련시키는데, 이 훈련의 지시문은 훈련 방법의 주요한 특성들을 보여 준다.

> 이제 깊은 이완을 하는 데 핵심적인 활동을 당신에게 보여 드릴 것입니다. '당신의 손목을 잡아당길테니 근육에 힘을 주어 이에 저항해 보세요.' 라는 지시를 다시 할 것입니다. 근육의 감각을 아주 조심스럽게 느껴 보시기 바랍니다. 그러고 나서 내가 당신에게 가했던 힘의 양을 점차 줄여 나가는 것에 따라 당신도 서서히 힘을 빼보라고 요청할 것입니다. 당신의 팔목이 내려가는 것을 보면서 동시에 근육의 감각이 줄어드는 것을 느껴 보세요. 힘을 빼는 것은 하나의 활동이지만, 근육을 '이완하는' 것처럼 반대되는 종류의 행동입니다. 이어서, 당신의 팔목을 의자 팔걸이에 놓고 휴식을 취하게 되면 완전히 이완된 것처럼 느껴질 것입니다. 그러나 아마도 대부분의 근육들은 이완되겠지만, 약간의 근육 섬유들은 여전히 긴장되어 있을 수 있습니다. 따라서 당신에게 '계속해서 힘을 빼라.' 는 말을 할 것입니다. 당신의 팔뚝이 내려가는 동안 근육에서 일어나는 활동들을 계속 느껴 보세요. 이렇게 나머지 근육 섬

유들을 이완시키는 활동은 우리가 원하는 정서적인 효과를 일으킬 수 있습니다. 한 번 시도해 보세요. 그리고 어떤 일이 일어나는지를 살펴보세요(Wolpe & Lazarus, 1966: 62).

두 번째 회기에서는, 정서적인 관점에서 가장 중요한 근육은 머리의 근육이라는 이야기를 환자에게 해 준다. 단계적인 방식에 따라 이마, 눈, 코 그리고 입술 근육 각각을 긴장시켰다 이완하는 연습을 한다. 세 번째 회기는 턱과 혀에 집중되고, 네 번째는 목과 어깨, 다섯 번째는 등과 배, 가슴 그리고 여섯 번째 회기에서는 다리 근육에 집중한다.

월피는 환자가 수행하는 긴장-이완 훈련을 설명하고 때때로 시범을 보이기도 하였다. 각각의 연습 후에 환자는 몇 분 동안 '최대한의 이완 지점을 넘어설 수 있도록 하기' 위하여 '이완' 활동을 지속하라는 지시를 받았다.

월피는 정상적인 근육 긴장 상태를 넘어서서 이완되었다는 신호로 해석될 수 있는 온기, 얼얼함, 무감각 등에 관한 환자의 보고를 기반으로 하여 이완의 정도를 판단하였다. 월피는 이완의 지표로서 이두근을 만져보거나 머리와 턱의 위치를 관찰할 것을 제안하였다. 피부 전기도 혹은 근전도와 같은 이완의 생리적인 측정방법들이 있었지만, 월피는 이를 일상적으로 사용할 필요는 없다고 보았다. 그에게는 환자들의 전반적인 평온함에 대한 보고와 sud를 사용하는 것이 이완을 측정하는 도구로 가장 유용하였다. 이후의 연구에서는 월피, 제이콥슨 및 다른 연구자들이 기술한 이완된 사람의 모습을 기초로 하여 이완의 정도를 측정하는 관찰법을 개발하였다(Poppen, 1988).

환자들은 치료실에서 배운 것을 집에서 매일 두 번씩 10분에서 15분 정도 연습하라는 지시를 받는다. 연습을 함에 따라 몸 전체가 완전한 이완상태에 이르는 데 필요한 시간과 활동이 줄어들어 환자는 몸을 몇 분 내에 바로 이완상태로 '전환할 수 있는' 수준에 이르게 된다.

이완과 위계적 항목들을 병렬하기 환자가 완벽한 이완 상태에 빠르게 이를 수 있게 되고 불안의 위계가 만들어지면 체계적 둔감화 과정이 시작될 수 있다. 전반적인 전략은 환자에게 깊은 이완상태를 유지하는 동시에 위계 항목에서 기술된 장면들을 상상해 보도록 요청하는 것이다. 환자가 불안 각성을 경험하지 않는 것이 매우 중요하므로 만일 환자가 불안감을 경험할 때는 이를 신호로 알리는 체계가 정해져 있다.

첫 회기에서 환자가 확실히 평온한 상태를 유지하고 있는지 주의 깊게 관찰한다. 여러 신체 부위를 쭉 언급하며 깊이 이완하도록 지시하고 '긴장을 풀고 편안함을 느껴보라.' 고 직접 지시하면서 격려한다. 월피는 때때로 보다 더 깊은 이완을 위해 최면을 사용하였지만, 이러한 절차의 사용은 시간이 지나면서 점차 감소하였다. 환자에게 "만일 완전히 평온하다고 느껴져서 불안이 0이라면 그냥 가만히 계세요. 그렇지 않다면 집게손가락을 올리세요."라고 말함으로써 모니터하는 절차도 개발하였다. 만일 환자가 손가락으로 신호를 보내면, '만일 불안이 10 suds보다 더 크다면 손가락을 올리세요.' 등으로 좀 더 자세히 질문하여 불안감의 수준을 결정한다. 만일 환자가 10 suds 이상이라고 보고한다면, 이완하라는 지시를 더 받게 되며, 그러고도 불안이 지속된다면 하늘에 떠 있는 구름을 바라보는 장면처럼 고요하고 평온한 이미지들을 묘사해 준다. 만약 그래도 불안이 계속 지속된다면 그 회기는 마무리하고 아래에 기술한 특별한 절차들을 시행한다. 그 밖에 환자가 대상을 시각화할 수 있는 능력이 있는지를 확인하고 장면의 내용이 아닌 절차적인 어떤 측면 때문에 불안이 유발되었는지를 알아보기 위해서 중립적인 장면을 보여 주기도 한다.

다음으로 치료자는 환자에게 "이제 당신에게 여러 가지 장면들을 상상하도록 요청할 것입니다. 당신이 그것을 분명하게 상상한다면 당신의 이완상태가 약간 방해받을 것입니다."라고 말한다. 환자는 장면이 분명하게 떠올랐을 때 손가락을 짧게 올리고 그 장면이 끝난 후에 발생되었던 불안의 정도를 suds로 보고하라는 지시를 받는다. 환자에게 불안위계에서 가장 낮은 항목을 기술해 주고 이를 3~5초간 심상으로 그려 보도록 하며, 그 후에 환자는 "그 장면을 상상하는 것을 멈추고 근육을 이완하는 데 집중하십시오."라는 지시를 듣게 된다. 약 15초 후에 그 장면을 약 5초간 더 상상하도록 지시를 한다. 환자가 아무런 불편감도 없다고 보고하면 다음 항목으로 넘어간다. 불안감을 유발시키는 장면들은 반복적으로 제시되는데, 치료자는 suds 평정치를 통해 환자의 불안이 점진적으로 감소되는지를 결정하게 된다. 만일 이완이 잘 되었더라도, 평정치가 감소하지 않는다면, 이는 위계에 문제가 있다는 점을 보여 준다. 이 시점에서 치료자는 위계에 있는 다른 항목을 제시하거나 회기를 끝낼 수 있다.

회기가 끝날 무렵 치료자는 환자에게 "이제 내가 다섯까지 세면, 당신은 매우 평온하고 이완된 느낌으로 눈을 뜰 것입니다."라고 말한다. 환자가 깨어 있는 상태에 적응하고 나면, 치료자는 환자에게 상상했던 장면들이 얼마나 생생했는지, 그것을 떠올리는 동안 어떻게 느꼈는지 묻는다. 장면을 상상하거나 혹은 이완을 하는 데 어떤 어려움이 있었는지와 이후의 회기를 위한 조정사항에 대하여 함께 논의할 수 있다.

이후의 회기들은 첫 번째 회기와 상당히 동일한 과정을 따른다. 일반적으로 환자는 완전하게 이완되는 데 시간이 덜 걸리며, 지시도 신호체계에 대하여 상기시켜 주는 정도에 그친다. 이전 시간에 성공적으로 수행했던 위계의 바로 다음 항목을 첫 장면으로 제시한다. 몇몇 환자에게는 '불안의 자발적인 회복' 이 일어나기 때문에, 이전 회기에서 0 suds로 평가하였더라도 그 항목을 반복하는 것이 필요하게 된다. 이처럼 항목의 역추적이 필요한 환자들에게는 0점으로 평정된 후에도 2~3번 이상 한 가지 장면을 반복해서 제시하는 '과잉학습' 절차가 권유된다.

둔감화 절차에는 각 장면의 지속 기간, 장면 사이의 이완 간격, 각 항목의 반복 횟수, 특정한 위계로부터 제시된 항목들의 수, 한 회기에 포함된 다른 위계들의 수, 회기의 길이와 회기 간의 간격 등 다양한 변수가 포함된다. 월피는 일반적인 가이드라인을 제공하였지만 개별적으로 환자에게 조정이 필요하다는 점을 인정하였다.

한 장면의 지속시간은 대략 5초 정도였다. 만일 환자가 불안을 보고하거나 불편감을 드러내는 방식으로 반응한다면 즉각적으로 멈추었다. 처음에는 후반보다 더 짧게 제시하였는데, 만약 어떤 특정한 장면이 힘들 것으로 예상되면 그 장면은 처음에는 1, 2초 정도만 제시하였다. 장면의 내용 또한 지속시간에 영향을 미쳤다. 성냥불을 켜는 장면은 여섯 블록을 걷는 장면보다 지속시간이 더 짧을 것이다(Lazarus, 1964). 장면 사이의 시간 간격은 일반적으로 10초에서 15초 정도였으며, 만일 환자가 불안을 보고하거나 불안한 기색을 보인다면 시간을 좀 더 길게 하였다. 초기 훈련에서는 한 회기의 시간이 약 15분 정도였지만, 치료가 진행되면서 시간이 조금 더 걸리기도 하였고, 90분간 진행된 회기들도 있었다.

전혀 불안 각성이 일어나지 않는다면 한 장면을 반복하는 횟수는 일반적으로 서너 번 정도였다. 하지만 어려운 항목에서는 10회 이상까지 늘어날 수도 있었다. 치료 초반에는 한 회기에 2~3개 정도의 항목이 제시되며, 후반에는 10개 이상이 제시되었다. 한 회기에서 선택하는 항목들이 속한 위계들의 수는 4개 정도였다. 환자가 4개 이상의 위계를 가진 경우는 드물었다. 회기의 수는 환자가 가진 문제의 수와 강도 및 각각에 포함되는 자극의 범위에 따라 6회에서 100회에 이르렀다. 일반적으로, 치료 회기는 주당 1회에서 3회 정도로 진행되었으며 환자와 치료자의 일정에 따라서 회기의 간격이 매우 다양하였다.

월피는 위계와 항목, 하나의 항목을 제시한 횟수 그리고 환자의 반응을 suds로 평정하는 등 각 장면으로부터 얻어진 자료를 카드에 기록하였다. 그는 이러한 정보가 치료뿐만 아니라 이후의 연구에도 유용하다는 점을 발견하였다.

훈련의 일반화 월피(1963b)는 환자가 평온하게 상상할 수 있는 것과 그들이 실제 삶에서 불안해하지 않으면서 경험할 수 있는 것 사이에 거의 일대일의 관계가 있다는 점에 주목하였다. 실천적인 문제로 그는 종종 환자에게 치료 시간에 환자가 상상하면서 둔감화시켰던 것과 비교할 만한 실제 상황에서도 스스로를 노출시켜 보도록 요청하였다. 그는 이것을 '공고화 수단(consolidating maneuver)' 인 동시에 '피드백' 을 얻을 수 있는 한 가지 방법으로 간주하였다. 환자가 일상생활에 자연스럽게 발생하는 상황에서 적응적인 행동을 했다고 보고하면, 이를 체계적 둔감화가 적절하다는 표시로 받아들였다. 라크만(1966a)은 환자들이 심상적 둔감화를 실시한 즉시, 실제로 두려운 자극에 대하여 두려움을 거의 느끼지 않는다고 보고하였음을 발견하였다. 그러나 Agras(1967)는 심각한 광장공포증 환자들의 실제 수행은 그들이 평온하게 상상할 수 있었던 것에 비하여 뒤떨어졌다는 결과를 보고하였다. 뱀을 회피하는 대학생들을 대상으로 한 유사한 실험 연구에서는 비록 상상할 수 있는 것과 실제로 수행할 수 있는 것 사이에 간극은 존재하지만, 피험자들이 수행했던 위계 항목의 수는 회피 행동의 감소와 정적인 상관관계가 있음을 보여 주었다(Davison, 1968; Lang et al., 1965). 상황을 실제로 경험하는 것은 깊은 이완을 하면서 상황을 상상하는 것보다 훨씬 더 강렬할 수 있으며, 이것이 상상과 실제 수행 간의 차이다.

둔감화에서의 어려움들 최선의 노력을 기울였음에도 불구하고 어떤 환자들은 나아지지 않는다는 점을 월피는 솔직하게 인정하였다. 그들은 훈련 회기에서 불안이 감소하는 경험을 하지 못하거나, 훈련 동안에 성취했었던 것에 상응하는 실제 상황에서의 반응은 거의 나아지지 않았다. 자신의 이론을 토대로 월피는 이러한 실패를 상호적인 억제 반응(이완)이나 불안을 유발시키는 자극(불충분한 위계 또는 항목들을 심상화하는 문제)이 부족했기 때문이라고 가정하였다.

어떤 환자들은 '정말로 평온한 이완상태'에 도달하는 과정에서 어려움을 겪었다. 매우 긴장된 몇몇 환자들은 내적인 긴장감을 인식하지 못하거나 긴장감이 아주 약간 감소한 상태를 충분히 이완된 상태라고 믿었다. 이러한 환자들은 사실은 위계 항목에 의해서 유발되는 불안을 극복할 만큼 충분하지 않은 이완상태에서 평온하게 느낀다고 보고했을 수 있다. 월피는 이러한 문제를 다루기 위하여 몇 가지 측정 도구를 제안하였다. 주관적 불안 단위 sud를 성실하게 사용하면 환자가 이완된 정도에 스스로 좀 더 민감해지도록 도울 수 있었다. 피부전기도 및 근전도에 대한 생리적인 모니터링을 하면 환자의 각성상태를 파악할 수 있다. 충분한 수준의 이완에 이르기 위하여 좀 더 광범위한 이완훈련, 최면, 또는 신경안정제나 탄산가스 흡입과 같이 불안을 감소시키는 약물을 부수적으로 사용하는 방법을 추천하였다.

일부 환자들이 가지는 또 다른 어려움은 '놓아버리는 데 대한 일반적인 공포' 였다. 그들은 이완을 시도하는 동안에도 자동적으로 각성되는 경험을 하였다. 월피는 몇 가지 치료법을 제시하였지만 특정한 환자를 위한 방법을 선택할 때의 기준은 설명하지 않았다. 이 방법에는 환자에게 '놓아버리' 려고 애쓰지 말고 자신만의 방식으로 평온해지라고 말하는 것, 놓아버리는 것에 대한 두려움의 둔감화, 불안을 경감시키는 방법의 사용, 탄산가스 흡입 등이 포함된다. Heide와 Borkovec(1984)은 '이완이 야기하는 불안'을 불안의 유형과 이완훈련 절차 사이의 불일치 때문으로 설명하였다. 그들은 '인지적인' 불안을 가지고 있는 환자들에게는 명상과 같은 '인지적인' 이완훈련 절차를 사용하고, '신체적인' 불안을 가지고 있는 사람들에게는 월피의 방법과 같은 '신체적인' 절차를 사용할 것을 권하였다. 이러한 짝짓기(matching)(Barlow, 1988: 487-488)를 지지해 주는 약간의 비일관적인 증거들이 있다. 월피(1990: 182)는 이러한 문제를 개별적인 사례의 토대에서 다루는 것을 더 선호하였다.

어떤 경우에는 환자가 불안을 느끼는 진정한 원천과는 무관한 위계 때문에 치료가 진전되지 않을 수도 있다. 월피는 치료자가 판단을 잘못해서 실제로 조건형성된 자극이 아닌 공포가 발생하는 장면에 관한 위계를 만들 수 있다는 점을 경고하였다. 폐쇄공포증의 한 사례에서, 두려운 것은 제한된 공간이 아니라 죽음이라는 점이 밝혀졌다. 광장공포증을 가진 한 기혼 여성의 사례에서, 그녀는 혼자 있기가 두려운 게 아니라 자신의 결혼에서 혐오스러운 측면에 반응하는 것을 두려워하였다. 이런 사례들에서 환자가 불안을 느끼게 되는 실제적인 근원을 발견하면, 적합한 위계를 만들거나 자기주장 훈련과 같은 전혀 다른 형태의 치료를 시행하였다.

어떤 환자들은 시각적이고 청각적인 심상을 떠올리지 못했으며, 또 다른 환자들은 심상을 만들 수는 있었으나 현실감을 느끼지 못했다. 드문 경우로, 환자가 위계의 어떤 지점까지는 충분히 시각화할 수 있었지만, 그 다음에는 결정적인 요소가 있는 듯 아무것도 상상하지 못하게 되어 버렸다. 이러한 문제들을 다루기 위해서 최면, 치료자나 환자가 그 장면을 광범위하게 언어로 기술하기, 실제상황 둔감화(in vivo desensitization)처럼 실제 자극을 사용하는 방법 등이 제안되었다.

둔감화의 변형 월피는 체계적 둔감화를 좀 더 효과적이고 효율적으로 만들고 환자의 개별적인 어려움을 극복하기 위하여 다양한 대안적인 체계적 둔감화 기법을 제시하였다. 이러한 변형에는 자극을 제시하는 방식, 불안에 대항하는 반응을 촉진하는 방식 혹은 이 두 가지 모두가 포함된다. 덧붙여, 그의 초기 보고가 있은 뒤 곧바로 많은 임상가들과 연구자들이 체계적 둔감화 절차의 변형을 출판하였다.

실제상황 둔감화 불안을 일으키는 실제 자극을 단계적으로 제시하기는 사실상 어렵기 때문에 전통적인 둔감화 기법에서는 심상적 자극을 사용한다. 하지만, 실제 자극이나 그림같이 생생한 자극을 제시하는 것은 상상하기 어려워하는 환자에게 유용하며, 또한 훈련이 일상생활에까지 일반화되는 데 도움이 된다(1969: 161-166). 월피는 런던에 있는 모슬리 그룹의 Meyer(1957)의 초기 작업을 신뢰하였으며, 고양이, 지렁이, 주사, 다리에 대한 공포증에 대하여 실제상황 둔감화치료를 적용하였던 여러 사례를 인용하였다.

월피는 강박증과 광장공포증, 사회공포증의 사례에서 실제상황 둔감화를 적용하였던 예를 제시하였다(1964a; 1969: 161-165). 첫 번째 사례는 소변에 의해 오염될까 봐 두려워하는 한 젊은 남자였다. 심상적 둔감화는 어느 정도의 호전을 가져왔지만 정체상태에 이르게 되었다. 따라서 실제상황 위계가 사용되었는데, 환자가 이완된 상태에서 '소변'이라는 단어가 인쇄된 것, 소변이 담긴 병에 가깝게 접근하기, 환자의 손에 점차 농도가 높은 소변 방울을 떨어뜨리는 과정 등이 포함되었다. 또 다른 사례에서, 광장공포증이 있는 한 여성은 '의지가 되는' 사람과 분리되는 것을 두려워하였다. 월피는 공원에서 그녀와 만나 점점 더 거리를 둘 것을 요구하였다. 또한 많은 사람에게 둘러싸이는 것을 두려워하였던 한 남자는 점점 더 큰 전문가 모임 앞에 앉아서 이완하도록 훈련을 받았다. 월피는 치료자나 다른 사람 혹은 다양한 실제 자극의 존재가 불안을 상호적으로 억제시켜 주는 정서를 유발시킨다고 느꼈다. 그러나 다른 사람들은 이러한 사실에 대하여 무시하거나 이의를 제기하였다(4장 참조).

이완 기법의 대안들 이완 기법 외에 불안을 억제시켜 주는 반응을 모색하려고 애썼는데, 이는 표준적인 이완 기법을 적용하는 데 특별한 어려움을 가지고 있는 환자나 이완 기법이 치료와 실제 상황에서 환자에게 실용적이지 못한 경우가 있었기 때문이었다. 이러한 방법에 대한 이론적인 토대는 2장에서 논의된 바 있다.

치료자의 존재 월피는 치료자가 존재함으로써 일어나는 정서적인 반응들이 불안의 각성을 막는 데 기여할 수 있다는 점을 관찰하였다(1958: 163). 이러한 면은 특히 실제상황 둔감화에서 유용하였으며, 환자로 하여금 수동적으로 이완하기보다는 몇몇 활동에 적극적으로 참여하도록 해 주었다(1969: 163).

항불안제 월피는 코데인, 디아제팜, 메프로바메이트와 같은 다양한 종류의 약물을 사용하였다(1958: 202; 1982: 223-224). 이러한 약물 사용의 핵심적인 특징은 단순히 처방된 신경안정제를 환자에게 무기한으로 사용하는 일반적인 의학적 처치와는 달리, 약물을 복용한 상태에서 환자를 조건형성된 불안자극에 체계적으로 노출시킨 후 체계적으로 약물을 끊어 나간다는 점이다. 약물은 체계적 둔감화를 실시하는 동안 이완을 증진시키고 실제 상황에서 각성수준을 낮추기 위해 사용된다. 월피는 자신이 약물을 처방했던 사례들 외에도, 심상적 또는 실제상황 둔감화 과정에서 다양한 신경안정제를 처방했던 임상가들의 사례 보고에 대해 언급하였다(1973: 186-187, 190-191).

이산화탄소 흡입 월피는 광범위한 불안에 이산화탄소 흡입을 권하였고(1958: 166-172), 몇몇 공포증 사례의 체계적 둔감화에 이를 사용하였다(1982: 198-199). 예를 들어, '반대 성의 특정한 모습에 대한 공포증'을 가진 사례에서 이전의 방법들이 효과가 없어서, 이산화탄소를 흡입하는 동안 그림자극을 보여 주었다. 월피는 단순공포증에는 거의 적용하지 않았지만, 많은 임상적 연구에서 공황장애 환자들에게 내적인 공황유발자극을 극복할 수 있도록 가르치는 수단으로 이산화탄소 흡입이 유용하다고 보고하였다(Barlow, 1988: 447-450).

전기충격 월피는 다른 방법들이 효과가 없다고 판명된 두 명의 광장공포증 환자에게 약한 전기충격을 사용했다고 보고하였다. 처음에(1958: 174-180; 1982: 188), 환자는 자신이 작성한 불안위계에 있는 한 장면을 분명히 떠올리게 되었을 때 신호를 하라는 지시를 받았고, 신호를 하면 팔뚝에 전기충격이 주어지며, 팔을 구부리면 전기충격이 멈추었다. 이를 여러 차례 반복하자 환자는 더 이상 불안감을 보고하지 않았다. 그 환자는 심상법에서 이미 성취했던 항목들을 각각 실제 상황에서 하루에도 여러 번 연습하였고, 마침내 공포증으로부터 해방되었다. 두 번째 예에서는(Wolpe & Lazarus, 1966: 147-149), 환자가 운전을 하여 집으로부터 점점 멀어지는 것과 관련된 위계 항목을 상상하기 전과 상상하는 동안, 팔뚝에 수축을 일으킬 만큼 강한 전기충격을 반복하여 주었다. 실제 상황에서 시험해 본 결과, 실제 운전을 할 때의 호전이 심상화치료에서의 성공과 유사하다는 점을 보여 주었다. 어떤 절차가 성공적인 치료효과와 관련되었는지는 명확하지 않을 뿐 아니라 전기충격의 기제도 분명하지 않았다. 광장공포증에 대한 이후의 작업에서는 실제 노출이 결정적이라는 사실을 보여 주었으며, 전기충격은 오직 환자가 수행하도록 하는 동기를 유발하는 데 기여한 것으로 보인다. 여하튼, 이 절차에 대한 추가적인 보고는 없었다.

'불안경감' 법은 월피에 의해 추천되었다(1958: 180-181; 1982: 196-198). 환자가 견딜 수 있을 때까지 환자의 팔뚝에 불쾌한 전기충격을 가하였으며 환자가 '평온하다'라고 말하면 전류가 끊어졌다. 이 과정은 한 회기당 10~20번 정도 반복되었고, 그 후 환자에게 일상생활의 고통스러운 상황에서 마음속으로 '평온하다'라고 말하도록 지시하였다. '혐오경감(aversion relief)'이라고 명명된 변형된 절차에서는, 환자가 버튼을 눌러서 전기충격을 중단하면 치료자가 환자의 불안위계에 있는 장면을 묘사해 주었다(Thorpe et al., 1964). 월피는 이러한 접근들을 지지하는 임상적 사례를 제시하지는 않았지만, Meichenbaum(1973)의 유사한 실험연구 및 동성애자를 대상으로 한 Solyom과 Miller(1965)의 연구를 인용하였다. 그는 또한 환자가 가능한 한 오랫동안 숨을 참는 '호흡경감법(respiratory relief)'이라는 절차도 언급하였는데, 환자가 숨을 참았다가 다시 숨을 쉬기 시작할 때 불안위계에 있는 항목이 제시되었다. 그러나 그 절차를 환자가 스스로 수행하는 것은 '격려하지 않는다.'고 지적하였다.

신체적 활동 월피는 둔감화 기법에 신체 활동을 병합해서 사용한 여러 사례 보고를 인용하였다(1982: 195-196). 예를 들어, 비행공포가 있는 환자는 비행하는 상황의 위계를 상상하면서 가라데 연습을 하였고, 폐쇄공포증 환자는 방안에 갇혀 있는 시간을 점진적으로 늘려가면서 쿵후를 하였다

(Gershman & Stedman, 1971). 월피는 또한 역불안반응(counter-anxiety response)으로 독서를 이용했던 보고도 인용하였다. 이완에 대한 다른 대안적 방법들처럼 이러한 신체 활동이 불안을 억제하는 속성에 대한 체계적인 연구는 없었다.

심상 기법 여러 연구자들은 이완을 증진시키거나 대체하기 위하여 역불안 심상을 상상을 통해서나 실제 상황에서 직면시키는, 불안위계 항목과 함께 사용하는 절차들을 개발하였다. 월피(1969: 159-161; 1973: 149-154)는 그 절차를 창시한 사람들의 보고를 인용하였으며, 짧은 예시를 통해 자신의 경험을 기술하였지만, 체계적인 분석은 제공하지 않았다. Lazarus와 Abramovitz(1962)는 아이들을 치료할 때 '정서적인 심상' 기법을 개발하였다. 우선 아동이 가장 좋아하는 공상과 그것의 다양한 세부사항을 결정하였다. 그런 후에 공상을 세밀하고 다채롭게 묘사해 주면서 점점 더 공포스러운 자극을 함께 제시하였다. 예를 들어, 어둠에 대한 두려움이 있는 한 소년에게 자신이 슈퍼맨이고, 자기 집에 있는 캄캄한 방들에서 비밀 메시지를 받기 위해 기다리고 있다고 상상해 보게 하였다. 단지 3회기를 시행한 후, 그 소년은 밤에 혼자서 화장실에 갈 수 있게 되었다. 이 절차의 부가적이면서 아마도 결정적인 요소는 아동이 정서적인 심상을 실제 상황에서 실행했다는 점이다. 월피와 라자루스(1966: 144)는 둔감화 기법을 시행하는 동안 겨울밤에 타고 있는 장작불을 보는 것처럼 평온하고 고요한 장면을 상상하면 이완이 증진될 수 있다고 제안하였다. 확실히 '유도된 심상(guided imagery)' 기법은 이러한 원리를 이용한다. 실제 상황에서 평온한 심상을 사용하였는데, 경쟁심이 강한 한 수영선수는 모래사장을 걷는 상상을 해 보면서 스스로를 안정시킬 수 있었다. Suinn(1990)은 자신의 '불안관리 훈련' 절차에서 대처 기술과 평온한 심상의 사용을 폭넓게 장려하였다.

월피는 Rubin(1972)의 '직접적 지시' 기법을 인용하였는데, 그 기법에서 상상된 장면들은 보다 더 실제적이고 성인 환자들의 실제 경험과 관련 있는 것들이었다. 환자들은 그들이 불안을 경험했던 상황에서 긍정적이고 기분 좋은 자극과 감정에 초점을 맞추어 상상을 하도록 지시받는다. 일례로 비행에 대한 공포가 있는 한 남자는 그가 즐기는 비행 여행의 여러 측면들을 상상하는 연습을 한 후, 실제로 여행을 하는 동안에 이러한 기분 좋은 사건들에 주목하도록 하였다. 월피는 '직접적 지시' 기법과 '후최면암시(post-hypnotic suggestion)' 기법을 비교하면서, 지시된 반응들이 불안을 경감시켜 주는 것이지 '증상들이 사라졌다.' 고 직접적으로 암시를 주는 것이 아니라는 점을 강조하였다.

'유도된 분노' 절차에서는 환자들에게 분노를 느끼고 표현하는 장면을 상상하도록 지시하고, 실제로 분노 행동(고함을 지르거나, 베개를 치는)을 해 보게 하면서 자신의 불안위계에 있는 항목들을 상상하도록 한다(Goldstein et al., 1970). 이것은 이완을 이용한 전통적인 둔감화를 시도했지만 성공적이지 못했던 환자들에게 사용되었다. 대부분의 경우 분노는 단지 불안을 억제하는 속성 때문에 사용된 부적절한 정서였다. 환자들이 상상한 분노 표현은 극단적이었다. 예를 들어, 한 환자는 도끼를 가지고 낯선 사람을 죽이거나 기관총으로 영화 관람자들을 난사하는 장면을 상상하였다. 환자들은 실제 상황에서 분노 감정과 심상들을 일으키라는 지시를 받는다. 10개의 사례 중 6개에서, 환자들은 불안을 완벽하게 중화시키는 데 성공하였으며 이전에는 회피했던 불안유발 행동에 참여할 수 있게 되었다. 어떤 경우에도 적대적인 감정이 공포스러운 감정을 대체하지는 않았다. 오히려 환자들은 평온하거나 무관심하다고 보고하였다. 성공적인 사례나 성공적이지 못했던 사례에 대한 어떠한 분석도 제시되지 않았다. 월피는 다른 많은 방법이 실패하였던 광장공포증을 가진 한 젊은 여성에게 '분노 유발' 방법을 사용하였다고 보고하였다(1990: 200-201). 자신이 편안하다고 느끼는 한계를 넘어서는 곳까지 가보라는 지시를 따르는 과정에서, 그녀는 극도로 불안해하면서 자기를 '고문하는 것 같은' 월피에게 몹시 화를 냈다. 그러자 월피는 자신을 향한 그녀의 분노를 말로 표현하게 하면서 점차 더 멀리까지 산책을 하도록 그녀에게 지시하였다. 몇 회기 내에 그녀의 산책 범위가 매우 확장되었고, 혼자서 장기간의 자동차 여행까지 할 수 있게 되었다.

집단 둔감화 월피의 지도를 받으면서 박사학위논문을 쓰는 동안, 아놀드 라자루스는 동일한 공포를 가지고 있는 몇몇 환자들을 동시에 둔감화시키는 방법을 고안해내어 치료자의 시간을 많이 절약시켰다(Wolpe & Lazarus, 1966: 142). 이 절차에서는 모든 환자들이 동일한 불안위계 항목을 사용하고, 가장 느린 환자의 속도에 맞추어 치료가 진행된다. 라자루스는 이 절차가 폐쇄공포증, 고소공포증, 성에 대한 공포를 보이는 환자 집단에 효과적임을 발견하였다. 월피는 Paul & Shannon(1966)이 발표불안이 있는 대학생들을 대상으로 실시한 집단 둔감화 기법의 연구를 인용하면서, 다양한 사회적 불안을 가지고 있는 환자들은 집단치료를 받는 것이 보다 더 효과적이라는 점을 언급하였는데, 이는 다른 사람들과 함께 있는 것이 그들에게 심상 속의 불안자극뿐만 아니라 실제 상황에 노출시켜 주기 때문이었다. 이러한 이점에도 불구하고 집단 둔감화 기법이 널리 활용되지는 않았다.

강한 불안 유발하기

체계적 둔감화가 불안반응이 일어나지 않도록 막는 것이 중요하다고 강조하였음에도 불구하고, 월피는 자신의 경험과 다른 많은 사람들의 보고에서 환자가 강한 불안감을 경험했던 상황이 유익한 결과들을 만들어 낼 수도 있다는 점을 발견하였다. 이것은 그로 하여금 자신의 치료 프로그램 내에서 그런 방법들을 위한 자리를 만들게끔 하였다. 이러한 방법들에는 정화(abreaction), 홍수법(flooding), 역설적 의도(paradoxical intention) 및 안구운동 둔감화(eye-movement desensitization) 등이 포함된다.

정화 정화는 제2차 세계대전 동안에 외상적인 전쟁 경험에서 비롯한 '전쟁신경증'으로 고통을 받은 군인들 사이에서 널리 사용되었던 치료였다(Grinker & Spiegel, 1945). 월피는 먼저 한 젊은 의사가 군 병원에서 시행하고 있는 절차를 관찰하였다. 환자가 마치 실제로 외상적인 사건을 경험하고 있는 듯이 공포와 같은 강렬한 정서 표현을 하도록 하는 것이 '정화' 기법의 특징이다. 이는 환자가 약물, 최면 또는 깊은 이완으로 인해 안정되어 있는 동안에 치료자가 고의적으로 유발할 수도 있으며, 환자가 한 가지 중요한 경험을 묘사하는 동안 의도하지 않게 일어날 수도 있었다. 월피는 당시 널리 유행하던 정신분석이론의 억압된 기억들이 발산된다는 주장에 반대하였으며, 대신 상호적 억압이 이러한 효과의 치료기제가 된다고 제안하였다. 그는 안전한 치료적 환경이 긍정적인 정서를 일으키며 마침내 공포를 이겨낼 수 있다고 보았다.

월피는 이 방법을 오직 두 가지 상황에서만 사용하였다. 치료나 평가 과정에서 자발적으로 일어났을 때와, 다른 절차들이 실패하였을 때 마지막 보루로만 사용하였다. 그는 이 절차를 사용했던 세 가지 사례만을 제시하였고, 다른 사람들의 보고에 대해서 논의하였다(1958: 195-198; 1983: 237-238). 그는 정화를 일으키는 가장 실용적인 방법은 약물에 의한 것이라고 느꼈으며 바비츄레이트, 에테르, 암페타민 그리고 환각제를 사용한 연구들에 대한 짧은 개관 논문을 발표하였다(Wolpe & Lazarus, 1966: 126-129). 그가 생각하기에, 정화를 통해 얻어진 결과들이 일치하지 않는 것은 강렬한 불안을 직면했을 때 이에 대항하는 정서들이 약한 탓이거나 회상된 사건들이 환자의 불안과 관련된 자극의 차원에서 핵심적인 것이 아닐 가능성 때문이라고 보았다.

홍수법 환자가 실제로든 상상으로든 불안을 촉발시키는 자극에 직면하고, 자신의 불안이 가라앉을 때까지 이러한 직면을 지속하는 것이 월피가 '정서적 홍수법(emotional flooding)' 이라고 불렀던 절차였다(1969: 185-193). 비록 월피가 이 절차를 자신의 신경증적인 고양이 세 마리에게 사용하여 고양이들을 전기충격을 받았던 음식접시 근처에 강제로 머물러 있게 했었지만, 그는 자신이 이 방법의 주창자라고 주장하지는 않았다(2장 참조). 1960년대 초반에 임상적인 서적이나 유사한 연구 서적에 나타난 많은 긍정적인 보고들과, 특히 모슬리 병원에서 집단에 시행되었던 이 방법이 둔감화보다 더 우수했다는 연구결과들 때문에 월피는 이 절차를 보다 더 면밀하게 검토하게 되었다. 그는 홍수법 절차가 어떤 환자들에게는 적절하며 이것은 자신의 상호억제 개념화와 일맥상통한다는 결론을 내렸다(2장 참조).

월피는 홍수법에서 심한 불안보다는 적당히 강한 불안을 유발하는 자극을 사용하고, 자극을 점진적인 방식으로 배열하라고 권유하였는데, 이러한 절차는 때때로 단순히 극단적인 자극을 직면하지 않으려는 환자에게 필요하였다. 또한 불안반응이 줄어들 때까지 계속하여 자극을 제시해야 하고, 만약 그렇지 않으면 민감화가 일어날 수도 있다는 점을 강조하였다. 그는 홍수법을 사용한 4명의 환자들을 보고하였는데(1969: 190-193; 1973: 193-200) 사회적 비웃음과 환자를 죽게 할까 봐 두려워하던 한 치과의사, 혼자서 여행하지 못하는 광장공포증이 있는 여성, 새공포증을 가진 여성 및 '정신이상자' 를 두려워하던 한 의사 등이었다. 둔감화 기법을 먼저 시도하였으나 앞의 세 사례에서는 적합하지 않았으며, 네 번째 사례에서는 의사가 곧 그 지역을 떠날 예정이었기 때문에 홍수법이 권유되었다. 실제 상황 및 심상적 홍수법이 앞의 세 환자들에게는 성공적이었으나 네 번째 경우에는 성공적이지 못하였다. 그 의사는 한 번에 여러 시간 동안 정신과 병동에 머물러 있게 했는데도 더욱 두려워하기만 했다. 그가 홍수법 치료를 받고 있을 때 치료자가 한 명도 없었다는 점에 주목해야 하며, 이는 치료에서 불안을 억제할 수 있는 자원이 결정적일 수 있다는 점을 시사한다.

때때로 실제상황 둔감화와 홍수법을 구별하는 것이 어려울 수도 있는데, 특히 홍수법이 불안을 일으키는 각성을 포함하고 환자가 이완을 통해서 이를 극복하는 경우나, 치료자가 있을 때 생기는 '긍정적인 정서' 처럼 역불안반응이 구체적이지 않은 사례에서 특히 어렵다. 실제 적용에서 보면, 각성되는 불안의 정도에 있어서 심상적 둔감화, 실제상황 둔감화 그리고 홍수법이 연속선상에 있는 것 같다. 또한 역불안반응의 명백한 정도에 있어서도 연속성이 있다. 모든 사례에서 치료의 목표는 환자로 하여금 이전에는 불안이 유발되던 상황에 직면해서도 평안함을 유지하도록 하는 것이다.

역설적 의도 월피(1969: 186; 1982: 247)는 이 방법이 실존치료(existential therapy; Frankl, 1960)에 그 기원이 있지만, 행동적 해석을 하는 데 적합하다고 언급하였다(Ascher,

1980). 이 절차의 핵심은 치료자가 환자에게 어려운 상황을 피하기보다는 기꺼이 참여하도록 지시하고 증상과 싸우기보다는 오히려 증상을 일으켜 보라고 지시한다. 월피는 이에 대한 결과 연구들의 짤막한 개요만을 제시하였고 절차를 설명하거나 포함된 학습 기제들에 대한 분석을 제시하지는 않았으며, 독자들에게 다른 자료를 참고하도록 권하였다 (1982: 247-248; 1990: 226-227).

안구운동 둔감화 월피는 Francine Shapiro(1989a)가 뜻밖에 발견한 외상후 스트레스 장애의 불안 증상 치료법을 그의 최신 교과서에서 인용하였다(1990: 272-273). 안구운동 둔감화 절차에서는 환자가 상상한 장면과 생각 그리고 감각을 유지하면서, 동시에 치료자의 손가락을 눈으로 따라간다. 손가락은 환자의 얼굴로부터 12인치 정도 떨어져 6초에서 12초 동안 초당 2번 정도의 비율로 왼쪽에서 오른쪽으로 리드미컬하게 움직인다. 각각의 안구운동 혹은 안구의 순간운동을 실시한 후에 환자에게 sud 평정을 시켰는데, 연속적으로 시행함에 따라 불안 평정치가 감소되는 것으로 보고되었다. 다른 혼란스러운 심상이나 사고들도 동일하게 다뤄진다. 그러나 여기서는 불안위계를 만들지 않으며 장면에 대한 전반적인 논의도 없다. 이 방법과 심상적 홍수법의 주된 차이점은 불안 항목이 제시되는 기간이 더욱 짧고 순간적인 안구의 빠른 운동이 포함된다는 점이다.

월피가 보고한 두 가지 사례에 뒤이어 몇몇 사례 보고들이 이어졌다(1990: 273; Wolpe & Abrams, 1991). 월피는 반추적 사고를 가지고 있는 한 여성과 강박적인 죄책감을 가지고 있던 다른 여성의 사례에서 성공적인 치료 결과를 보고하였다. 샤피로(1989b)는 외상적인 기억을 가진 17명의 환자들과 5명의 자원자들을 안구운동 둔감화 집단과 위약 집단에 무선적으로 할당하여 비교 연구를 시행하였다. 위약 집단은 안구운동 없이 외상적인 장면들을 심상화하도록 하였다. 안구운동 집단의 환자들은 치료자의 손가락을 따라가면서 장면을 시각화하였고, 추가적으로 비합리적인 신념을 되풀이하여 말하였다. sud 평정치, 비합리적 신념 질문지 및 증상에 대한 기술에서 안구운동을 시행한 환자들은 분명한 호전을 보여 주었으나, 위약 집단에 속한 환자들에서는 별다른 호전이 없었다. 이후 위약 집단도 안구운동 둔감화를 시행한 결과, 유사한 호전을 보여 주었다. 이 연구에 대한 비판에서는 종속변인 측정치의 적합성 및 치료 편향의 통제 여부에 대해서 의문을 제기하였고, 안구운동 둔감법을 평가하는 여러 가지 경험적인 방법들을 제안하였다(Lohr et al., 1992).

비록 월피가 이론적으로 이 방법을 '상호억제'의 계보에 입양하였다고 주장하기는 했어도, 안구운동 둔감화 절차는 치료체계에서는 어디에도 속하지 않는 고아다. 그는 안구 운동이 분명히 빠르지만 잘 알려지지 않은 방식으로 불안을 상호억제한다고 주장하였다. 그는 부수적인 눈 근육들을 이완시키면 놀라운 정서적 효과가 있다는 제이콥슨의 관찰을 강조하면서, '예측하지 못한 뜻밖의 신경계 과정'이 관련된 것으로 제안하였다. 체계적 둔감화 기법에서 그랬듯이 체계적인 이론이 앞으로 이 방법을 사용한 연구들을 안내하도록 도와줄 것이다.

성치료

월피는 남자와 여자의 많은 성기능 장애들이 성적 자극에 대하여 조건형성된 불안반응으로부터 야기되며, 성적인 각성은 불안을 없애는 데 치료적으로 사용될 수 있다고 제안하였다(2장 참조). 이러한 이론에 입각하여 월피는 성에 대한 잘못된 생각 바로잡기, 성적 행위들 지시하기, 명백하거나 암묵적인 역조건형성 방법들을 통해 성적 불안 감소시키기, 치료자가 안내하면서 실제 상황 실습하기 등과 같은 성기능 장애의 치료를 위한 일반적인 접근법과 특별한 절차들을 기술하였다(1958: 130-135; 1969: 72-90; Wolpe & Lazarus, 1966: 102-115). 비록 어느 누구도 월피를 인정해 주지 않았지만 이러한 원리들이 이후 성치료의 특성을 기술해 주었다(예를 들어, LoPiccolo, 1977; Masters & Johnson, 1970). 다른 절차들과 마찬가지로 전문화된 성치료에서도 특정한 진단 범주에 속하는 사람들에게 사용되는 광범위한 치료 패키지를 개발하려는 추세가 있었다. 하지만 월피는 개별화된 접근이 필요하다는 입장을 유지해 왔다.

남성의 성기능 장애 진단적 수준에서, 월피는 남성이 성행위를 수행하는 데 있어 주된 두 가지 문제, 즉 발기부전과 조루증을 구별하였다. 종종 한 환자에게서 이 두 가지가 모두 나타난다. 두 장애 모두 성적인 자극에 조건형성된 불안 각성으로 인해 교감 신경계가 과활성화된 결과라고 가정되었다. 특정한 불안 자극을 판단하기 위해서는 개별적인 진단이 필요한데, 한 남성의 발기부전이 성적 자극 그 자체보다 오히려 상처를 입거나 고통을 당하는 것에 대한 두려움과 관련된 것으로 확인된 사례가 그러한 개별적인 진단의 중요성을 보여 준다(1958: 152-160). 후에, 월피는 발기부전 환자의 생물학적인 요인과 치료에 대한 보다 광범위한 설명을 제시하였는데, 그는 이 장애가 조루증보다 치료하기 더 어렵다고 인정하였다(1982: 211-212). 발기부전을 보이는 환자들에서 내분비 질환과 다른 기질적인 장애의 발생률이 높다는 점을 발견한 연구들을 인용하였는데, 그 환자들 대부분은 약물에 적절하게 반응하였다. 그는 발기 문제가 있는 환자들에게는 충분한 약물치료가 이루어져야 한다고 조언하였다.

일반적으로, 성교에 이르는 연속적인 사건들은 각 단계에서 불안이 점차 증가하여 자연스럽게 위계가 발생하는 것으로 볼 수 있다. 각 단계에서 적절하게 수행하는 데 실패하면 이는 불안조건형성이 이루어진 것을 의미하게 되며, 환자는 더 이상 성교를 시도하지 않게 된다. 치료자의 지시에 의해서 도움을 받는 실제상황 둔감화의 형태로 성치료가 이루어졌다. 필요하다면 이완법을 사용하기도 했지만, 불안을 억제시키는 반응으로 성적 각성을 이용하였다. 월피는 성적인 테크닉에 대해 교육하였고, 다음 단계에서는 무엇을 해야 할 지를 지도해 주었으며, 만일 환자가 너무 성급히 하려다 실패하면 교정적인 피드백을 해 주고 환자를 안심시켜 주었다. 치료적 면접에서는 이전 회기 이후에 이루어진 성행위의 횟수, 기간 및 내용을 포함하여 환자의 성적인 활동에 대하여 검토했다. 불안이 너무 심해서 성적인 각성이 완전히 억제되는 경우에는 예비적인 개입법으로 심상적 둔감화를 실시했다.

실제상황 둔감화의 핵심적인 특징은 성 파트너의 협조를 얻는 것이었다. 월피는 환자를 대할 때 인내심을 가지고, 다정하며 비판적이지 않도록 요청하는 글을 환자의 부인이나 여자 친구에게 전함으로써 협조를 얻었다. 성적인 감정이 부족하거나 부정적인 정서 때문에 파트너가 참여하기를 꺼리는 경우, 월피는 치료적인 면접에 오게 해서 치료 절차에 대해서 설명하고 협조를 요청하였다. 만일 협조가 이루어지지 않는다면 월피는 남성이 자신의 성적 기능을 회복하기 위하여 다른 여성을 찾도록 하였는데, 이것이 그의 결혼 생활을 실제적으로 향상시켜 줄 수 있으며, 혹은 적어도 그가 일생 순결을 고수하는 것보다는 더 나을 것이라고 권하기를 주저하지 않았다. 만약 다른 파트너를 찾을 수 없다면, 월피는 부부 상담가를 통해 성적인 대리인을 찾거나, 최후의 수단으로는 매춘부에게 시도해 볼 수도 있다는 점을 알려 주었다. 월피는 이러한 주장 때문에 제기될 수도 있는 도덕적이고 법률적인 파생물에 대해서는 설명하지 않았다.

치료의 첫 번째 단계에서는 성교에 대한 생각을 하지 않으면서 키스를 하거나 성기가 아닌 부위를 애무하는 등 불안을 유발시키지 않는 애정 행위를 하도록 환자에게 지시하였다. 이러한 행위는 옷을 입은 채로 이루어졌으며, 그 이후의 회기들에서는 옷을 벗고 서로 상대방의 성기를 자극하는 등 더 높은 수준으로 진행되었다. 만약 발기가 되고도 남성이 편안함을 느끼며 성적인 각성이 일어났다면, 그 다음 단계로 삽입은 하지 않고 남성의 성기를 상대의 클리토리스와 음부에 접촉하도록 했다. 만약 이러한 절차들이 발기를 지속하는 데 충분하다면, 그 다음에는 삽입의 정도와 시간을 점진적으로 증가시켰고, 뒤이어 움직임을 늘려나갔다. 다음에는 발기를 유지하고 사정하기까지의 시간을 연장하는 데

주의를 기울였다. 월피는 Semans(1956)의 방법을 인용하였는데, 이것은 파트너가 성기를 손으로 자극하다가 사정하기 전 지점에서 중단하면서 편안함을 느끼도록 해 주는 방법이었다. 이를 여러 차례 반복하면 본인의 의지대로 사정을 늦출 수 있게 되었다. Masters & Johnson(1970: 103)의 '압박법(squeeze technique)' 은 후에 인용되었는데, 이 방법에서는 사정을 할 것 같은 지점에 도달하였을 때 파트너가 페니스에 압력을 가했다. 월피는 종종 성공적이었던 더 단순한 절차로 '가능하면 자주 성교를 하라.' 는 요청을 했다고 보고하였으며, 남자에게 사정에 대해 신경쓰지 말고 즐기라고 지시하였다. 이러한 절차를 사용하면서 사정을 지연하는 시간이 증가된다는 점을 발견하였으나 이에 대한 자료나 사례를 제시하지는 않았다. 완전하고 만족스러운 성교를 달성하기 이전의 모든 단계 동안, 월피는 남자가 손이나 입으로 자신의 파트너가 오르가슴에 도달할 수 있도록 자극하기를 권유하였다. 만약 이것을 하는 데 거부감이 있거나 방법을 모를 때는 두 사람 모두에게 지시와 조언을 해 주었다.

여성의 성기능 장애 월피는 여성에게 광범위한 성적인 어려움들이 있다는 점을 인식하였는데, 그러한 어려움은 성적인 느낌의 부재에서부터 성적 각성 수준은 높지만 특정한 파트너와 오르가슴을 느끼지 못하는 경우까지 다양했다(1969: 84-90). 그럼에도 불구하고 그는 두 가지 주된 범주를 구별하였다. '본질적 불감증(essential frigidity; 후에는 '전반적 각성 억압'이라고 불림)(1982: 215)은 모든 남성에 대해 성적인 반응이 없는 것을 의미하며, '상황적 불감증(situational frigidity)' 은 특정한 남성, 보통은 남편과 관련이 있는 반응이다. 전반적 각성 억압의 경우, 월피는 산부인과에서 기질적 요인에 관한 철저한 검사를 받으라고 권하였다. 그는 질 경련 때문에 4년간 정신분석을 받았던 한 여성이 후에 그것이 고통스러운 궤양 때문이었음을 알게 되었던 사례를 인용하였다. 그는 '구조적인 결함' 으로 '성적인 반응 체계가 발달하는 데 실패한' 여성들의 드문 사례도 보고하였다. 가장 일반적으로, 전반적 각성 억압은 아동기에 겪은 성에 대한 적대적인 교육이나 혐오스러운 성적 경험 때문에 생긴 광범위한 성적 공포감이 원인이다. 성은 불결하다는 종교적인 가르침이나 부정적인 양육 태도들은 인지적 기반을 둔 공포감을 형성하는 결과를 야기하였다. 성적 학대나 자위에 대한 처벌은 불안이 조건형성되는 결과를 초래했다. 또한 어떤 여성들은 성인이 되어서 성교에 대한 혐오감이 생겼는데, 이는 오르가슴을 느끼는 데 실패하여 성적인 행위에 대해 점차 좌절했기 때문이다. 상황적인 억압은 섹스보다는 여러 가지 다른 문제 때문에 남편에 대해 가지고 있는 부정적인 느낌과 관련된 것으로 종종 밝혀졌다.

치료는 개별적인 사례에 맞추어지지만 어느 정도의 일반적인 접근도 있다. 성에 대해 잘못된 생각이 있는 경우에는 성적인 문제에 대한 교육을 통해 교정해 줄 필요가 있다. 그는 이러한 교정이 필요하기는 하지만, 좀처럼 충분치 않으며, 성적인 상황에 대한 부정적인 감정은 대개 유지된다는 점을 확인하였다. 성적인 주제에 대한 부정적인 정서는 심상적 둔감화로 다루어졌다. 옷을 벗는 것이나 성적 상황의 다른 측면과 관련된 위계들이 전형적으로 사용된다. 월피는 성적인 둔감화 절차 동안 이완을 증진시키기 위해 Brady가 멕토헥시탈을 사용하였던 것을 인용하였다. 일단 환자가 성적인 행위에 참여하는 것을 편안하게 상상할 수 있게 되면 환자의 파트너와 함께 점진적으로 실제적인 연습을 하게 되는데, 이것은 남성에게 사용하였던 프로그램과 유사하다. 여성에게는 협조적인 파트너를 찾는 것이 문제로 언급되지 않았다.

환자의 성적인 흥분 부족이 남편의 경솔한 행동과 연관이 있는 경우, 월피는 여성에게 자기주장 훈련을 실시하여 남편에게 자신에 대한 반응을 바꾸게 요구하도록 가르쳤다. 남편이 보다 더 주의 깊고 사려 깊게 행동하게 되자, 남편을 향한 그녀의 감정이 보다 더 긍정적으로 변했고 그녀로 하여금 성적으로 반응하게끔 이끌었다. 그는 수동적으로 고분고분한 여성에게 상호 동의를 하도록 권유한 사례에 대해 언급하였다. 그녀는 남편의 직업상 필요한 저녁 파티를 준비하는 대신, 남편에게 시간과 관심을 요구하였다. 월피는 부부 관계를 변화시키는 데 있어 일방적인 접근은 때때로 부적절하며 분노와 보복의 고리를 깨기 위해 두 부부가 협상을 할 필요가 있음을 알아차렸다. 그는 부부간의 계약에 대한 Stuart(1969)의 초기 작업을 인용하였다. 그러나 부부상담에 대한 일반적인 접근을 기술하지는 않았다. 월피는 분명하지 않은 이유로 인해 배우자에 대한 매력을 잃어버린 한 여성의 예를 보고하였는데, 그녀는 심지어 할 수 있음에도 불구하고 자신이 변화시키고 싶은 것조차 말할 수 없었다. 다른 예에서는 남편이 아내를 향한 자신의 행동을 도저히 변화시킬 수 없다는 점이 드러났다. 월피는 이러한 경우, 그 상태에 대한 유일한 대안은 이혼이나 또 다른 사랑하는 사람을 찾는 것이라고 제안하였다.

혐오치료

월피는 혐오치료를 고안해내지는 않았다. 그러나 그는 초기에 이 방법을 사용하였으며 자신의 이론과 행동치료에 관한 저서에 이것을 통합시켰다(1958: 182-184; 1969: 200-218; 1973: 216-229). 혐오치료는 강박증이나 중독, 성도착에서처럼 환자가 부적절한 자극에 끌릴 때 제안된다. 이 방법은 원치 않는 정서적인 반응이 일어날 때 동시에 팔뚝에 전기충격을 가하는 것과 같은 혐오적인 자극을 필요로 하였다. 월피의 상호억제 이론에 따르면, 충격에 대한 자율신경 반응은 부적절한 각성을 억제시키고 부적절한 자극에 연합된다. 그는 처벌에서는 바람직하지 않은 반응이 발생한 후에 혐오적인 자극을 제시한다는 면에서(Azrin & Holz, 1966), 혐오치료와 처벌이 다르다는 점을 인식하게 되었다.

'난치성 강박증'의 네 가지 사례에서 보여 준 첫 번째 시도에서 월피는 환자에게 귀찮고 힘든 대상이나 상황을 상상하도록 지시하였다. 환자가 심상이 분명해졌다는 신호를 하면 팔뚝에 전기충격이 주어진다. 이 과정은 회기당 수차례 반복되었다. 그는 네 명 중 오직 한 환자, 즉 건강에 나쁜 음식에 대한 강박증을 가지고 있던 한 여성만이 '유의미한 호전'을 보였다고 보고하였다. 또한 성적이 나쁜 고등학교 학생의 사례에 대하여 기술하였다. 월피는 그에게 저녁에 공부한 시간을 기록하라고 지시하였으며, 주말에 공부하지 않은 시간 30분당 한 번씩 전기충격을 가하였다. 전기충격을 몇 번 가하지 않았음에도 2회기 후, 스스로 보고한 학습 시간과 엄마가 보고한 성적이 눈에 띄게 향상되었다. 또 다른 사례에서는 데메롤에 중독된 내과의사에게 전기충격 장치를 주고, 강한 충동을 느낄 때마다 자신에게 스스로 충격을 가하라고 지시하였다. 세 번에 걸쳐 매우 적은 전기충격을 가한 후, 환자는 충동이 조절할 수 있는 수준으로까지 감소되었다고 보고하였다.

한 실험에서(1982: 264; Wolpe et al., 1980), 마약 길항제인 날록손을 주사함으로써 메타돈에 의해 유지되는 헤로인 중독으로 유발된 금단 반응을 극복하는 데 전기충격이 사용되었다. 두 명의 피험자들은 메타돈 그 자체로부터 '고통 없는' 금단을 경험하기 위하여 참여하였다. 월피는 왜 좀 더 많은 참여자들이 치료를 지속하기를 원치 않는지에 대한 당혹스러움을 표현하였는데, 심지어 그들이 치료에 참여하면 돈을 받게 되는데도 그러하였다. 그는 중독자들이 '그들의 중독을 그리워하고' 변화하려는 동기가 없기 때문이라고 결론을 내렸다.

월피는 행동치료의 실시에 관한 교과서를 펴낼 때마다 혐오치료에 대한 내용을 포함시키며 자기자신이 적용한 것뿐만 아니라 다른 사람들이 수행한 활동도 조사하였다. Voegtlin과 Lemere(1942)가 전기충격과 더불어 알코올 중독자들에게 구토제를 사용한 예, '내현적 민감화(covert sensitization)' 라고 불리는 방법에서 심상적 혐오 사건을 사용한 예를 인용하였다(Cautela, 1967). 월피는 초기에 동성애 남성들의 치료에서 Feldman & MacCulloch(1965)의 혐오치료 프로그램을 광범위하게 적용하였다. 하지만, 그는 이 절차가 많은 동성애적 행동의 근원에 대인 간 불안이 있음을 무시했다는 점을 경고하였다(1969: 208). 이러한 이유와 더불어 동성애를 변화시키는 치료의 윤리에 대한 Davison(1976)의 문제제기를 암묵적으로 인식하였기에, 월피는 이후에 그들의 작업을 단지 스쳐지나가듯이 짧게 언급하였다(1983: 262).

월피는 처벌에 대한 실험연구에 관한 Azrin과 Holz의(1966)의 개관에 입각하여 혐오치료에 대한 몇 가지 '실제적인 지침'을 제시하였다.

1. 자극은 유쾌한 반응을 완전히 방해할 만큼 강렬해야 한다.
2. 혐오자극은 반응과 동시에 제시되어야 한다.
3. 혐오자극은 점진적으로 증가되어서는 안 되며, 사전에 결정된 높은 강도로 주어져야 한다.
4. 실시 빈도는 가능한 한 높아야 하는데, 이상적으로는 제거되어야 하는 반응을 일으킬 때마다 자극을 주어야 한다.
5. 대안적인 정서적 목표가 가능해야 한다. 그것은 처벌받는 게 아니라 반응이 소거될 만큼 충분한 강화를 제공할 수 있어야 한다. 예를 들어, 페티시즘이나 노출증은 정상적인 성 관계를 달성하는 것을 필요로 한다.
6. 혐오치료는 부적응적인 행동을 하는 불안의 근원을 먼저 찾고, 만일 발견했다면 그것을 치료하기 전에는 실

시하지 말아야 한다. 이러한 과정은 종종 환자에게 불필요한 고통을 줄일 수 있다(1973: 228-229).

혐오치료는 월피에게 있어 결코 첫 번째 선택이 아니었다. 그는 바람직하지 않은 습관을 동기화하는 불안의 극복이 더 우선이고, 환자와 사회가 수용할 수 있는 대안적인 반응을 훈련하는 것이 중요하다고 강조하였다. 월피는 혐오치료 그 자체에 대한 도덕적인 염려를 표현하지는 않았다. 그의 주된 관심은 치료 효과였다. 만일 좀 더 좋은 절차들이 효과가 없었고 특정한 사례에서 혐오치료에 대한 경험적인 근거가 있다면, 그의 윤리적인 입장은 혐오치료를 실시하는 것이었다.

치료의 선택

월피는 치료법들 중에서 무엇을 선택할지에 대한 어느 정도의 지침을 제공하였다. 비록 환자의 증상이 가장 우선되어야 하지만, 월피는 치료를 결정하는 데 있어 진단명이 유일한 요인이 되는 '요리책(cook book)' 식의 접근 방식을 경계하였다. 개별적인 프로그램을 계획할 때 각 사례의 고유한 특성들을 고려해야 한다. 대부분은 아니지만 많은 환자가 일련의 개입 과정들이 요구되는 여러 증상들을 보였다.

최근 대부분의 교과서에서 월피는 개입 전략을 결정하는 논리적인 과정들을 함께 기술하였다(1990: 92-93). 첫 번째로 고려할 점은 환자가 장애의 발생에 영향을 미치는 잘못된 생각을 가지고 있는지를 확인하는 것이다. 만일 그렇다면, 그것에 대한 교정이 치료작업의 첫 번째 순서가 된다. 다음으로는 자기주장 행동의 훈련을 통해 사회 불안을 다루어야 하며 이를 일상생활에서 연습하도록 한다. 월피는 말더듬에서 우울증까지 이르는 넓은 범위의 문제들이 사회 불안에 뿌리를 두고 있어서 자기주장 훈련이 필요하다는 것을 관찰하였다. 어떤 환자에게는 자기주장 훈련을 시작하기 전에 둔감화 기법을 통해 주장 행동을 방해했던 심각한 불안을 다뤄 주어야 한다. 체계적 둔감화는 확인 가능한 조건형성된 자극에 대해 자율신경적인 각성이 우세한 불안장애 사례에서 선택되는 치료다. 둔감화나 홍수법의 다양한 변형은 개인 특유적인 이유들로 인해 표준적인 프로그램에 효과적으로 참여할 수 없었던 환자들에게 권유된다. 홍수법은 일반적으로 오염강박증 치료나 공황장애와 광장공포증과 같이 '공포에 대한 공포' 가 두드러지는 사례에서 요구되는 치료다. 혐오치료는 부적절한 자극에 대한 불안 탈조건형성(deconditioning)이 확인되지 않거나 효과가 없는 환자에게 마지막으로 사용하였다.

어떤 기법을 선택하든 간에 월피는 환자에게 치료의 기법과 전반적인 목표를 연결시켜 논리적으로 설명을 해 주었다. 환자들의 질문에 대답해 주고 걱정을 가라앉히기 위해 모든 노력을 하게 됨에 따라 환자는 치료에서 협력적인 조력자가 되었다. 치료에서 진행 과정을 지속적으로 검토하였으며 만일 어려움이 발생되면 프로그램을 수정하였다.

요약 및 결론

월피의 첫 번째 평가 과제는 정신병적 그리고 정신병질적인 장애를 포함하여 학습에 의한 것이 아닌 생물학적인 조건과 비불안 습관장애를 선별하는 것이었다. 다음 평가과제는 개별적인 환자들의 초기 학습 경험과, 더 중요하게는 환자의 현재 환경에서 작용하는 특유한 자극-반응 관계와 관련된 요인들을 결정하는 것이었다. 월피는 환자가 나타내는 증상을 평가의 초점이 되는 작업 가설로 간주하였고, '증상이 신경증이다.' 라고 하였던 Yate의 언명(1958a)을 떠올렸다. 그러나 그는 환자가 자각하지 못하거나 논의하기 꺼리는 문제의 복잡한 네트워크가 있을 수 있다는 점도 알아차렸다. 관련되었을 수도 있는 숨겨진 영역들을 탐색하기 위하여 월피는 개인력을 검토하여 아동기의 발달이나 성적 경험 등의 영역을 깊게 살펴보았다. 그는 면담에서 빠뜨릴 수도 있는 영역들을 규명하기 위하여 공포조사표와 윌로우비 성격 질문지를 추천하였다. 윌로우비나 번리터와 같은 검사의 총점은 치료 결과에 대한 좀 더 형식적인 분석을 위한 종속측정치를 제공해 주었으며 치료자로 하여금 특정한 환자의 치료에서 직면할 수 있는 특별한 어려움에 기민하게 대처하도록 해 주었다. 월피는 초기 평가 기간에 완벽한 그림이 드러나는 것은 아니며 치료와 이해를 촉진할 수 있는 추가적인 정보를 얻기 위하여 치료기간 내내 주의를 기울여야 한다는 점을 인정하였다. 비록 그가 증상에 기초한 관습적인 범주 명칭을 사용하기는 했지만, 환자를 어떤 진단적인 범주에 넣는 것이 평가의 목적은 아니었다. 그보다는, 어떤 개입을 선택할지에 대한 근거를 제공해 주는 '사례의 역동'을 이해하기 위한 것이었다. 치료의 내용 및 형식을 결정하는 것은 증상이 아니라 그러한 증상들에 기여하는 요인들이었다.

월피는 평가 결과를 신중하게 환자와 함께 공유하였고 치료 절차에 대한 이론적인 설명을 제공하였다. 환자의 과거력에서 제공된 특정한 예와 관련시켜서, 환자의 비적응적인 불안이 어떻게 학습되었는지에 대한 일반적인 논의를 하였다. 이러한 분석으로부터 환자의 특정한 불안 증상 및 증상을 통제하는 자극을 다룰 개입 전략이 고안되었다. 이러한 절차에서 월피는 환자와 함께 자신의 지식을 공유하였고, 치료과정에서는 협력하는 교육자, 전문가의 역할을 맡았다.

체계적 둔감화는 임상적인 실제에 대한 월피의 핵심적인 공헌을 구체화시켰다. '불안은 환경적인 단서에 대한 부정적인 반응' 이라는 자신의 명제를 강조하기 위해, 환경적/행동적 관계를 상술할 필요가 있었다. 각성을 극복하기 위하여 환자에게 이완이라는 도구를 제공하였다. 이 절차의 점진적이고 '체계적' 인 측면은 환자에게 증상 극복에 이르는 분명한 경로를 보여 줄 뿐만 아니라 공포를 극복하는 부드러운 방법을 제공해 주었다. 월피의 뛰어난 분석들은 체계적 둔감화가 '단순'공포증에 사용되는 '단순' 한 방법이 아니라 복잡한 문제들을 치료하는 과정에서 선택된 일련의 절차들 중 한 부분임을 보여 주었다.

성적인 기능에 문제가 있는 사람들을 위한 성적인 훈련과 함께, 사회적인 불안을 극복하기 위하여 동일한 원리에 의해 자기주장 훈련을 실시하였다. 월피는 환자에게 불안을 야기하는 노출 절차를 조화시켜서 자신의 체계를 확장하였다. 노출 방법은 치료적인 지침에 따라 불안의 '강도' 가 조절되는 '체계적' 인 것이었으며, 각 치료회기의 목표는 이전에는 당황스러웠던 사건을 경험하면서도 평온한 상태를 유지할 수 있는 '둔감화' 를 성취하는 것이었다. 이러한 모든 절차에서, 역불안반응을 불러일으키고 자극을 제시하는 방법의 여러 가지 변형은 각 환자의 개인 특유적인 요구를 융통성 있게 충족시켜 주었다.

월피는 전례가 없을 정도로 자신의 방법, 이론과의 연관성 그리고 가장 중요하게는 치료 결과와의 관련성을 분명하게 기술하였다. 월피의 평가 방법들은 환자의 문제를 구체화해 줌으로써 치료의 목표를 분명하게 상술하였다. 치료 기법들은 이러한 목표들을 성취하기 위해 선택되었다(그리고 변경되었다.). 심리치료를 수행하는 데 있어 이처럼 개방적인 방식은 오래된 전통적인 방법에 도전하였고, 치료의 효과에 대한 경험적인 연구를 자극하는 데 중요한 요소가 되었다.

4 비판과 반박

이 장에서는 월피의 치료 프로그램을 둘러싼 논쟁을 두 개의 주된 부분으로 나누어 살펴볼 것이다. 전반부에서는 그가 행동치료를 확립하면서 전통적인 심리치료에 대해 이의를 제기한 것을 다루고, 후반부에서는 월피의 '전통적인' 역할이 도전받으면서 행동치료의 영역 내에서 생긴 의견 불일치에 대해 다룰 것이다.

심리치료에 대한 비판

월피의 목표는 자신이 치료를 시작한 무렵에 지배적이었던 정신역동치료를 자신의 학습이론에 입각한 치료로 대체하는 것이었다. 그는 많은 환자들이 수년 동안 큰 노력을 들여 정신분석을 받았으면서도 그 효과는 미미했던 것을 보면서 개인적으로 이러한 치료적 개혁의 정당성을 확신하였다. 요하네스버그, 샬롯테스빌, 필라델피아에서 정신분석 전문가 집단으로부터 배척당하면서 그의 독자성과 결의는 더욱 강화되었다. 월피는 정신분석의 개념적 기반을 비판하는 한편 자신의 치료 성과의 우월성을 강조하면서 이러한 자신의 목표에 다가갔다. 월피는 치료적 절차에 기반이 되는 이론이 치료 효과와 밀접하게 관련된다고 생각하였다. 긍정적인 결과는 이론을 지지하고, 부정적인 결과는 잘못된 개념화를 의미하는 것이었다.

그에 대한 반응으로 월피에게 가해진 비판은 신경증에 대한 그의 이론과 치료가 더 성공적이라는 그의 주장에 집중되었다. 비록 월피의 절차에 의문을 제기하는 사람들도 일부 있었지만, 행동치료 연구의 커다란 물줄기는 이 치료가 적어도 다른 치료에 필적할 만한 성과를 낸다는 합의를 이끌어내었고, 그 결과 모든 형태의 심리치료에 가교 역할을 하는 개념을 찾으려는 연구가 이루어지게 되었다. 물론 월피는 그러한 결론에 대해 저항적이었다. 지금부터는 개념적인 비판과 치료적 성과에 관한 연구를 각각 살펴보고, 모든 치료에서 공통되는 요소들에 대한 연구를 월피의 이론 및 방법과 관련지어 살펴보겠다.

개념적 비판

월피가 비판자 입장이었기 때문에 심리치료에 대한 그의 공격을 먼저 제시하고, 뒤이어 그의 접근에 대한 비판을, 마지막으로는 양쪽에서 다룬 결정적인 쟁점에 관한 입장을 논의하고자 한다.

정신분석에 대한 월피의 비판 정신분석이론에 대한 월피의 근본적인 비판은 과학적이지 않다는 것이다. 정신분석적인 개념에서 볼 때 마음의 무의식적인 과정은 물리적으로 결정된 세계를 벗어난 형이상학적 영역에서 발생한다(1958: 15-16). 이와 반대로, 월피는 신경생리적 기제에 기반을 둔 경험적으로 확립된 학습원리는 정상이건 신경증이건, 동물이건 인간이건 간에 그 행동을 이해하고 효과적인 치료적 개입을 하는 데 확실한 기초를 제공한다고 생각했다(1958: 17-36). 그는 아이젱크가 주장한 과학적 우월성에 대해 의견을 같이하였다(1960: ix).

좀 더 구체적으로, 월피는 정신분석에서 말하는 '갈등' 과 '억압' 의 개념보다 조건형성 원리가 더 신경증적인 행동을 만족스럽게 설명하고 치료를 제공한다고 주장하였다(1961a, b, c; 1981b). 그는 무의식적인 정신 에너지 사이의 갈등이 억압의 정신역동적 기제와 신경증적 증상의 생성에 있어 핵심이라는 점을 이해하였다. 이러한 에너지에는 고전적 프로이트 학파의 유아적인 리비도 충동 또는 신프로이트 학파에 의해 강조되었던 즉각적인 생활 환경과 관련된 갈등이 포함된다.

치료는 신경증을 유발시키는 갈등에 대한 통찰과 억압된 정신적인 힘을 성숙하게 처리하는 것을 필요로 한다. 월피는 갈등이 없는 상태에서 불안반응의 혐오적 조건형성만으로도 실험신경증을 만들어내기 충분함을 보여 준 고양이 실험을 통하여 갈등에 대한 정신분석적 개념을 공격하였다. 인간에게도 마찬가지의 과정이 작용한다고 추측해 볼 수 있다(1967, 2장을 보라.). 치료를 위해서는 불안과 불안을 일으키는 자극 사이에 조건형성된 결합을 끊어야 한다. 무의식적 추동에 대한 통찰을 얻지 않아도 치료할 수 있다는 것은 정신분석적 치료 작업을 전적으로 무의미하게 만들었다.

월피(1961c)는 Otto Fenichel과 Ruth Monroe와 같은 정신분석적 이론을 기술한 책의 저자들을 인용하며, 정신분석적 이론이 저변의 갈등을 다루지 않고 단순히 증상만을 제거하면 새로운 증상이 나타나거나 급속한 재발을 일으킨다고 예언하였다고 지적하였다. 그러나 그 자신의 치료와 다른 비분석적인 치료의 결과는 정신분석에서 예언한 바와 달리 재발률이 매우 낮았다. 그는 이러한 발견이 '신경증에 대한 전반적인 정신분석이론이 중대하게 타격을 받았음을 의미하는 반면, 학습 원리에 기초한 이론에 일치한다.' 고 결론을 내렸다.

말에 대한 공포를 보였던 프로이트의 '꼬마 한스' 사례에 대한 비판에서 어떻게 조건형성 모델이 정신분석이론보다 좀 더 납득할 만한 대안적 이론인지 설명하였다. 월피와 라크만(1960)은 정신분석 문헌에서는 공포증의 발달에 있어 오이디푸스적 소망, 거세불안, 억압의 역할에 대한 근본적인 증거로 이 사례를 제시하고 있다고 언급하였다. 그들은 이 사례를 검토한 결과, 사실은 열성적인 프로이트의 추종자였던 아버지가 아이가 실제로 말하고 행동한 것과는 다르게 성적, 공격적 추동의 해석을 소년에게 떠넘긴 것으로 나타났다. 그들은 프로이트가 제시한 자료로부터, 아동이 보이는 말공포증이 말에 대한 혐오적인 경험으로부터 조건형성되었다고 보는 게 더 그럴듯하고 단순한 설명이며, 공포반응이 나아진 것도 말과 긍정적인 상호작용이 증가된 것과 관련되어 있음을 보여 주었다. 그들은 꼬마 한스 사례에서 입증된 바와 같이, 정신분석적 실제가 '정신의학의 발달에 매우 큰 장애물이었다.' 라는 결론을 내렸다.

마침내, 월피는 정신분석과 다른 치료들이 이룩한 긍정적인 성과는 우연히 발생한 상호억제의 효과였다고 주장하였다(1954; 1958: 193-194). 즉, 그의 치료를 포함하여 대부분의 치료 과정에서 환자는 자신을 도와줄 수 있다고 믿는 사람과 자신이 가진 어려움에 대해 논의한다. 어떤 사례에서는 이러한 과정이 면담을 하는 동안 예민한 주제들에 대해 이야기하면서 유발되는 불안을 극복할 수 있을 정도로 충분히 강한 긍정적인 정서를 일으킬 수 있으며, 그 결과 다양하고 중요한 자극들에 대한 불안의 탈조건형성이 일어나서 증상이 완화될 수 있다. 그는 초기 평가 단계에서 증상이 상당히 호전되는 것을 이따금 관찰하게 되었고, 이를 소위 '전이 치료(transference cures)' 라고 설명하였다. 반면, 압도적인 불안이 일어나서 환자가 한층 더 나빠질 수도 있음에 주목하면서 이를 '부정적인 전이(negative transference)' 라 불리는 현상으로 설명하였다. 월피는 치료절차를 체계적으로 적용하면 불특정적 요인에 기인한 회복률을 증진시킬 수 있다는 점을 자신이 증명해야만 한다고 생각하였고, 다른 치료법에도 이 같은 것을 하도록 요구하였다(1969: 266-267).

월피에 대한 정신분석의 비판 동물실험으로부터 얻은 월피의 '학습 법칙' 은 비난을 받았다. 이러한 접근은 냉정하고, 기계적이고, 비인간적이라고 간주되었다(Weitzman, 1967). 때때로 사고와 행동 통제의 무서운 원흉이라고 비판을 받았다(Marmor, 1971). 이제 발달하기 시작한 행동치료의 과학적인 기반은 더 빈번하게 공격을 받았다. 많은 비평가들은 '현대적인 학습이론' 같은 것은 없다고 하였다(Breger & McGaugh, 1965; Marmor, 1971; Weitzman, 1967). 학습

이론의 황금기에 헐, 거스리, 톨만, 스펜스, 스키너의 체계는 전반적인 합의에 도달하는 데 실패하였다. 학습이론가들이 기본요소와 원리에 대해서 90퍼센트 동의에 이르렀다는 아이젱크(1960: 15)의 주장은 명백하게 진실이 아니라고 부정되었다. 월피의 이론을 좀 더 깊게 살펴보면, 그의 치료가 기반을 둔 강한 반석은 '실용적인 원리들의 비이론적인 융합'인 것처럼 보였다(Weitzman, 1967: 304).

또 한 가지 관련된 비판은 월피가 적용한 특정 학습개념이 그가 실제로 치료에서 행한 것과는 관련이 없다는 것이었다. 이러한 비판은 스키너 학파의 이론에 대한 촘스키의 영향력 있는 공격(1959)에서 차용한 것이다. 파블로프식 조건형성 실험에서 빛은 자극으로 정의되고 타액 분비는 반응으로 정의되었지만, 체계적 둔감화에서는 '장면을 상상하는 것'을 자극으로 '불안'을 반응으로 정의하였다(Breger & McGaugh, 1965). 그러한 유사성은 '행동치료자들을 안심시켜 주었지만, 고양이와 인간의 체계적 둔감화 간에 중대한 차이점을 모호하게 하였다.' (Weitzman, 1967: 306) 많은 비평가들은 월피와 다른 행동치료자들이 했던 것은 단순히 심리치료가 늘 해 왔던 것이라는 결론을 내렸다. Feather와 Rhoads(1972a: 498)는 다음과 같은 사실에 주목하였다.

> 월피, 라자루스 등이 발표한 많은 사례는 자극과 반응의

관점에서보다는 대인관계적 갈등과 복잡한 인지적 책략의 관점에서 기술되었다. 이와 유사하게, 체계적 둔감화에 대한 전반적인 사례 문헌에서 대인관계 개선, 지지적인 말, 확신, 죄책감을 덜어 주는 언급 그리고 다른 지지적 심리치료의 친숙한 기법의 많은 예를 발견할 수 있었다.

월피와 라자루스가 일주일 동안 치료하는 것을 관찰한 정신분석가 집단은 암시, 환자의 기대에 대한 조종, 확신, 기대되는 행동을 명백하게 미리 설명하는 것 그리고 긍정적인 치료적 관계가 주요한 요소였다고 결론지었다(Klein et al., 1969). 정신분석적 관찰자들은 월피와 라자루스가 정신역동적인 훈련을 받아서 일반적인 임상 기술이 뛰어난 숙련된 임상가라는 점에 주목하였다. 이들이 보기에는 체계적 둔감화와 같은 특정한 기법의 효과가 암시나 일반적인 임상 기술을 넘어서 명백하게 나타나지 않았다. Marmor(1969)도 월피가 둔감화를 실시하는 필름을 보고 이와 유사한 결론에 도달했다. 이러한 비판들은 정신분석이 이러한 일반적인 요소 이상의 것을 제공한다는 점을 함축하고 있다.

Klein 등(1969)은 월피가 그의 치료에서 증상대치(substitution)가 때때로 발생했음에도, 이를 '불충분한 치료' 때문이라며 발뺌했다고 지적하였다. 다른 이들은 증상대치가 정신분석이론의 직접적인 예측은 아니라고 주장하였다

(Feather & Rhoad, 1972b; Marmor, 1971). Weitzman(1967)은 정신분석이론이 증상대치나 증상 치료 후에 기능이 나아지는 것을 어떻게 설명할 수 있는지 밝혔다. 그는 David Rapaport를 인용하며 정신분석은 본질적으로 사건이 발생한 이후에 설명할 뿐이며 예언은 할 수 없는 사후설명적 구조라고 하였다.

어떤 연구자들은 월피의 절차를 정신분석적인 용어로 해석하였다. 와이츠만(1967)은 프로이트, 융, 설리번 학파의 개념적 관점에서 체계적 둔감화에 대한 별개의 설명을 제공하였다. 이완은 무의식적인 내용에 대한 수용을 증가시키는 도구로 보았고, 둔감화 동안 환자가 그려내는 심상이 정신분석학적으로 중요한 환상으로 변화되는 것이 관찰되었다. 이러한 논리의 연속선상에서 페더와 로드(1972b)는 정신역동적 주제와 관련된 장면에 대한 체계적 둔감화를 실행하였다. Seagraves와 Smith(1976)는 체계적 둔감화를 받은 환자가 정신분석적 치료에서 '풍부한 원자료'를 제공하는 사고와 꿈을 가진다고 보고하였다.

많은 비평가는 행동치료가 '단순한' 공포증이나 특정한 성적인 장애와 같이 '단순한' 문제에만 적합한 것으로 간주하였다. 마르모(1980)는 행동치료가 주관적인 감정과 사고를 무시한 채 증상 제거에만 관심을 가지는 것으로 특징지었다. Murray(1976)는 두 가지 범주의 장애를 기술하였다.

첫째는 '기본적으로 자아 기능이 좋은' 사람이 잘못된 학습 때문에 증상이 나타난 경우로, 여기에는 행동치료가 적절할 것이다. 둘째는 정신내적인 갈등으로부터 기인된 '성격장애'로서, 이는 깊이 있는 심리치료를 필요로 한다. 머레이는 행동치료가 역동적 심리치료에 대한 유용한 보조 역할을 할 것이며 위험하고, 불법적이며, 저항을 불러일으키는 특정 증상을 다루어 줌으로써 심리치료가 좀 더 근본적이고 필수적인 성격 재구성으로 전진할 수 있도록 도와줄 것이라고 제안하였다.

심리치료 비판에 대한 논의 심리치료 비판에 대한 양쪽의 논의 모두 상대편의 개념적 구조의 정당성이나 절차의 유용성에 대하여 확신하지 못했음은 분명하다. 월피에 대한 많은 비판은 그가 주장한 과학적인 기초를 거의 고려하지 않았으며, 정신역동이론만큼이나 학습이론도 세분화되어 있고 논쟁의 여지가 있다는 점을 보여 주고자 할 뿐이었다. 한편, 어떤 심리치료자들은 비록 파블로프나 헐이 주장한 형태는 아니었지만 학습이라는 관점에 흥미를 보였다. Birk와 Birk(1974: 502)는 '사실상, 정신역동이론과 행동이론 둘 다 학습이론이다. 정신역동과 행동치료 모두 학습치료인 것이다.' 라고 주장하였다. 이러한 비평가들은 학습이 내부적인 인지적 과정에 입각하여 예측되는 것으로 보았으며,

행동치료 내에서의 '인지적인 혁명' 을 예견하였다(아래를 보라.).

월피를 관찰하거나 그가 출간한 사례들을 꼼꼼히 읽은 심리치료자들은 그의 따뜻함, 공감 그리고 다른 임상적 기술에 감동을 받았다. 이들은 조건형성치료가 냉정하고 기계적이라는 편견을 반박하였지만, 따뜻하고 공감적인 그의 임상적 행동을 자극-반응 학습개념과 조화시키는 것이 어려웠다. 물론 월피는 이러한 개념이 평가와 치료를 하는 데 있어서 매우 유용하다는 것을 발견하였고, 다른 사람들이 왜 자신의 고양이나 파블로프의 개에서 이러한 개념이 관련되어 있음을 보지 못하는지 이해할 수 없었다.

양쪽은 각각 자신의 이론적 관점에서 다른 이론이 거둔 성공적인 결과를 설명하려 노력하였다. 월피는 치료자가 계획하지는 않았지만 상호억제가 전통적인 심리치료 내에서 작용한다는 것을 알아차린 반면, 심리치료자들은 월피의 치료적 작업에서 암시, 기대, 전이의 작용을 보았다. 비특정적인 요소가 모든 치료에서 중요하다는 데는 전반적으로 동의하였다. 월피는 '암시' 가 행동치료의 중요한 측면이라는 점에 동의하였고, 새로운 학습을 증진시키기 위해 매우 신중하게 적용하였다(Klein et al., 1969). 많은 심리치료자는 정신분석치료의 끝부분에서 체계적 둔감화를 적용하는 데 관심을 표현하였지만, 월피는 정신분석적 기법을 이용하지 않았으며 통합하려는 노력을 비판하였다. 그는 정신분석 절차가 비특정적인 치료 효과를 능가하는 효과가 있다는 증거가 없으며, 정신분석적 기법의 사용은 단지 행동치료의 효율성을 희석시킬 뿐이라고 주장하였다(1976b; 1990: 342).

유효성에 대한 비판

정신분석에 대한 월피와 아이젱크의 주요한 비판은 (1952b; 1981b) 정신분석치료가 효과가 없으며 적어도 일반적인 의학적 치료나 지지적인 치료보다 나을 게 없다는 것이었다. 월피는 또한 자신의 치료 성과가 더 우월하다고 주장하였다. 정신분석 및 그 외 다른 통찰치료가 갑자기 나타난 학습에 기반을 둔 치료와 맞붙으면서 심리치료에서의 전쟁이 선포되었다. 월피는 당시의 방식으로 자신의 치료 성과를 입증하기 위해 개별적인 사례에 대한 회고적인 보고서 형식으로 결과를 보여 주거나 사례별로 모아서 제시하였다. 이후에, 연구자들은 좀 더 정교한 방식으로 유사한 환자를 무작위로 서로 다른 치료 조건과 통제 조건에 할당하여 전향적인 연구를 수행하였다. 월피는 두 개의 획기적인 전향적 연구에 참여하였고, 그의 치료 절차는 수많은 후속연구들의 초점의 대상이 되었다. 치료 성과에 대한 연구가 점점 많아지면서 전향적인 연구 결과들에 대한 통계치를 개관한 결과, 자신의 치료가 정신분석보다 더 우월하다는 월피의 주장은 이러한 연구 보고들에서 반복적으로 관찰되었다.

후향적 연구 정신분석의 유효성에 대한 몇몇 비판적인 초기 연구가 있었지만(Boring, 1940; Landis, 1937, 1940), 심리치료 전쟁을 일으킨 것은 바로 아이젱크의 일격(1952)이었다. 아이젱크는 이전 연구에 대한 조사 결과를 바탕으로, 치료를 받은 게 아니라 단지 보호만 받거나 일반적인 의학적 조언만을 받은 신경증 환자들이 2년 내에 거의 2/3가 회복한다고 결론을 내렸다. 기저선과 비교해 보면 '절충적인 심리치료'는 64%의 회복률을 보였고, 정신분석은 치료에서 탈락한 환자들을 실패한 것으로 간주했을 때 단지 44%만이 회복하였으며 치료를 마친 사람들 중에서는 66%가 회복하였다. 기저선이란 특정하지 않게 돌보아 주는 것 외에는 아무것도 더 추가로 제공해 주지 않는 심리치료를 말한다. 비록 널리 알려지지는 않았지만 월피(1952b)도 유사한 비난을 하였다.

그러나 순식간에 역공격이 시작되었다(예를 들면, De Charms et al., 1954; Luborsky, 1954; Rosenzweig, 1954). 비평가들은 '비심리치료' 환자들이 실제로 관심, 안심 혹은 암시와 같은 도움을 받았다는 것을 강조하였다. 환자의 유형과 치료절차, 결과 측정법이 달랐기 때문에 그러한 연구들을 비교하는 것 자체가 매우 의심스러웠고 일반화하기 불가능하였다. 그러나 아이젱크(1961b)는 그의 주장을 바꾸지 않았다. 다양한 연구를 사후 비교하는 것이 어려웠지만 그는 환자 유형, 치료 방법, 회복의 기준이 달라도 회복률은 매우 안정적이라고 생각하였고, 특정한 심리치료가 비특정적인 관심이나 암시보다 더 큰 효과를 내지 못한다는 것을 확인하였다. 또한 결과 해석에 있어서의 어려움은 치료의 정의나 결과 측정과 같은 가장 기본적인 문제에 있어서도 서로 합의하지 못하는 심리치료자들의 과실 때문이었다.

아이젱크의 신랄한 개관 논문과 같은 해에 출간된 월피(1952b)의 치료성과보고서는 더 강력하지 않았다. 월피는 성적 적응 및 대인관계적 적응과 같은 치료 성과에 대한 나이트(Knight)의 기준을 적용하였지만, 증상 호전을 강조하여 분명하게 치료된 것부터 나아지지 않은 것까지 다섯 개의 범주로 평가하였다. 월피는 '완치된' 과 '많이 나아진' 범주를 '성공' 으로, 나머지 범주는 '실패' 로 간주하여 엄격하게 평가하였다. 월피의 초기 70개의 사례에서는 '성공' 이 86%였고, '실패' 가 14%였다. 그리고 추가된 52사례에서는 96%가 '성공'이었다(1954). 이어서 발표된 88사례들은 89%가 '성공'이었다(1958: 216). 전체적으로 월피는 210개의 사례에서 90%의 성공률을 보고하였다.

월피는 치료의 효율성에 대한 의견도 제시하였다. 그는 1958년(217-218)에 치료효율성을 개관한 88명의 환자 중

2/3가 치료기간이 대략 11개월 정도로 40회기가 넘지 않았으며, 이는 정신분석에서 요구하는 수년의 치료기간에 비해 매우 짧은 것이라고 보고하였다. 치료에 성공하지 못한 환자들은 성공한 환자들보다 보통 좀 더 많은 회기를 가졌는데, 이는 그들이 단순히 탈락된 것이 아니라 그들에게 좀더 많은 노력이 투입되었다는 것을 보여 주고 있었다. 월피는 치료 효과를 개관한 보고에서 40회기 정도의 '충분한' 횟수의 치료를 받은 환자들만을 포함하였고(1958: 205), 실제 탈락자의 수는 밝히지 않았다.

월피는 또한 치료 효과를 평가하기 위해 검사 점수의 변화를 사용할 것도 제안하였다. 비록 체계적이지 못한 경향이 있었지만, 그는 윌로우비 성격검사에서 점수가 향상되었음을 보고하였다(1958: 205). 때때로 치료 전에 처음 평가한 점수가 낮거나 환자가 치료를 일찍 종결하게 될 때는 질문지를 다시 실시하지 않았다. 이러한 두 가지 방법은 치료 전 낮은 점수와 치료 후 높은 점수를 제거함으로써 향상된 점수를 부풀리는 경향이 있었다. 놀라울 것도 없이, '성공적으로 치료한' 환자의 점수에서는 큰 진전이 있었다. 마지막으로 월피가 자신의 치료 효과를 지지하기 위해 특징적으로 보고한 것은 대부분의 환자가 수년 동안 지속되어 온 신경증적 문제를 가지고 있었고, 많은 수는 이미 그 전부터 심리치료를 받아왔다는 사실이었다. 이러한 사실들은 그의 치료 효과가 증상의 자발적인 소실 또는 치료의 비특정적인 요인에 기인한 것이라는 입장을 반박하는 것이었다.

라자루스(1963)는 월피가 남아프리카를 떠날 때 그로부터 인계받아서 치료했던 환자들을 대상으로 유사한 후향적 연구를 수행하였다. 라자루스는 치료 성과를 판단하기 위해 환자의 가족들과 의뢰자를 만났다. 그는 신뢰할 만한 기준을 적용하여 평균 14회기 동안 '극도로 신경증적인' 126사례에서 62%의 성공률을 확인하였다. '심각한' 환자를 포함한 전체 408사례에서는 78%의 성공률을 보고하였다. 따라서 라자루스의 성공률은 월피의 성공률에는 미치지 못했지만, 훨씬 더 적은 회기 동안 달성된 것이었다.

버지니아에서 월피에게 교육받은 몇몇 정신과의사들은 그들이 실시한 체계적 둔감화 치료의 효과에 대한 저술을 출판하였다(Hain et al., 1966). 심각한 불안과 관련된 문제가 있고, 그중 절반 정도가 이전 치료에서 성공하지 못하였던 27명의 환자 사례가 이러한 일련의 간행물에 포함되었다. 치료에서 탈락한 사람들이나 체계적 둔감화에 어려움이 있는 사람들을 포함하여 전체적으로 78%의 성공률이 보고되었고, 이는 평균적으로 16회기 내에 달성되었다.

임상 영역 전반에 걸쳐 임상가들이 둔감화 절차를 적용해 본 후에 수십 개의 개별적인 사례 보고가 이어졌다. 일부는 월피에게 교육을 받았지만, 대부분은 그의 치료 절차에 대해 책에서 읽은 것에 기반하여 치료하였다. 넓은 범위의 공포증과 성적인 문제는 성공적으로 치료되었다(Paul, 1969).

그러나 모든 치료 효과 검증 연구가 긍정적인 것은 아니었다. 예를 들면, Meyer & Crisp(1966)는 둔감화가 절차적으로 어렵고 치료성과에 제한이 있음을 기술하였다. 모슬리 병원의 임상연구자들도 행동치료를 받은 환자들과 통찰치료와 정신분석치료를 받은 환자들의 기록을 비교하여 그와 유사한 연구를 출간하였다(Cooper, 1963; Cooper et al., 1965; Marks & Gelder, 1965). 이들 연구자들은 월피의 모슬리 병원 방문과 그들의 동료인 라크만을 통해 둔감화 치료 방법에 익숙하였지만, 월피와 아이젱크가 주도하고 있었던 전통적인 심리치료에 대항하는 전쟁에 대해서는 호의적이지 않았다(Marks & Gelder, 1966). 그들은 심각한 광장공포증 환자에게는 둔감화와 심리치료 모두가 치료 효과가 빈약하다는 것을 깨닫게 되었고, 다른 공포증 환자들의 경우에는 행동치료로 많이 호전되었지만 약 1년 후의 추적 조사에서는 아무 차이가 없다는 것을 발견하였다. 월피와 라자루스(1966: 159)는 연구자들이 행동치료에 서툴러 공정한 비교가 되지 않는다며 이러한 연구결과를 비판하였다.

이러한 후향적 연구는 많은 문제점을 가지고 있다. Breger와 McGaugh(1965)는 후향적 보고가 항상 표집의 문제와 관찰자 편향의 문제가 있었다고 지적하였다. 그들은 새로운 치료 방법이 그 옹호자들에 의해 과대평가되었다고 지적하면서, 월피의 보고가 실제 성과보다는 열의를 반영하는 것일 수 있다고 경고하였다. 특히, 예후가 나쁜 환자들이 치료에서 탈락하는 경향이 있기 때문에, '불충분한 치료'를 받은 불특정한 수의 환자들을 제외시킴에 따라 그러한 결과가 더욱 편향되었다. 브레거와 맥거프는 실험심리학 및 과학적 방법과 밀접하다는 월피가, 치료 효과를 평가하기 위해 전통적인 사례-개인력(case-history) 방법을 사용하는 것은 모순이라고 여겼다.

월피는 그들의 비판을 '주의를 딴 데로 돌리는 것'(1973: 277)이라고 무시하면서 브레거와 맥거프에게 직접 답변하지 않았지만, 라크만과 아이젱크(1966)는 용기 있게 답변하였다. 그들은 후향적 연구에서 지적된 편향 문제는 무시하였고, 그들의 치료법이 다량의 통제된 연구의 시작이라는 사실을 지적하였다.

> 상대적으로 소수의 행동치료자들은 6년 동안 정부의 도움을 거의 받지 못하고, 가장 적대적인 반대의견에 종종 부딪히면서, 수많은 정신과의사와 정신분석가들이 쉽게 이용할 수 있었던 경제적 자원과 명성을 가지고 60년 동안 해 온 것보다 더욱 통제된(그리고 더 잘 통제된) 연구를 실행하는 데 성공하였다(Rachman & Eysenck, 1966: 168).

전향적 연구 전향적 연구는 후향적 연구가 본래부터 가지고 있는 표집 편향, 비특정적 효과, 성숙 효과의 문제에 역점을 두어 다루었다. 비록 연구방법론이 정교하지는 않았지만, 월피는 초기의 몇몇 전향적 연구에 참여하였으며, 이후 그의 둔감화 절차와 자기주장 훈련은 진정한 전향적 연구의 핵심이 되었다. 많은 임상연구 프로젝트에서 월피의 치료적 우월성에 대한 주장을 직접적으로 다루었고, 그의 이론과 방법들은 다수의 유사 연구에서 분석되었다.

월피의 방법과 전통적인 절차를 전향적으로 비교한 최초의 연구는 월피의 지도를 받은 아놀드 라자루스(1961)의 박사논문이었다. 성적 불능(sexual impotence)을 포함하여 다양한 '공포증' 문제를 가지고 있는 환자들을 진단과 인구학적인 변인상에서 짝지워서 체계적 둔감화와 '역동치료'의 두 조건에 무작위로 할당하였다. 편의상, 모든 치료는 공통적인 진단을 가진 사람들을 함께 집단으로 묶어 치료회기를 진행하였다. 치료 기간은 둔감화 위계를 모두 완료하는 데 걸린 시간으로 제한하였는데, 평균 21회기였다. 자기보고와, 가능한 경우에는 직접 관찰을 통해 결과를 측정하였다. 라자루스는 '역동치료' 환자가 오직 12%만 성공한 데 비해 둔감화 치료 환자는 72%의 성공률을 보였다고 보고하였다. 이후 성공하지 못한 2/3의 '역동치료' 환자에게 둔감화를 실시하여 성공적으로 치료하였다. 다양한 시간 간격을 둔 추적 연구에서 환자의 80%가 호전 상태를 유지하는 것으로 나타났다.

라자루스의 연구에서는 아무런 치료를 하지 않은 통제집단이 연구에 포함되지 않았고, 환자의 치료조건에 대해 모르는(blind) 관찰자의 부재, 이질적인 측정 체계 그리고 '역동치료'의 적절성에 의문이 제기되는 등 방법론적인 문제가 명백하였다. 월피와 라자루스는 그들이 결별한 이후, 더 이상 이 연구를 참조하지 않았다. 그러나 두 가지 치료를 직접 비교한 아이디어는 이후의 연구에 광범위한 영향을 끼쳤고, 많은 연구자가 방법론적인 문제를 극복하려고 노력하였다.

월피가 템플 대학에 도착한 직후, 브루스 슬로안과 동료들이 정신분석과 행동치료를 가장 야심차고 엄격하게 비교하였다(Sloane et al., 1975, 1장을 보라). 그 영향력이 매우 컸고, 결과에 대해 동의하지 않는 사람들도 많았으며, 월피가 깊이 관여하였기 때문에 이 연구를 면밀히 살펴보면 도움이 될 것이다.

치료의 두 가지 유형은 치료자 스스로가 정의하였고, 그들이 개별적인 환자에게 적절하다고 생각한 절차를 사용하였다. 행동치료자들은 월피, 라자루스, 서버였다. 심리치료자들은 고전적인 정신분석 훈련을 받은 세 명의 저명한 정신과 의사들이었다. '신경증' 또는 '성격장애'로 진단받은 90명의 환자를 성별과 증상의 심한 정도에 입각하여 짝지워 심리치료, 행동치료 또는 대기자 집단에 무작위로 할당하였다. 치료는 네 달 이상 매주 실시되었다. 종속측정치는 증상 및 생활 적응에 관련된 여러 가지 평가척도와 구조화된 면담을 포함하였고, 이는 치료, 치료자, 환자 그리고 가족 또는 친구에 대하여 모르는 평가자에 의해 실시되었다.

연구자들을 가장 놀라게 한 결과는 대기자 집단에서 관찰된 호전이었다. 대기 집단에 포함된 환자들 중 약 절반 정도가 목표 증상과 전반적인 불안에 대한 평가자의 평정치에서 향상을 보였고, 전반적인 적응도 평정에서는 3/4 이상이 호전되었으며, 구조화된 면담의 사회적 기능점수에서도 유의미하게 좋아졌다. 이는 치료에서 비특정적인 요인에 대한 월피의 염려와 호전을 평가하는 기저율이 필요하다고 강조한 아이젱크의 주장을 입증해 주었다. 심리치료 집단은 대기 집단에 비해 증상 변화의 비율과 크기가 유의미하게 더 컸지만, 불안이나 생활 적응에서는 차이가 없었다. 행동치료는 증상 개선에서는 심리치료와 비슷하였고, 대기 집단보다는 우수하였으며, 불안 개선에서는 두 조건과 유사하였다. 게다가, 행동치료를 받은 환자는 전반적인 적응 평정치가 유의미하게 더 높았으며 구조화된 면담의 작업척도와 사회적 척도 모두에서 호전된 양상을 보인 반면, 심리치료를 받은 환자는 변화를 보이지 않았다. 불안 수준이 더 높은 환자(증상과 성격 측정치에서 중앙값 이상의 점수를 보인 사람들)는 심리치료에 비해 행동치료 조건에서 증상 호전 평정치가 더 높았다. 심리치료는 오직 한 가지 측정치, 즉 성적인 적응에 대한 환자의 평정치에서만 행동치료보다 더 나은 것으로 확인되었다. 과정 측정에서도 두 치료 간에 차이가 있었다. 놀라울 것 없이, 행동치료자들은 심리치료자들에 비해 좀 더 지시적이었지만, 공감에 대한 객관적 평정치와 환자 평정치 또한 유의미하게 더 높았다. 행동치료자들에 비하여 심리치료자들이 자신의 환자가 치료에 적합하지 않다고 평정하는 빈도가 높았는데, 그들의 환자에 대한 적합성 및 호감도 평정치는 증상이 호전된 정도와 상관이 있었다.

일 년 후 추적평가는 대부분의 대기 환자들이 정신분석치료를 받았고 몇몇 환자들도 치료를 지속적으로 받았기 때문에 그 점이 오염 변인으로 작용하였다. 4개월 후 추적평가 시 호전된 정도는 일 년 후에도 유지되었지만, 추가적인 치료는 어떤 집단에도 유의미한 이득을 주지 못하였다. 증상 평정치에서 행동치료가 대기 집단에 비해 우수하게 유지되었던 반면, 심리치료는 중간이었고 다른 치료들과 유의미한 차이가 없었다.

결론에서, 저자들은 행동치료가 특히 '행동화하거나' 좀 더 심각한 증상을 가진 더 넓은 범위의 환자에게 효과적인 반면, 정신분석치료는 주로 치료자가 '적합하고, 호감이 간다.' 고 여긴 '좋은' 환자에게 효과적임을 확인하였다(Sloane et al., 1975: 223-226). 또한 심리치료의 결과가 행동치료에 비해 더 나은 결과를 보이는 경우도 있는 반면, 더 못한 결과를 보이는 경우도 있는 등의 변산이 크다는 점도 관찰하였다(Sloane et al., 1975: 213). 이러한 관찰 결과에도 불구하고 그들은 두 가지 유형의 치료 성과가 본질적으로 동등하다고 강조하였다.

이러한 결론은 관습적으로 볼 때 지혜로운 것이었다. 전통적인 심리치료자들은 '비겼다' 는 결정을 받아들이고 이를 치료 효과 검증 연구의 본보기로서 환영하였다. 스미스 등(1980: 26)은 이를 '그간 이루어진 심리치료의 결과에 대한 평가 중 가장 훌륭한 것' 이라고 하였다. Strupp(1978: 9)은 이를 '치료 성과 연구에서 획기적인 사건' 의 하나로 간주하였다. 그리고 Bergin과 Lambert(1978: 164)는 이를 '이제까지 이루어진 심리치료 연구 중에서 아마도 최상의 비교연구일 것'이라고 하였다.

월피는 처음에는 이러한 연구를 '심리치료의 역사에서 다른 임상적 연구가 필적하기 어려운 …… 빛나는 연구' (Sloane et al., 1975: ix)로 간주했지만, 차이가 없다는 결론을 받아들이길 거부하였다(1981b; 1982: 330-333). 그는 편향된 평가자, 대표성이 부족한 피험자 집단 그리고 부정확한 자료 보고와 같은 세 가지 근거에서 연구를 비판하였다.

첫째, 두 명의 정신역동가와 한 명의 스키너 학파로 구성된 평가자들은 '종종 목표를 다르게 개념화하는' 행동치료자들보다는 심리치료자들과 좀 더 유사하게 평정했다고 주장하였다. 사실, 평가자들의 평정치는 치료자들의 평정치보다는 환자들의 평정치에 더 근접하였다(그러나 치료자들의 유형 간에 차이는 없었다.). 또한 행동치료자들이 나아진 정도를 다른 관찰자, 즉 환자, 평가자, 정보원에 비하여 일관되게 과잉추정한다는 점이 자료에서 나타났다. 평정자와 관련된 다른 문제도 있었는데, 그들을 훈련시켜 평정의 신뢰도를 높이려는 노력이 이루어지지 않았고(Poppen, 1976), 평정자들이 피험자가 속한 치료집단에 대해 모르게 하는 것이 쉽지 않다는 것이었다(Kazdin & Wilson, 1978: 54).

둘째로, 월피는 피험자 표본이 경미한 문제를 가진 환자들로 한정되어 있다는 점에 대해 비판하였다. 환자들은 공평하게 신경증 혹은 성격장애의 임상적인 기준에 부합했고 몇몇 성격 척도와 평정 도구에서 '중간' 범위의 병리에 해당하였다. 행동치료자가 불안이 심한 환자들을 더 잘 치료했다는 연구 결과는 좀 더 어려운 환자군을 대상으로 했다면 더욱 큰 차이가 있었을 것이라는 월피의 주장을 뒷받침하였다. 반면, 이 연구에 포함된 환자들은 행동치료하기에 쉬운 대상이 아니어서 4개월 만에 '완전히 나은' 것으로 판단되었던 사람이 아무도 없었던 반면, 심리치료와 대기 집단은 그렇게 평가된 환자가 각각 세 명과 두 명이었다.

마지막으로, 월피는 사실상 '행동치료가 우월하다.'는 나무가 '차이 없음'이라는 숲에 가려져 눈에 띄지 않는다고 주장하였다. 그는 템플 프로젝트 자료에서 자일즈의 보고를 인용하면서, 통계적으로 유의미한 8개의 차이가 행동치료를 지지했고 오직 한 개만이 심리치료를 지지했던 결과를 고려한다면, '동등한 유효성'이라는 결론은 행동치료에 대한 지속적인 편향의 증거라고 생각하였다.

다른 많은 행동치료자들은 이 연구를 비판하면서 결론을 이끌어냈다. 가장 큰 제한점은 종속 측정치로서 평정척도와 질문지에 전적으로 의존하였고 직접적인 행동 관찰이 없었다는 것이었다(Kazdin & Wilson, 1978: 52-60). Paul(1966)이 발견하였듯이 환자들의 자기보고는 그들의 행동 변화를 정확하게 반영할 수 없고, 자기보고에 입각해서는 정확한 평가가 힘들다는 것이다. 반두라(1978)는 그 연구가 독립변수와 종속변수 모두 구체성이 매우 부족했기 때문에 전혀 가치가 없다고 보았다.

요약하면, 이 경쟁적인 시합에서는 압도적인 승자가 없었다. 월피와 다른 행동치료자들은 승산이 없는 경쟁상황을 무릅쓰고 작은 승리를 거두었다고 주장하였다. 심리치료자들은 결국 행동치료자들을 받아들여야만 했지만 그들 자신의 성공에 의해 고무되었다. 이 연구는 '치료의 동등성' 가설을 강하게 강화하였다(다음을 보라.).

템플 프로젝트가 보여 준 것처럼 치료 절차들을 비교하는 임상적 연구는 매우 어려웠다. 충분한 수의 피험자를 확보하는 것은 시간이 오래 걸리며 서로를 신뢰하기 어려웠고, 연구대상자 선발 기준은 모호하고 복잡했으며, 치료 과정을 열거하는 것은 혼란스러웠고, 복잡한 결과를 측정하는 것도 골치아픈 일이었다. 시간에 따른 성숙의 효과를 평가하기 위해 실험 집단이 치료받는 동안 단지 대기하게 한 것은 치료를 보류하는 것에 대한 윤리적인 문제를 야기하였다.

이와는 반대로 유사 연구(analogue study)는 좀 더 쉽게 측정할 수 있는 목표 행동에 대해 충분하고 상대적으로 동질적인 피험자를 확보할 수 있다는 장점을 가지고 있다. 피험자들의 문제가 생활의 주된 영역에서의 혼란이 아니었기 때문에, 윤리적인 문제 없이 피험자는 단기간의 정밀하게 상술된 치료조건과 통제조건에 할당될 수 있다. 많은 대학생이 뱀과 같이 기어다니는 동물이나 사회적 상황에 대해 공포를 느낀다는 사실과 체계적 둔감화와 자기주장 훈련의 구체적인 특성은 셀 수 없이 많은 수의 박사논문과 연구 프로그램을 통한 유사 연구들이 이루어지게끔 하였다.

물론 유사 연구의 문제점은 그러한 결과가 '실제' 환자들에게 적절한지에 대한 것이었고 치료자들은 이에 대해 도전을 받았다. 방법론적인 엄격성과 현실에서의 적절성 간의 절충 문제가 폭넓게 논의되었다(Bernstein & Paul, 1971;

Emmelkamp et al., 1985; Kazdin & Wilson, 1978: 158-166; Smith et al., 1980: 56-57). Kazdin과 Wilson은 표집, 평가 그리고 시간 요인상 연구에서 실시하는 치료가 임상 실제에서 실시되는 치료와 다르다는 의미에서 모든 전향적인 연구는 유사 연구로 간주될 수 있다는 점에 주목하였다. 따라서 임상적 연구와 유사 연구로 단순히 이분할 수 있는 게 아니며 다양한 차원이 있다. 어쨌든, 월피와 그의 비평가들 모두 '경미한 공포' 와 실제적인 신경증 간에 질적인 차이가 있다고 느꼈으며, 자신의 입장에 반대하는 결과에 대해서는 이러한 주장을 이용하여 무시하였다.

유사 연구에서 뛰어난 예는 실제적인 적절성뿐만 아니라 매우 우수한 방법론적 엄격성을 가지고 '통찰' 치료와 둔감화 치료를 비교한 Gordon Paul(1966)의 연구다. 심각한 발표공포증을 가지고 있는 96명의 대학생을 무작위로 통찰치료, 체계적 둔감화, 위약 집단 그리고 비치료 집단에 할당하였다. 결과 평가는 치료 조건에 대해 전혀 모르는 관찰자가 발표 행동의 직접적인 관찰, 자기보고형 불안 및 성격 척도 그리고 자율신경계 각성에 대한 생리적인 측정이 포함되었다. 전문적인 심리치료자들이 모든 유형의 치료를 시행하였다. 통찰치료가 이들이 선호하는 방법이었다. 둔감화는 이완훈련과 불안위계 구성에 대한 프로토콜에 따라 시행되었다.

폴의 연구에서 사실상 모든 둔감화 치료를 받은 피험자가 행동적, 생리적 측정치에서 성공적인 것으로 평가된 반면, 통찰치료와 위약 집단은 절반에 못 미치는 피험자가 성공적으로 평가되었다. 비치료 집단은 호전되지 않았다. 사실상 그들 중 약 1/4은 발표 불안을 테스트하는 두 번째 회기에 참여하기를 거절하여, 통제되지 않은 상태로 불안한 상황에 직면시키는 것은 불안을 강하게 할 뿐이라는 월피의 가설에 믿음을 더해 주었다. 흥미롭게도, 세 치료 집단에서 호전된 정도에 대한 피험자의 자기-보고 평정치에서는 차이가 없었고 성격검사 평가치에서도 거의 변화가 없었다. 하지만, 치료자들의 평정치는 좀 더 객관적인 측정치와 일치하였다. 2년 후의 추적 연구(Paul, 1967a)는 자기보고 평정치에서 통찰 집단의 절반 그리고 위약 집단과 비치료 집단의 1/4 미만이 호전되었다고 보고한 반면, 둔감화 집단의 경우 거의 모든 피험자가 호전된 것으로 보고하였다. 게다가, 둔감화 피험자들은 대학에서 평균보다 높은 학점을 받았고, 졸업률도 더 높았다(Paul, 1968; Paul & Shannon, 1966). 이는 발표 불안에 대한 둔감화 기법이 증상대치를 일으키기보다는 적응적인 행동에서 광범위한 치료 효과가 있음을 보여 주었다.

폴의 연구와 같은 비교 연구는 드물었다. 유사 연구를 수행한 연구자들은 둔감화를 위해 필요하고 충분한 조건과 월피의 상호억제이론의 적절성을 연구하는 데 초점을 맞추었다(Lang, 1969). 이러한 주제를 다룬 수백 개의 유사 연구들이 이후 십 년 이상에 걸쳐 이루어졌다. 초기의 연구들은 월피가 기술한 둔감화치료가 위약 처치나 긴장이완 절차가 수반되는 않는 불안위계 항목과 같은 둔감화 치료의 개별적인 구성요소들에 비해 우월함을 증명해 주었다(예를 들면, Davison, 1968). 하지만, 긴장이완 또는 점진적 불안자극 제시를 생략한 절차로도 긍정적인 결과를 얻었다는 연구들이 보고되었고, 이는 상호억제 원리를 반박하는 것으로 보였다. '홍수법' 이나 '대처 기술' 과 같은 다른 많은 절차들이 둔감화의 대안으로 개발되었다. 또한 자기주장 훈련의 필요 충분한 구성요소도 유사 연구 프로그램에서 폭넓게 연구되었다.

월피는 자신의 가르침이 옳았음을 증명한 폴과 랭의 초기 유사 연구에 대해서는 지지적이었지만, 다른 치료 절차 또한 효과적이라는 것을 제안한 후속 연구는 덜 수용하였다. 그는 '최소한의 치료 절차' 에 의해 극복될 수 있는 '경미한 공포' 에 대한 유사 연구에 대해서는 비판적이었다. 또한 그는 개인차를 고려하지 않고 집단으로 실시되는 일괄적인 치료는 둔감화와 다른 치료 방법의 효력을 감소시킨다고 생각하였다(1982: 178-180). 이러한 분열과 수정은 이후 부분에서 논의할 것이다. 여기서 주목해야 할 중요한 점은 세기가 시작될 무렵 프로이트가 정신분석이론을 출판한 후 그의 심리치료의 효과에 대해 향해진 것보다 월피의 '상호억제에 의한 심리치료' 가 출간된 뒤 그 치료 방법의 유효성에 대한 연구가 이십 년 동안 더 많이 이루어졌다는 것이다.

평가적 개관 치료 효과를 검증하는 연구가 늘어남에 따라 한 가지 결정적인 실험으로는 한쪽에서 다른 쪽으로 형세를 단번에 바꿀 수 없을 정도로 너무나 많은 변수가 있다는 것이 명백해졌다. 슬로안이나 폴의 연구처럼 야심차고 엄격한 연구들조차 누락 또는 수행에 대한 과실로 인해 논박당하였다. 따라서 치료 효과에 대한 양측의 싸움터는 연구 전체를 고찰하고 우세한 증거에 근거하여 판정을 내리는 아이젱크의 입장으로 이동하게 되었다. 아이젱크와 월피의 연구에 대한 초기 비판 이후 이십 년간 '성공 퍼센트' 보다 훨씬 더 복잡하게 치료 성과를 평가한 연구가 수백 배 이상 증가하였다. 쫓고 쫓기는 전투는 한편이 다른 편의 고찰이 타당한지에 도전하기 위해 더 나은 연구를 추가하면서 발전하였고, 연구 자료는 각자 자신들을 지지한다는 것으로 결론을 내렸다. 예를 들면, Bergin(1971)은 아이젱크의 완치 기저율이 너무 높으며 심리치료가 분명하게 효과적이라는 결론을 내렸다. 라크만(1971; 1973)은 버진의 결론에 반박하였는데, 그의 연구가 방법론적으로 부적절하다며 심리치료를 지지한 연구는 제외한 채 행동치료의 우월성 혹은 효과를 지지하는 연구들을 인용하였다. 하지만 라크만의 주장은 행동적, 비행동적 연구 모두에 대하여 일관된 방법론적 기준을 적용하지 못하였다는 이유로 다시 공격을 받았다 (Shapiro & Shapiro, 1977).

Luborsky 등(1975)은 영향력 있는 개관 논문에서 논문의 질에 대한 특정한 방법론적 측면에서 기준을 기술하고 그에 따라 연구들을 평가하였다. 그들은 연구자가 무엇에 근거하여 치료 효과를 평가하였든 간에, 비교 집단과 통계적으로 유의미한 차이에 기반하여, 치료를 '승리' '패패' '무승부'로 범주화할 수 있는 '박스 스코어'로 치료 성과를 요약하였다. 전반적으로 그들은 치료 유형 간에 차이는 거의 없으며, 연구들 중 60%에서 전통적인 심리치료가 비치료 집단에 비해 우월하다는 것을 발견하였다. 심리치료를 행동치료와 비교하면서(대부분 둔감화 그러나 유사 연구들은 제외), 12개의 연구에서 심리치료가 6회 '승리' 그리고 18회의 '무승부'를 보고하였다. 그들은 행동치료가 제한된 공포를 다루는데 특히 적합하다며 약간의 칭찬을 하였다. 루보스키 등은 새로 등장한 치료자들인 행동치료자가 가장 활발하게 연구 데이터를 발표한다는 점을 지적하면서 정신역동적 치료에 대한 성과 연구가 부족하다는 점을 비난하였다. 그들은 '모두가 이겼고 모두가 상을 받아야 한다.'는 『이상한 나라의 앨리스』에서 나오는 Rosenzweig의 '도도새 판결'(1936)을 반복하면서, 공통 요소로 인하여 두 치료가 동등하다는 점을 강조하는 것으로 결론지었다.

월피(1982: 331; 1990: 339)는 자일즈가 루보스키 등에게 가한 비판을 받아들였다(1983a; Kazdin & Wilson, 1978). 이러한 비판은 평정 체계의 신뢰도와 그것의 사용에 의문을 제기하였고, 적절한 행동적 연구는 배제하고 방법론적으로 열악한 연구를 포함한 것을 비난하였으며, '박스 스코어' 논리를 공격하였다. 자일즈(1983a)는 루보스키 등이 발견했던 모든 차이가 행동치료를 지지하며, '무승부' 로 기록된 비교 중 일부를 좀 더 세밀하게 살펴본 결과 행동치료의 우세를 뒷받침하는 것으로 볼 수 있음을 알게 되었다. 이러한 부정확한 평가는 행동치료에 대해 편견이 있음을 나타내 주는 명백한 증거였다. 월피는 편향되지 않게 루보스키의 개관 논문을 검토한 결과, 행동 치료의 우월성을 지지해 주었다고 보고하였다.

메타분석 평가적 개관 논문의 비판을 다루고 심리치료 전쟁의 결론을 이끌어내기 위하여 Mary Lee Smith와 Gene Glass가 통계적인 절차를 도입하였다(Smith & Glass, 1977). 유사치료를 포함하여 가능한 모든 연구를 포함하는 것으로 표집 편향을 극복하였고, 절차적인 요인의 효과를 평가하는 것으로 방법론적인 쟁점들이 다루어졌으며, 치료 집단과 비교 집단 간의 차이의 크기를 표준편차 단위로 나타낸 '효과 크기' 라는 공통된 측정치로 전환함으로써 다양한 측정치에서 비롯된 문제를 해결하였다. 메타분석은 둔감화 치료의 유효성에 대한 월피의 주장과 전통적인 치료가 행동치료보다 우월하다는 주장을 다루었다.

Smith 등(1980)은 거의 500개의 연구를 고찰한 한 개관논문에서 차후의 모든 메타분석에 대한 모델과 초점을 제공하였고 1,700개의 효과 크기를 산출하였다. 결과가 왜곡되는 것을 방지하기 위해 유사 연구의 10%를 생략하였음에도 불구하고, 그들의 자료 수집에 가장 많이 포함된 것은 둔감화에 대한 유사 연구들이었다. 둔감화는 18개의 개인치료 유형 중 하나였다. 월피의 다른 치료 방법들은 '절충적인' 그리고 '인지-행동적인' 치료와 같은 다른 범주에 포함되었다(Smith et al., 1980: 70-77). 18개의 치료 유형은 각각 6개의 하위집단과 그 위의 세 개의 상위집단으로 분류되었다. 행동적(혐오 절차, 강화 절차), 언어적(정신역동적 치료, 이성-감성적 치료) 그리고 발달적(직업상담, 학교상담) 상위집단이 그것이다.

월피의 치료 기법들은 다른 누구의 방법보다도 행동치료 범주의 모든 수준에 고루 영향을 미쳤다. 개인치료 수준에서 체계적 둔감화와 '인지-행동적' 치료(자기주장 훈련 포함)는 신뢰할 수 있고 큰 효과 크기(effect size)를 산출하였다. 상위 집단 분류는 행동적 치료의 전체 평균 효과 크기가 언어적 치료보다 우수하며, 두 가지 모두 무시해도 좋을 만한 효과를 나타낸 발달적 상담보다는 효과 크기가 훨씬 크다는 점을 보여 주었다(Smith 등, 1980: 98). 이와 유사한 양상이 템플 프로젝트와 같은 '유사 실험' 연구의 메타분석에서도 나타났다(Smith et al., 1980: 106-108).

많은 다른 측정치들에서 행동적 치료의 효과 크기가 언어적 치료에 비해 일관적으로 크게 나타났음에도 불구하고, 저자들은 이러한 결과를 측정방법의 편향 탓으로 돌렸다. 예를 들면, 치료 유형과 다양한 기능의 측정치 간의 관계를 검토하여 행동적 치료가 우수한 것으로 나타난 대다수의 측정치를 '심리학적' 범주로, 언어적 치료가 더 우수한 것으로 나타난 소수의 측정치는 '다루기 힘든' 범주로 구분하였다. 그들은 '치료에 영향을 덜 받는 측정치에서는 치료들 간의 신뢰성 있는 차이가 사라졌다.' 고 결론을 내렸다(Smith et al., 1980: 107). 행동치료의 우수성을 깎아내리려는 노력의 또 다른 증거는 종속 측정치를 평정하는 '반응성(reactivity)' 척도의 구성이었다(Smith et al., 1980: 67). 예를 들면, 치료자에 의한 직접적인 관찰은 반응성이 가장 높게 평가되었고, 행동적 검사의 무정보(blind) 채점도 높게 평가되었다. 환자에 대해 정보가 없는 평가자의 언어적 보고에 대한 평정치와 투사적 검사 점수는 낮은 반응성 점수를 받았다. 저자는 반응성 점수를 거듭제곱하여 점수를 증폭시켰고 이를 통계적 분석에 포함시켜 다양한 치료 효과 크기를 예측하였다(Smith et al., 1980: 101-105). 그들은 이 분석을 매우 선택적으로 해석하여 다음과 같은 결론을 내렸다.

> 효과크기에 있어 변량의 대부분을 설명하는 종속변수는 반응성 측정치였다. 치료 집단 간에 반응성 평균치에서 신뢰할 만한 차이가 있었다. 행동적 치료 범주와 그것의 하위분류는 언어적 치료보다 더 반응적인(좀 더 치료자와 환자의 영향 아래 있는) 측정치를 사용하였다(Smith et al., 1980: 105).

그들의 분석을 좀 더 정확하게 살펴보면 행동치료뿐만 아니라 대부분 치료의 하위범주에서 일관적이었던 효과 크기와 반응성 사이의 상관관계가 매우 작다는 점을 보여 주었다. 반응성은 다양한 치료 방법의 효과 크기를 예언하는 몇몇 절차적 요소 중 하나였지만, 그 치료들 중 어느 것도 가장 잘 예언하지 못했다. 결국, 행동치료와 언어적 치료가 반응성에서 발달치료보다 더 큰 값을 나타내었지만, 변환되지 않은 반응성 점수에 있어서는 차이가 거의 없었다.

요약하면, Smith 등(1980)은 심리치료 전쟁을 넘어서 파벌싸움에 질서를 가져올 수 있도록 통계적으로 스위스와 같은 중립국, 즉 중립적인 기법으로 메타분석을 제시하였다. 언어적 치료보다는 행동적 치료가 우세한 점이 많이 발견되었지만, 저자들은 이러한 차이를 모두 편향된 측정치에서 기인한 것으로 설명하였다. 한편으로 그들은 '모든 결과 측정치가 어느 정도 '안녕(well-being)' 과 관련되고, 그래서 일반적인 수준에서는 동등하다.' 고 말하였다(Smith & Glass, 1977: 753). 그러나 다른 한편으로, 그들은 '좀 더 쉽게 치료 효과를 평가하려는' 치료자들의 작업에 대해 경고하였고, 치료 성과 평가에 바로 적용할 수 있는 기법이 부족한 이론들은 이런 의구심들이 주는 이득을 당연하게 인정해야 한다고 조언하였다(Smith et al., 1980: 31). 전통적인 심리치료에 '의구심이 주는 이득' 을 얻게 하기 위해서, 치료의 목표와 분명하게 관련된 결과 측정치가 편향된 것으로 평가절하되었다. 둔감화위계에 의하여 제시된 상황에서 수행한 것의 효과를 감소시키는 측정치는 행동치료에 큰 타격을 주었다. 그들에게 메타분석은 심리치료 전쟁에서 단지 또 하나의 무기일 뿐이었다.

심리치료 효과 연구에 관한 메타분석에 대한 반응은 입장에 따라 갈라졌다. 전통적인 심리치료자들은 심리치료의 효과와 다양한 치료 유형의 동등성이 입증된 것을 주요한 돌파구로 여기며 환영하였다(예를 들면, Strupp, 1982). 행동치료자들은 메타연구가 심각한 문제가 있다고 간주하였다(Eysenck, 1978; Kazdin & Wilson, 1978; Searles, 1985; Wilson & Rachman, 1983). 행동치료자들의 비판은 '독이 든 사과' 이론이라고 불릴 수 있는 것에 집중되었는데, 그것은 방법론적으로 열악한 연구들을 포함시켜서 전체적인 메타분석이 손상되었다는 것이다. 그들은 직접적인 행동관찰을 '반응적' 인 것으로 훼손시켰다고 메타분석을 거부하였지만, 스미스 등(1989, 위를 보라)이 이러한 반응성 변인을 어떤 방법으로 조작하였는지는 설명하지 않았다. 다른 비판은 메타분석이 연구들을 선택적으로 포함시키거나 제외시켜 결과를 편향시켰다는 것이다. 심지어 스미스 등(1980)이 폭넓게 연구들을 포함시킨 것에도 많은 결함이 있었다.

이후에 이루어진 메타분석들은 이러한 비판을 다루었으며, 방법론적으로 철저한 연구만을 분석에 포함시키기 위해 특별한 노력을 기울였다. 이러한 분석은 대부분 행동치료의 우수성에 대한 쟁점을 규명하고자 했지만 종종 발견된 차이를 무시하였다. 예를 들면, Andrews와 Harvey(1981)는 스미스 등(1980)의 연구 중에서 '진정한 신경증' 또는 '정서적인 신체화 장애' 환자만을 대상으로 한 연구들을 선택하였고 유사 연구들은 제외하였다. 그들은 언어적 치료에 비해 행동치료의 전체 효과 크기가 유의미하게 더 크고, 언어적 치료가 발달적 상담에 비해 더욱 큰 효과 크기를 보였다는 결과를 얻었다. 하지만 그들은 결론에서 행동치료와 언어적 치료 간의 차이를 무시하였다. 또한 Landman과 Dawes(1981)도 스미스 등(1980)의 연구에서 방법론적으로 철저한 연구들만을 선택하였다. 그들은 치료 유형을 비교하지 않았고,

행동치료가 정신분열병이나 알코올중독과 같은 더 심각한 문제에 비해 뱀공포증 또는 시험불안과 같은 '덜 심각한' 문제에서 효과 크기가 더 크다는 데에 주목하며, 행동치료가 단순한 문제에 한정된다는 점을 넌지시 비추었다. Searles(1985)는 더욱 엄격한 방법론적 기준을 이용하여 랜드먼과 다우스(1981)의 자료와 앤드류와 하비(1981)의 자료를 재분석함으로써 행동치료의 효과 크기가 정신역동적 치료에 비해 훨씬 더 크다는 것을 발견하였다.

샤피로와 샤피로(1982)는 스미스 등(1980)보다 이후의 자료를 수집하여 정신역동치료 및 인본주의치료로부터 '인지' 치료를 분리하고 이러한 치료적 접근의 범주를 재편성하였다. 그들은 행동치료와 인지치료 둘 다 언어적/인본주의적 치료에 비해 훨씬 우월하다는 점을 발견하였다. '동일한 실험' 연구들에서 '혼합적 행동치료'와 인지적인 절차가 둔감화보다 우수하다는 결과를 얻었다. 그러나 방법론적으로 엄격한 연구는 거의 대부분 행동치료자와 인지치료자들이 정상인들을 대상으로 시행한 유사 연구였기 때문에, 그들은 자신들이 얻은 결과가 임상적 실제와 관련성이 거의 없다고 결론지었으며, 정신역동과 인간중심치료들은 더욱 유리한 비교를 하기 위한 '허수아비'였다는 결론을 내렸다. Bowers와 Clum(1988)은 이후의 치료연구 자료를 사용하여 행동치료와 비특정적 치료요소를 비교하였다. 그들은 둔감화에 대한 유사연구 수가 줄어들고, 인지행동치료와 조작적 조건형성 절차에 관한 연구가 늘어났으며, 비행동적 치료에 대한 연구는 소수에 불과하다는 점에 주목하였다. 그들은 위약처치에 비해 행동치료의 효과가 꽤 크다는 것을 발견하였고, 행동치료의 독특한 특징이 비특정적 치료요소에 비하여 두 배의 치료 효과를 설명해 준다고 결론지었다.

행동치료가 쉽게 영향을 받는 종속 측정치를 사용한다는 '반응성' 에 대한 비판에 대하여, 이후에 이루어진 메타분석들은 혼합된 결과를 보여 주었다. 앤드류와 하비(1981)는 치료자가 치료 효과를 평가했을 때 효과가 더 크게 나타나는 경향이 있음에도 불구하고, 효과 크기와 반응성 또는 무정보 관찰자 간에 유의미한 상관이 없다는 결과를 얻었고, 샤피로와 샤피로(1982)는 반응성과 효과 크기 간에 작지만 유의미한 상관이 있음을 발견하였다. 바우어스와 클럼(1988)은 오직 행동치료만을 고찰하였지만, 반응성과 효과 크기 간의 상관이 유의미하지 않다고 보고하였다. 전통적인 심리치료 연구자들은 결국 스미스 등(1980)이 지지하였던 많은 '낮은 반응성' 성격 측정치들이 치료적 변화에 민감하지 않고 치료 효과를 평가하는 데 소용이 없다고 생각하게 되었다(Lambert & Bergin, 1992).

방법론적인 엄격성 측면에서 역동적 치료자들과 인본주의 치료자들은 별로 발전이 없었던 반면, 행동적 연구자들은 철저하게 연구를 수행하여 점점 더 뚜렷하게 우위를 차지하였다. 하지만, 이것이 전통적인 치료자들의 항복을 의미하지는 않았다. 많은 전통적인 심리치료자들은 통제된 연구는 치료에서 일어나는 것과는 반대라고 보았으며, 이런 방식으로 치료 효과를 입증하는 것을 반대하였다(Shapiro & Shapiro, 1982).

월피(1982: 329-331; 1990: 336-339)는 메타분석에 대하여 복잡한 반응을 보였다. 확실히 그의 치료에 단지 둔감화만 개입된 것은 아닌데도 불구하고, 둔감화는 의심할 바 없이 치료 효과를 산출하는 유일한 기법으로서 받아들여졌다. 한편으로, 그는 메타분석이 치명적인 결함이 있는 평가 절차라고 여기는 비판에 동의하였다. 하지만 다른 한편으로, 자신이 치료한 환자 표집에 초점을 둔 앤드류와 하비(1981)의 보고에 의해서는 고무되었다. 월피는 이 저자들이 발견했던(그러나 그들의 결론에서는 얼버무렸던) 행동치료의 우월함을 강조하였으며, 장애의 심각성, 치료 횟수, 추적 연구 기간에 상관없이 행동치료의 효과 크기가 더 크다는 것을 보여 주기 위해 자신이 저술한 책에 그들의 자료를 실었다. 월피는 적진의 수중에서조차 메타분석이 행동치료의 우월성을 보여 주었고, 다만 기득권자들의 지속적인 편향이 이러한 발견을 모호하게 한다는 결론을 내렸다.

동등한 효과 월피는 심리치료가 비특정적 치료보다 더 효과적이지 않은 반면, 학습에 기초한 새로운 방법은 우월한 성과를 낸다는 혁명적인 견해를 선포하였다. 하지만 치료 성과를 평가한 40여 년간의 연구에도 불구하고, 그의 도전을 비판한 주류 심리치료자들 사이에서는 물론이고 일부 행동치료자들과도 합의를 보지 못하였다. 다양한 전통적인 심리치료가 자연적인 치유 또는 '위약' 절차보다 더 효과적이라는 폭넓은 의견일치를 보았다(Lambert & Bergin, 1992). 이러한 합의는 월피의 방법과 다른 행동적, 인지적 절차들이 전통적인 방법과 동등하게 효과적이라고 받아들였으나 특정한 크기를 부여하지는 않았다. 월피나 행동치료(Rosenzweig, 1936)가 출현하기 전에 선언되었던 '도도새 판결'은 행동적 절차도 포함하는 것으로 확장되었다(Lambert et al., 1986; Luborsky et al., 1975). 월피는 언제나 심리치료를 능가하는 연구를 하려고 노력하였기 때문에, 이러한 결론은 그의 노력에 대한 직접적인 거부를 의미하였다. 전통적인 심리치료에 전쟁을 선포하였던 월피에게 승리를 공유하는 것은 목표가 아니었다.

더군다나, 동등한 효과가 있다는 결론은 여러 치료에서 사용되는 다양한 방법이 결정적인 치료적 요소가 아니라는 가정을 지지하였다. 도리어 균등한 효과를 설명해 주는 공통적인 치료적 요소에 의하여 모든 치료가 특징지어진다는 것이다(Lambert et al., 1986; Stiles et al., 1986). 이러한 가정에 따르면, 체계적 둔감법, 자기주장 훈련, 꿈의 해석, 공감적 경청 등은 모두 아직 분명하게 구별되지 않은 좀 더 기본적인 치료적 원리의 반복이라는 것이다. 공통적인 치료적 요소에 대한 가정은 특별히 월피를 겨냥한 비판은 아니었지만, 대부분의 심리치료자들처럼 그도 자신이 이해할 수 없는 이유에 의하여 치료가 효과적으로 이루어지는 치료를 하고 있다고 제시하였다.

이러한 가정은 좀 더 효과적인 심리치료를 개발하기 위해서 공통적인 치료요소들을 분리하고 다듬고 이를 밝히기 위한 노력을 하게끔 이끌었다(Arkowitz, 1992). 환자와 치료자의 특성, 치료적 관계의 특징 그리고 이론적인 개념화를 능가하는 '변화 과정' 을 포함하여 폭넓은 공통적인 치료 요소의 범위가 제안되었다(Grencavage & Norcross, 1990; Lambert & Bergin, 1992). 아직까지 구체적인 공통적인 치료요소가 무엇인지에 대한 합의는 없고, 그것들을 체계화하기 위한 메타이론의 발달은 훨씬 부족하다. 공통적인 치료요소에 대하여 관심을 가진 이들은 그들 자신이 지지하는 치료체계의 원리로 이를 이해하려는 노력을 지속하였다(Goldfried, 1980).

월피는 이런 시도의 기반이 되는 전제들을 거부하였다. 연구 자료에 대한 해석을 통해 자신의 임상적 경험, 즉 행동적 접근이 정신분석이나 다른 통찰치료보다 우월하다는 점을 입증하였다. 그의 관점에서 보면, 동등한 효과가 있다는 결론은 다음과 같이 요약되는 몇 가지 오류에 기초한 것이었다. 첫 번째는 행동치료에 대한 편견으로, 더 나은 효과를 보여 준 자료를 무시하거나 왜곡하였다는 것이다. 두 번째는 '경미한 공포' 에 대한 연구로, 비특정적인 특징을 가진 많은 치료 방법이 동등한 효과를 나타내었다는 것이다. 세 번째는 부적절한 측정인데, 행동 변화와 관련이 적은 자기보고 또는 자기보고에 기초한 평정치를 사용하였다는 것이다. 네 번째는 행동치료의 부적절한 시행으로, 훈련이 부족한 치료자에 의해 치료가 진행되거나 패키지 치료를 사용하면서 최적의 결과를 내지 못한 점이었다. 공통적인 치료요소에 대하여, 월피는 따뜻하고 수용적인 치료자의 태도, 환자의 기대, 다르게 생각하고 다르게 느끼거나 행동하도록 제안하기와 같은 속성이 치료에서 중요한 역할을 한다는 점은 쉽게 받아들였다. 더 나아가, 그는 이러한 공통 치료요소들을 상호억제의 틀 안에 통합시켰다. 이러한 요소들을 신중하게 사용하고, 부적응적인 정서적 반응의 제거와 새로운 행동의 습득을 촉진하기 위하여 특정한 조작을 추가한 것이 그의 치료를 돋보이게 하였다. 그의 관점에서는 이것이 치료 효과 비교에서 행동치료가 더 예리하다는 점을 부여한 것이었다.

최근 행동치료학파가 아닌 뛰어난 연구자들에 의해 치료

효과 연구에 대한 고찰에서 월피의 입장이 강력하게 지지되었다(Lambert & Bergin, 1992; Lambert et al., 1986). 이러한 연구자들은 스미스 등(1980)의 메타분석이 행동치료의 효과를 깎아내리기 위해 '반응성'을 불공평하게 이용하였을 가능성에 대해 동의하였다. 그들은 Sloane과 그 동료들(1975)의 연구에서 일반적인 외래신경증 환자가 공통적인 치료요소에 치료되었다는 주장은 쉽게 받아들였지만 특정한 치료적 속성에 대해서는 적절한 평가를 하지 않았다는 점에 주목하였다. 또한 집단 평균치를 보고하면 특정한 사례에서 얻어지는 우수한 결과를 모호하게 만들 수 있다는 것을 발견하였다. 마침내 그들은 공포증, 강박증 그리고 성적인 장애와 같은 특정한 증상이 있는 어려운 문제에 대해 '행동치료가 더 강력하고 우월한 효과'가 있다는 것에 주목하였고, 이런 증상들은 둔감화, 홍수기법, 모델링과 같이 특정 절차의 치료목표가 될 수 있었다. 하지만 그들은 정신역동이나 행동치료이론의 '경직된' 지향에서 벗어나서 좀 더 절충적인 관점으로 향하는 것에 동의하였기 때문에, 월피를 전적으로 옹호하는 것을 의미하지는 않았다. 하지만 이러한 방법들이 부드러운 절충주의로부터 유래한 것이 아니라, 인간의 신경증에 대한 특정한 관점 그리고 그것들을 입증하거나 반증하는 것을 고취하려는 노력에서 비롯된 것이라는 점에 대해 주목해야만 한다.

수정과 분열

월피가 전통적인 정신분석에 도전했던 것과 꼭 같이, 행동치료 내의 다른 사람들은 곧 월피의 권위에 대해 의문을 제기하였다. 앞에서 밝힌 것처럼 치료 절차와 결과의 경험적인 분석과 관련하여 가장 염려하였던 사람들은 행동치료자였다. 그들이 정신역동 및 그 외의 통찰치료의 모호한 개념화보다는 그들 자신의 행동치료 영역에 관심을 돌리는 것은 자연스러운 일이었다. 게다가, 이러한 연구와 발전이 많이 이루어진 학구적인 임상심리학 분야에서는 복제와 진화보다는 혁신과 혁명이 장려되었다. 따라서 새로운 방법과 이론이 급격히 늘어났으며, 연구자들은 새로운 이론이나 치료 프로그램에 그들 자신을 각인시키기 위한 노력으로 월피와의 차별성을 강조하였다. 월피는 이에 응하여 새로운 자료에 접하면서 때때로 자신의 입장을 수정하고 때로 자신과 '새로운' 접근과의 유사성을 지적하였지만, 일반적으로 자신의 입장을 확고부동하게 지켰고 수정론자에 의해 제기된 도전을 논박하였다. 여기서는 행동치료의 분야에서 월피에게 향해진 몇 가지 주된 도전과 이러한 발전에 대한 그의 응답을 고찰하였다.

불안에 대한 자율신경계 이론

월피는 그 시대의 다른 이론가들처럼 불안을 자율신경계, 특히 교감신경계의 각성과 관련된 것으로 보고, 이것이 대부분의 신경증적 증상(1958: 34-35)의 원인이 된다고 보았다(1958: 34-35). 월피(1978a)는 단순한 회피를 신경증과 동등한 것으로 받아들이지는 않았지만, 조건형성된 자율신경계의 각성이 운동적인 회피 행동의 추동으로서 작용한다는 '이중 과정' 이론을 받아들였다(2장을 보라.). 자율신경계의 활동과 회피 반응 간에 비연속성을 보여 주는 자료는 불안의 말초적 자율신경계 이론에 대항하는 증거로서 받아들여졌다(Bandura, 1969: 426-428; 1978; Poppen, 1970). 간단하게 말하자면, 이러한 증거들에는 회피 행동의 잠복기가 자율신경계의 회복시간에 비해 훨씬 짧고(Solomon & Wynne, 1954), 회피 학습이 진행됨에 따라 자율신경계 반응이 사라지며(Grings & Lockhart, 1966; Notterman et al., 1952), 조건형성된 심장활동의 소거와 회피 간에 관계가 없고(Bersh et al., 1956; Carlson & Black, 1959), 자율신경계를 외과적, 화학적으로 파괴해도 회피 반응이 제거되지 않는다(Wynne & Solomon, 1955)는 발견 등이 포함되었다. 이러한 증거들을 고려하여 불안의 말초적 자율신경계 이론에 대한 대안이 제안되었다.

삼중반응이론 둔감화에 대한 유사 연구들은 일상적으로 불안에 대한 자율신경계, 운동성 그리고 언어적 평가를 포함하였다(Lang, 1964; Paul, 1966). 랭은 이러한 평가 프로토콜로부터 불안이 세 영역 각각의 요소들을 가진 복잡한 반응이라는 삼중이론(tripartite theory)을 발전시켰다(Lang, 1968; 1969). 동물 연구와 마찬가지로, 인간의 유사 연구에서 자율신경계 활동과 회피 행동 간의 관계가 때때로 서로 일관적이지 않은 것으로 발견되었고, 언어적 측정치는 더욱 불일치하였다. 피험자 집단 내에서 측정치 간의 상관계수는 종종 매우 낮은 것으로 밝혀졌다(Lang, 1968; Leitenberg et al., 1971). 이러한 불일치는 '비공시적(desynchrony)' 이라고 명명되었다(Rachman & Hodgson, 1974). 삼중반응이론에 따르면 불안은 세 가지 분리된 양식으로 구분되며, 각각은 다른 요소들에 대해 반응한다. 예를 들면, 낮은 '치료자 요구' 조건하에서 한 피험자는 큰 공포를 보고하고 뱀 만지기를 거부하겠지만 신체적으로는 낮은 심장 박동률을 보일 수도 있다.

월피는 랭의 삼중반응 체계가 불안의 증상적인 '결과' 를 조직화하는 데 유용함을 발견하였다([표 2]를 보라.). 따라서 환자는 빈맥(자율신경 반응), 사회적 상황에 대한 회피(운동적 반응) 또는 경험에 대한 기억상실(인지적 반응)을 보일 것이다(Wolpe, 1973: 24). 그러나 기본적인 불안반응인 말초적인 자율신경계(주로 교감신경) 각성은 남게 된다. 월피는 랭과 라크만의 '이동하는 모래(sifting sands)' 와 같은 접근법을 거부하였다(Wolpe, 1990: 23-25). 그는 유사 연구에서 제시된 '경미한 공포' 에서는 불안의 자율신경 측정치와 다른 측정 간의 '비공시성' 이 일어나겠지만, 진짜 신경증적 불안에서는 일어나지 않는다는 입장을 고수하였다. 자율신경계와 회피 반응 간의 불일치는 운동적 반응이 자율신경계의 활동을 상호적으로 억제하는 효과와 관련된 것일 수 있다. 그는 불안이 실험적인 연구에서 관습적으로 측정되었던 것보다 훨씬 더 폭넓은 자율신경계 활동을 포함한다고 지적하였으며, 사람들 모두가 공통적인 반응보다는 개인 특유적인 자율신경계 프로파일을 보인다는 Lacey의 고전적인 발견을 인용하였다(Lacey et al., 1953; Lacey & Lacey, 1958). 그는 '아마도 전혀 표준적이지 않은 양상으로 반응하는 피험자가 있겠지만, 생리적인 상관이 전혀 없이 불안한 느낌이 있을 수 있다는 제안은 그럴듯하지 않다.' 고 단언하였다(1990: 24). 따라서 그는 불안 각성의 중심에는 어떠한 자율신경계 활동이 늘 있으며, 실험적으로 관찰된 '비공시성'의 예에서는 적절한 자율신경계 반응양상을 모니터하지 않았다는 반박할 수 없는 결론에 도달했다.

역조건형성 불안의 교감 자율신경계 이론은 월피에게 상호적 억제의 원칙에 따라 부교감신경계 각성을 통하여 불안을 극복하는 발견적인 방법(heuristic)을 제공하였다. 근육이완, 섭식, 분노, 성의 불안 완화 효과는 상호억제적인 부교감신경과의 연결에 기인한 것이다. 하지만, 겁에 질린 동물이 배설하는 것처럼 불안반응이 부교감신경적인 요소도 포함할 수 있고, 평온하게 호흡하는 동안 기관지가 팽창하는 것처럼 불안 길항제가 교감신경적인 요소를 포함할 수 있다는 점이 폭넓게 받아들여졌다. 이러한 예외는 불안의 말초자율신경이론에 대한 비판과 결부되어, 상호억제보다는 역조건화(counterconditioning)라는 용어의 채택을 촉구하였다(Bandura, 1969: 430-431; Davison, 1968; Poppen, 1970; 1988). 이는 Guthrie(1935)가 소거의 간섭이론에 적용한 개념으로, 본질적으로 한 반응의 제거는 어떤 다른 반응에 의한 대치를 포함한다는 주장이다. 역조건형성은 추론된 신경활동이라기보다는 행동에 대해 언급하는 것이다. 예를 들면, 역조건형성 기법으로서의 체계적 둔감화는 관찰 불가능한 신경 기제를 고려하지 않은 채, 회피와 생리적인 각성을 행동적 접근과 이완으로 대치하였다.

월피는(1958: 29) 거스리의 역조건형성이론이 소거의 전반적인 이론으로는 부족하다고 생각하였다. 그는 때때로 역조건형성이라는 용어를 상호억제와 같은 뜻으로 사용하였고(1969: 14-15), 어디서도 두 개념을 분명하게 구별하여 설명하지는 않았다. 월피는 상호억제가 모든 유형의 반응, 즉 자율신경반응뿐만 아니라 운동적이고 인지적인 반응 간의 대치 또는 경쟁이라는 겉으로 드러나는 현상의 기저에 깔려 있는 신경 기전과 관계된다고 가정하였다(1976c: 11-18). 그는 이러한 맥락에서 운동적인 상호억제에 대한 예로, 틱과 신경증적 습관(Azrin & Nunn, 1973)에 대해 아즈린과 동료들이 실시한 '습관역전(habit reversal)' 절차를 기술하였다. 상호억제가 신경계의 통합적인 작용과 관련된 반면, 역조건 형성과 습관역전은 표면적인 현상이었다.

노출

환자로 하여금 불안 각성이 유발되는 혼란스러운 상황에 직면하도록 하는 노출치료는 체계적 둔감화와 현저하게 대조적이다. 노출은 회피조건형성에 대한 동물실험과 인간을 대상으로 한 임상적 유사 연구 그리고 임상 실제에 토대를 두고 있다. 노출에 대한 이론적인 설명은 상호억제 이론과 모순되었으며, 둔감화 그 자체에 대한 대안적 설명을 제공하였다. 월피는 노출 절차를 치료에 적용하였으며, 자신의 이론적인 체계 내에서 노출 절차를 설명하려 하였다. 그러나 노출 기법의 이론과 실제는 월피의 접근을 반대하는 것으로 널리 알려졌다.

유사 노출 연구 홍수법과 반응방지 절차는 동물 실험과 인간에 대한 유사 연구로부터 채택되었다. '반응 방지' 는 동물이 회피 반응을 하지 못하도록 하는 것을 말하며(예를 들면, Carlson & Black, 1959), '홍수법' 은 동물의 반응에도 불구하고 조건형성된 혐오자극을 계속 제시하는 절차다(Polin, 1959). 이러한 절차들은 일반적으로 소거 시행보다 더 효과적이었다. 하지만 홍수법에 의해 회피 반응이 소거된 후에도 불안은 여전히 남아 있다는 약간의 증거가 있었다(Page, 1955). Poppen(1970)은 쥐의 먹이섭취 억제를 감소시키는 데 홍수법이 소거보다 좀 더 효과적이지만, 둔감화의 유사 절차인 '점진적 역조건형성' 에 비해서는 효과적이지 않았다고 보고하였다. 홍수법에 대한 인간의 연구에서, Wolpin & Raines(1966)는 불안위계에서 가장 공포스러운 항목을 몇 분 동안 상상하면 뱀에 대한 공포를 완화하는 데 효과가 있다는 것을 발견한 반면, 라크만(1966b)은 더 짧게 제시하면 효과가 없다는 것을 발견하였다.

노출 기법의 주요한 변형은 Thomas Stampfl과 Donald Levis(1967; 1968)에 의한 '내파치료(implosive therapy)'의 개발이었다. 월피처럼 그들은 신경증적 불안이 혐오조건형성에 기인된 조건형성된 반응이라고 제안하였다. 월피와 다른 점은 마우어러(1947)의 2요인 이론과 Soloman과 Wynne(1954)의 '불안보존' 이론을 확장하여, 환자가 일차적인 조건형성 자극을 기억하기를 회피한다고 제안하였고, 원래의 불안 단서가 억압되거나 접근하기 어려운 상태로 소거되지 않게 보호된 채 남아 있다고 제안하였다. 더 나아가 그들은 구강적 욕구, 항문적 욕구 그리고 공격성과 같이 불안을 불러일으키는 '핵심' 주제들에 대한 정신역동적 이론을 이용하였다. 내파치료는 이러한 핵심영역과 관련된 자극에 노출시키는 과정을 요구한다. 치료 시, 불안자극에 대한 기술은 '일련의 단서 위계'에 느슨하게 배열되었고, 둔감화 절차에 비해 최대로 불안을 유발하는 항목에서 시작하여 증가시켜 나갔다. 치료자는 무의식적이고 정신역동적인 주제와 관련된 무서운 장면들을 극적으로 묘사하였고, 종종 실제적인 경험의 모든 가능성을 넘어서는 수준으로까지 기술되었다(Levis, 1980). 한 회기 내에서 불안이 소거될 때까지 최대한의 불안 각성을 유지하기 위하여 요소들을 추가하여 묘사하였다. 추가적인 회기에는 그 외의 주제들을 다루었다.

'홍수법' 과 '내파법' 이라는 용어가 서로 바뀌어 사용될 수 있기 때문에 내파치료의 평가는 방해를 받았고, 정신역동적인 주제의 역할을 결정하기 어렵게 되었다(Levis & Hare, 1977; Levis & Boyd, 1985). 내파법/홍수법 치료에 대한 몇몇 유사 연구는 이 치료를 체계적 둔감화와 비교하였다. 이러한 연구들에 대한 요약에서는 '이 연구들은 갈등적인 결과를 산출하였고 내파치료가 체계적 둔감화보다 더 낫다는 것을 보여 주는 연구는 없다는 점에서만 만장일치를 보였다.' 라고 결론을 내렸다(Rimm & Masters, 1979: 303). 정신역동적 자극이나 과장된 자극 요소를 포함하여 다룬 소수의 내파치료에 대한 연구들은 그러한 과정이 효과가 없거나 불필요하다고 보고하였다(Foa et al., 1977; Marshall et al., 1977). 심지어 내파치료의 지지자가 내릴 수 있었던 최상의 결론은 그러한 과장된 자극이나 정신역동적 주제를 포함시켜도 환자에게 위험하지 않다는 것뿐이었다(Levis & Boyd, 1985).

월피는 단순한 회피는 신경증적 행동으로 여기지 않았기 때문에 홍수법에 대한 다른 동물실험은 적절한 것으로 간주하지 않았다. 그는 '아무도 불안이 최대한으로 조건형성된 자극에 단순히 오랜 기간(여러 시간 혹은 수일) 동안 동물을 노출시켜서 실험신경증을 치료하지는 않았다.' 는 것을 관찰하였다(Wolpe, 1973: 195). 또한 내파법에 대한 정신역동적인 소거이론들은 전혀 소용이 없었다(1969: 188-189). 그는 스템플과 레비스의 성공적인 보고가 정신분석이론을 지지한다는 의견에 대해 반대하며 '내파법에서 제시하는 다양한 자극들은 감소하는 불안을 다시 불러일으킬 것' 이라고 단언하였다(1990: 221). 홍수법이나 내파법의 효과를 보여 주는 유사 연구는 비특정적 요소에 의해 쉽게 극복되는 '약한 공포' 를 다루었기 때문이라고 기각하였다.

임상적 노출 연구 유사 연구 문헌을 통해 미미한 지지밖에 받지 못했음에도 불구하고, 노출 기법은 임상 실제에서 점점 더 많이 사용되었다. 이는 모슬리 병원에서 강박증이나 광장공포증이 있는 환자들에게 둔감화치료가 효과가 없었던 반면, 불안한 상황에 직접 노출시키자 상당히 호전되었다는 초기 보고에서 시작되었다(Cooper et al., 1965; Gelder & Marks, 1966; Gelder et al., 1967; Hodgson et al., 1972; Stern & Marks, 1973). Marks(1978)는 '모든 방법이 환자가 익숙해질 때까지 공포스러운 상황에 노출시키는 방법으로 보인다.' 면서 체계적 둔감화, 모델링, 행동시연 그리고 홍수법을 포함하여 불안장애를 다루는 모든 행동치료에서는 '노출' 이 핵심적인 요인이라는 입장을 옹호하였다(Mark, 1978: 498). 마크는 '익숙해지는' 과정에 대해서는 관심을 가지지 않았고 소거, 습관화 또는 적응이라는 용어가 더 알맞다고 지적하였다. 그는 둔감화에 사용되는 이완훈련이 노출치료에 아무것도 더해 준 게 없었고, 불안유발 자극에 대한 직접적인 직면에 사용되면 좋았을 시간을 낭비한 것에 불과하다고 느꼈다. 그는 환자들 중 아주 작은 비율만이 노출을 통해 나빠진다는 점에 주목하고, 이러한 이례적인 개인차에 대해 연구할 것을 요청하였다.

많은 나라에서 강박증, 광장공포증, 공황장애에 대한 노출치료를 이용한 대규모 임상적 연구 프로그램이 진행되었다

(Barlow, 1988; Chambless & Goldstein, 1980; Emmelkamp, 1982; Jansson et al., 1986; Rachman & Hodgson, 1980; Steketee et al., 1982). 이 프로그램들은 노출 시행의 기간과 간격, 실제(in vivo) 또는 심상적 자극의 제시, 점진적 또는 높은 강도('내파법'은 아니지만)의 자극, 치료자나 다른 환자 또는 배우자가 함께 있는지 여부, 모델링이나 자기주장 훈련, 인지적 재구조화, 부부 상담, 약물 등의 추가적인 치료가 개입되는지 등을 포함하여 많은 치료 요인을 조사하였다. 폭넓은 진단적 범주들 내에서 집단 간의 차이와 개인적 차이를 알고, 이러한 차이를 치료 변인들과 관련시켜 설명하기 위해 노력하였다. 노출 연구자들은 일반적으로 노출이 시행되는 동안의 불안 감소에 대하여 인지적으로 설명하는 것을 선호하였다.

여기에서 노출 기법의 결과 및 치료요소와의 관련성에 대하여 논의하는 것은 불가능하다. 아주 개괄적으로 말하면 노출 프로그램을 끝까지 마친 사람들 중 대략 2/3가 임상적으로 유의미하게 증상이 경감되었고, 치료를 마치지 않은 경우 1~2년 뒤의 추적조사에서 증상의 경감률이 약간 떨어졌다(Foa et al., 1983). 노출 프로그램의 중대한 문제는 높은 탈락률이었는데, 불편감 때문에 환자들의 1/10에서 1/3이 치료를 거부하거나 프로그램에서 탈락하였다. 때때로 환자를 입원시키고, 몇 주, 몇 달 동안 날마다 24시간 관리해야만 하는 치료는 임상가들에게도 고된 일이었다(Barlow, 1988: 622-628). 노출이 그런 장애에 대한 선택적 치료로 계속 간주되는 동안에도 모든 연구자들은 개선의 여지가 많이 있다는 점을 인정하였다.

강박증과 광장공포증에 대한 월피의 초기 임상적 보고들에서 종종 둔감화가 어렵거나 성공적이지 못하다는 점에 주목하고, 그 후에는 자극을 직면시키는 방법에 의존하였다는 점이 흥미롭다(1958: 160-165, 176-179). 하지만, 월피는 이러한 전례를 따르지 않았고 단지 다른 사람들의 임상적 보고에 기반하여 자신의 치료에 홍수법을 마지못해 사용하는 정도에 머물렀다. 이것은 홍수법이 상호억제 이론과 명백하게 모순된다는 점과 환자가 악화되는 것에 대한 염려 때문이었다(1969: 192-193). 경험이 축적되고 긍정적인 임상적 보고가 증가함에 따라 그는 노출 절차를 받아들였고, 강박장애, 광장공포증, 사회공포증, 단순공포증 환자들에게 실제상황(in vivo) 홍수법과 심상적 홍수법 모두를 적용하였다(1973: 242-243; 1982: 294-298; Wolpe & Ascher, 1976, 3장). 그러나 월피는 강박증이나 광장공포증의 진단적 범주에 포함된 환자들에게 포괄적으로 노출 절차를 사용하는 것은 비판하였고, 각 환자에게 정말로 필요한지 여부를 결정할 필요가 있음을 강조하였다. 그는 환자의 강박적인 행동뿐만 아니라 사회적 불안을 다루어 주면 호전율이 향상될 것이라고 주장하였으며, 반응방지기법 이후 약간 호전되었던 환자가 뒤이어 사회적 불안에 대한 자기주장 훈련과 둔감화를 실시한 이후 완벽하게 회복된 한 사례를 제시하였다(1990: 296-298). 비슷한 식으로, 월피는 광장공포증이 단순히 노출기법으로 다룰 수 있는 단일한 장애가 아니라는 점에 주목하였다. '광장공포증은 신경증의 다른 어떤 범주보다도 가능한 한 가장 폭넓은 행동치료 레퍼토리를 가지고 있을 것을 치료자에게 요구한다.' (1983: 289). 그는 정신의학적 진단 기준에 맞는 환자들을 개인차를 고려하지 않은 채 무작위로 다양한 노출치료에 할당하였다는 점에서 연구 프로그램들을 비판하였다. 동료인 골드스타인이 더 높은 성공률을 보고하였던 다면적 치료 프로그램조차도, 각 개인에게 맞추어 치료 절차를 계획하는 데 실패하였다고 비난하였다(1990: 257-258).

또한 월피(1976c; 1990: 51-53)는 노출에 대한 다양한 이론적 설명도 비판하였다. 그는 마크의 '익숙해지도록 하기' 가정은 전혀 이론이 아니라고 주장하였다. 이는 습관의 획득과 제거에 노출이 분명하게 수반되는 것에 더하여, 조건형성된 어떤 자극들에 대한 노출을 포함하기 때문이라고 하였다. 환자가 어떠한 효과 없이 일상생활에서 불안을 유발하는 상황에 반복적으로 노출되었고, 민감화가 때때로 발생하였다는 관찰도 또한 '익숙해지도록 하기' 가 불충분하다는 것을 지적하였다. 다른 연구자들도 마크의 추론에 대하여 유사한 비판을 하였다(Barlow, 1988: 286; Rosenthal & Bandura, 1978). 월피는 기대(expectancy)나 자기효능감과 같은 노출에 대한 인지적 이론 또한 비판하였다. 환자는 위험에 대한 기대나 어떤 상황에서 자신의 수행 능력에 대한 믿음을 잘 변화시킬 수는 있었지만, 그러한 변화는 공포 감소에 뒤따르는 것이었지 공포 감소를 일으키는 것은 아니었다.

노출이 불안감소 효과를 일으키는 학습 기제는 월피에게 여전히 난제로 여겨졌다(1969: 192-193; 1976c; 1990: 224-225). 노출 기법은 반복적으로 강화하지 않은 채 불안을 불러일으키는 방법으로 신경증적 불안이 간단히 소거되는 것이 아니며, 어떤 억제적 과정에 의해 불안이 극복되어야만 한다는 그의 기본적인 전제와 모순되었다. 그는 조건형성된 반응을 오랫동안 유발시키는 과정을 통해 보호적인 억제 반응을 이끌어내는 '한계초월 억제(trans-marginal inhibition)'라는 불분명한 파블로프 학파의 과정이 포함될 수 있다고 생각하였다. 그리고 홍수법치료 상황의 특성이 불안에 대한 억제적인 반응을 일으킬 수 있다는 점에 주목하였다. 이러한 특성에는 치료자의 존재, 다양한 주의분산 책략, 인지적 책략, 이완 대처전략 등이 포함되었다. 그의 억제 가설은 몇몇 치료 절차에 대한 제안을 하도록 만들었다. 노출의 기간은 억제적 과정이 발생하도록 충분해야 한다. 불안의 강도 또한 중요한데, '알맞게 강한' 수준으로 '최대의' 수준보다는 쉽게 억제될 수 있어야 한다. 하지만, 월피는 왜 어떤 장애 또는 어떤 사람들은 체계적 둔감화보다 노출 절차에 더 잘 반응하는지에 대해서는 조금도 분명하게 말하지 않았다. 그의 억제이론은 거부당하거나(Rachman & Hodgson, 1980) 무시당했다(Barlow, 1988: 285-318). 그의 이론에서 끌어낼 수 있는 자극 제시 시간, 불안 각성의 수준, 불안억제 자극과 반응의 특성 또는 '한계초월 억제'의 기제 등에 관한 가설들은 아직 연구 과제로 남아 있다.

대처기술

그러한 조작적 조건형성에 대한 지지자들은 월피의 치료적 접근을 '제거적'인 것으로 보았으며, 신경증적 증상을 일으키는 불안이 제거되는 동안 적응적 행동이 나타난다고 추정하였다(Goldiamond, 1975), 반대로, '구조적인(constructional)' 접근에서는 환자들이 효과적으로 반응하기 위해 필요한 기술을 습득하지 못했기 때문에 특정한 상황에서 불안을 경험하고 증상적인 행동을 보이게 된다고 주장하였다. 예를 들어, 뱀공포증에 관한 폭넓은 연구에 따르면, 공포증은 뱀과 관련된 혐오적인 경험의 결과가 아니라, 사람들이 뱀에 대한 실제적인 지식과 뱀을 다루는 기술이 거의 없다는 점에 기인한다는 것이다. 이러한 관점에서 볼 때 둔감화는 공포스러운 상황에서 상호작용하는 적절한 방식을 상상해 보고 불안에 대처하는 수단으로 이완법을 연습하는 것이다(Goldfried, 1971; Goldfried & Trier, 1974). 비슷한 식으로, 자기주장 훈련은 부정적 감정을 억제하기보다는 새로운 사회적 기술을 배우는 방법으로 여겨졌다. 대처기술에서 제안된 학습 기제에는 월피의 탈조건형성 이론 대신에 조작적 강화, 대리 학습, 인지적 재구조화가 포함되었다.

모델링 앨버트 반두라의 '대리학습'에 대한 연구가 대처기술 접근에 중요한 추진력을 제공하였다. 반두라(1971)는 종종 직접적인 혐오적 조건형성이 아니라 다른 사람의 부정적인 경험을 목격하거나 들음으로써 불안이 생겨난다는 점에 주목하였다. 더욱이, 자신의 기술이 부족하거나 부족하다고 믿는 상황에 직면하였을 때 불안이 일어날 수 있다. 이러한 관점에 따르면, 불안한 사람에게 다루기 힘든 상황에서 적절한 행동과 긍정적인 감정을 보여 주는 모델을 제시하는 것은 공포를 극복하도록 돕는 데 두 배로 효과적이다. 즉, 공포 때문에 억압되었던 이전에 학습된 행동을 '탈억제' 시킬 수 있을 뿐만 아니라 상황에 대처하는 적절한 행동을 가르칠 수 있다. 반두라는 대리학습이 조건형성 모델로는 설명되지 않는다고 생각하여 이를 설명하기 위한 인지적 이론을 제안하였다.

영향력 있는 한 유사 연구에서(Bandura et al., 1969) 둔감화와 '상징적 모델링'(공포 상황의 위계에서 한 사람이 뱀을 다루는 영화를 보는 것)이 뱀에 대한 공포를 감소시키는 데 동등한 효과가 있다는 점과 '참여적 모델링'(치료자의 지도를 받으면서 공포 상황에서 연습하는 것)이 앞의 두 방법보다 우수하다는 것을 발견하였다. 더욱이, 뱀과 파충류에 대한 피험자의 부정적인 태도가 참여 모델링을 통해 가장 눈에 띄게 향상되었고, 상징적 모델링과 둔감화에 의해서는 향상된 정도가 적었으며, 평가 과정 동안의 실제적인 정보의 제공과 간헐적인 노출에 의해서는 전혀 변화되지 않았다. 이후에 반두라는 모델링하는 방식, 모델의 적절성, 피험자와의 유사성, 신체적인 접촉, 연습할 기회 등과 같은 모델링 변인들을 조사하는 많은 유사 연구를 계속하였다. 모델링 절차는 회피 행동과 부정적인 언어적 평가를 줄이는 데 매우 효과적이라는 점이 발견되었고, 비교연구에서 종종 둔감화보다 우월한 것으로 나타났다(Rimm & Masters, 1979: 103-151; Spiegler & Guevremont, 1992: 251-290).

월피는 반두라의 초기 모델링 연구를 '유의미한 실제적 진보'로 인정하였지만 그의 인지적 이론은 거부하였다(1973: 161-162). 공포 획득의 조건형성 모델에 대한 반두라의 비판은 월피에 대한 제한된 이해에 기반한 것이었지만, 월피는 잘못된 신념이 불안의 기원임을 늘 인식하였다(1958: 199).

이후, 월피는 불안의 원인론에서 신념의 역할을 확장시켜 모델링 방법에 대한 '새로운 분석'을 제공하였다(1990: 212-214). 월피는 참여적 모델링이 치료자와의 상호작용을 통해 상호적으로 불안을 억제하게 도움을 주는 실제상황(in vivo) 둔감화의 한 형태라고 제안하였다. 모델링과 지도를 받아 수행하는 참여(guided participation)는 인지적인 기반이 있는 불안을 가진 이들에게 '정확한 정보'를 제공할 수 있는 반면, 모델인 치료자는 '유쾌한 감정 반응'을 일으킬 수 있고 조건형성된 공포를 가진 이들에게는 상호억제적인 대리자 역할을 할 수 있었다. 월피는 공포의 두 가지 원인 모두를 다루기 위하여 지도를 받아 수행하는 참여 모델링의 '커다란 치료적 가치'를 인정하였다.

사회적 기술 월피는 분노나 유쾌한 정서가 대인관계적 상황에 조건형성된 불안을 상호적으로 억제한다는 관점에 입각하여 최초로 자기주장 훈련을 고안하였다. 반대로, 몇몇 연구자들은 사회적 불안이 불충분한 사회 기술, 잘못된 인지적 평가, 혐오적 조건형성이라는 세 가지 원인적 요소에 기인할 수 있다는 점을 지적하였다(Curran, 1975, 1977). 자기주장 훈련은 이 세 가지를 모두 다룬다고 볼 수 있다. 즉, 첫 번째 요소는 적절한 사회적 · 언어적 반응을 직접 가르침으로써, 두 번째 요소는 자기주장에 대한 이론적 설명과 지지적인 언어적 피드백으로써, 세 번째 요소는 월피가 제안했듯이 사회적 상황에서 긍정적인 정서적 경험을 촉진함으로써 대인관계적 상황에 조건형성된 불안을 다룰 수 있다. 자기주장 훈련에 대한 연구는 사회적 기술 훈련에서 모델링, 코칭, 시연 그리고 피드백과 같은 교육적 측면에 초점을 맞췄다(Fodor, 1980). 주로 데이트 불안이나 다른 대인관계적 문제가 있는 대학생들을 대상으로 수많은 유사 연구가 행해졌다(McFall & Twentyman, 1973). 그런 연구에서는 자기주장 행동시연이 위약이나 비치료 집단보다 우수하며, 단독적인 시연보다는 모델링과 피드백을 추가하면 더 효과적이라는 것을 발견하였는데, 특히 단순히 거절을 하는 자기주장 행동보다는 좀 더 복잡한 자기주장 행동의 경우에 그러했다(Rimm & Masters, 1979: 94-98).

자기주장 훈련에서의 중요한 기술적, 개념적 혁신은 인지적인 요소를 강조한 것이었다. 미국의 시민 권리를 위한 혁명의 맥락에서, 개인이 자신의 감정 및 자신이 가장 흥미 있어 하는 것을 솔직하게 표현할 수 있는 개인의 '권리'에 대한 철학적 기초가 발전하였다(Alberti & Emmons, 1970). 권리에 대한 고찰은 자기주장 훈련 프로그램에서 교육적인 서문의 역할을 하였고, 그러한 개인의 권리에 대한 맥락으로 자기자신 및 타인에 대한 환자의 믿음과 태도를 훈련과정에서 다루었다. 몇몇 임상연구자들은(Lange & Jakubowski,

1976) 환자의 불안이 비합리적인 사고로부터 기인된다고 보는 앨리스의 합리적 정서치료(RET) 모델을 통합하였다. 인지적인 기반을 둔 프로그램의 목표는 특정한 대인관계적 불안을 극복하기보다는 환자에게 전반적으로 주장적인 사고방식을 습득하도록 하는 것이었다. 치료자가 시간을 효율적으로 이용할 수 있게 해준 다른 기술적인 진보는 유사한 문제를 가지고 있는 사람들에게 집단치료를 실시하는 것이었다. 이것은 아프리카계 미국인이나 여성과 같이, 더 큰 문화에 의해 권리를 빼앗겼다고 느끼는 집단을 위하여 특별하게 채택되었다(Cheek, 1976; Phelps & Austin, 1975).

자기주장 훈련에 인지적이고 기술적인 훈련 구성요소를 추가한 것은 월피가 비공식적으로 실시했던 것을 공식적으로 정교화한 것이라고 볼 수 있다(3장을 보라.). 그는 자기주장에 대한 환자의 그릇된 생각을 개별적으로 확실히 다루어 주었고 '권리'의 개념이 유용하다는 것을 알았지만(1973: 89), 모든 사회적 불안이 비합리적인 사고에서 비롯되었다는 것에는 동의하지 않았다. 라자루스와 초기 공동 연구에서 월피는 자기주장이 새로운 운동적, 언어적 기술을 배우는 '조작적' 요소를 포함한다는 점을 확인하였고, 자기주장의 성공적인 수행이 불안 감소에 공헌한다고 생각하였다. 그는 자기주장 훈련 과정들이 '서로 분리시킬 수 없이 뒤얽혀' 있다고 느꼈으며, '순수한 사회기술 훈련'은 불안하지 않고 단지 적절한 습관이 부족한 사람의 경우에는 필요하겠지만(1990: 136), 대부분의 사례에서는 조건형성된 불안이 주된 원인이라고 생각하였다. 연구나 워크숍 목적으로 개발된 표준화된 자기주장 훈련패키지는 인지적 훈련, 기술 훈련 그리고 참가자의 다양한 요구를 충족시키기 위한 불안감소 요소를 필수적으로 포함하였다. 월피는 언제나 그랬던 것처럼 개별적인 환자에게 맞춤식의 치료 프로그램을 개발하는 것을 선호하였다.

인지혁명

브레거와 맥거프(1965)에 의한 초기 비판, 즉 '말초적인 자극-반응 학습이론'은 복합적인 임상 현상을 설명하는 데 부적절하므로 인지적인 '재개념화'가 요구된다는 주장은 행동치료에서 중요한 변화를 예언하였다. 십 년 후, 행동치료에서의 '인지혁명'은 조건형성이론과 부적응적인 인간행동을 바꾸기 위한 방법들을 폐지하라고 주장하였다(Mahoney, 1977). 월피의 치료 기법의 효과에 대한 의문이 제기되었고, 그의 치료 효과는 인지적 절차가 우연히 개입되어 나타난 결과라면서 특정한 인지적 방법이 조건형성에 기반을 둔 치료, 특히 체계적 둔감화에 비해 우수한 결과를 보였다고 주장하였다. 여기에서는 몇 가지 인지적인 '재개념화'와 월피의 논쟁에 대해 고찰하겠다.

기대 전통적 심리치료에 대한 월피의 가장 초기 비판 중 하나는, 긍정적인 치료 효과가 나타나는 이유는 단순히 치료가 도움이 될 것이라고 환자가 믿기 때문이라는 것이었다(1958: 193). 따라서 체계적 둔감화가 효과가 있을 거라고 믿는 환자의 기대를 높이는 방법에 불과하다는 비판을 받았다는 점은 아이러니한 것이었다(Kazdin & Wilcoxon, 1976; Wilkins, 1971). 둔감화에 대한 유사 연구에서는 기대효과를 규명하기 위한 통제 집단으로 위약치료 또는 중요한 특정 요소를 제거한 둔감화 기법을 포함하였다. 대부분의 경우 둔감화가 좀 더 효과적이라고 입증되었지만, 질문지를 통한 평가에서 통제적 절차에 대한 믿음이 둔감화 절차에 대한 믿음보다 더 낮은 것으로 평가되는 일이 종종 발생하였기 때문에 그러한 결과는 비판을 받았다(Borkovec & Nau, 1972). 이러한 추론에 따르면, 좀 더 믿을 만하게 보이는 치료는 치료에 대한 기대를 더욱 높이며 자기충족적인 예언의 효과를 거둔다는 것이었다.

지시나 위조된 생리적 피드백 방법으로 기대 요인을 조작한 유사 연구들이 이루어졌다(Valins & Ray, 1967). 고기대(high-expectancy) 위약처치 집단이 항상 저기대 위약처치 집단에 비해 우수한 것으로 판명되었지만, 둔감화 절차와의 비교에서는 결과가 일관되지 않았다. 예를 들면, 고기대 위약처치는 둔감화에 비해 우월하거나(Tori & Worell, 1973)

동등하거나(Donovan & Gershman, 1979) 또는 열등하였다(Miller, 1972). 더 나아가 결과 측정치들 간에 일치되지 않아서 상황은 더욱 복잡해졌다. 치료 효과는 언어적, 운동적 또는 생리적 측정치에서 다양하게 입증되었지만, 세 가지 모두가 측정되는 경우는 거의 없었다. 또한 지시를 통해 둔감화에 대한 기대를 조작하려는 시도는 비일관적인 결과를 가져왔는데, 몇몇 연구들은 저기대 둔감화가 효과가 없다고 보고한 반면(Borkovec, 1972), 다른 연구들은 기대 요인과 관계없이 효과적이라고 보고하였다(McGlynn, 1971). 이러한 점에 대해서, 반대되는 지시를 해도 그것이 효과가 없을 정도로 둔감화가 매우 신뢰적이다는 것을 종종 발견하였다(Kazdin & Wilcoxon, 1976). 이렇게 둔감화에 대한 본래의 믿음의 기초를 거의 고려하지 않은 채, 유사 둔감화 연구에서 기대 조작에 의해 영향을 받았다는 사실은 둔감화의 효과가 오직 치료적 기대를 일으키는 능력에 기인한 것이라는 결론을 이끌었다(Emmelkamp, 1982: 55; Kazdin & Wilcoxon, 1976).

하지만 월피(1983: 53; 1990: 52-53, 191-192)는 둔감화에서 기대의 역할을 조사한 연구들이 기대가 매우 강력한 요인이라는 것을 보여 주지는 못했다고 결론내리고 기대 가설을 기각하였다. 그는 둔감화가 치료적으로 확고한 것이 아니라 강한 기대를 불러일으킨다는 주장에 대항하는 증거로서 비일관적인 결과를 해석하였다. 그는 또한 기대 조작이 유사 연구에서처럼, 오직 경미한 공포증의 치료에서만 효과적인 것 같다고 주장하였다. 이러한 주장에 발맞춰, Borkovec(1973)은 다른 연구들에서는 공포의 정도와 상관없이 기대 조작이 효과적이었다는 것을 발견하였음에도 불구하고, 경미한 공포증 피험자 집단에서 기대효과가 발견되었고 강한 공포증 피험자 집단에서는 기대효과가 발견되지 않았음을 보여 주는 연구들을 개관하였다(Sullivan & Denny, 1977). 특히, 비특정적 치료 요소들을 다룬 행동치료 연구에 대한 메타분석에서 위약 처치에 대한 믿음 평정치와 효과 크기 간에 관계가 없고, 행동치료는 위약 처치보다 일관되게 더 효과적이었다는 점도 추가되어야 한다(Bowers & Clum, 1988).

좀 더 근본적으로, 월피는 기대가 '학습 기제'가 아니라 단지 '행동적 사건'이라고 이의를 제기하였다. 즉, 기대는 치료적 현상이지, 설명을 제공하지는 않는다는 것이다. 치료에 의해 야기되는 다른 긍정적인 사고와 감정과 마찬가지로 월피에게 있어 기대가 불안과 경쟁하는 적절한 기제는 상호억제였다. 약한 공포나 치료 혹은 치료자에 대한 매우 강한 긍정적인 신념의 예에서는 기대로도 치료가 충분할 수 있었지만, 임상적 신경증적 불안의 대부분 사례에서는 치료에 대한 믿음만으로는 충분하지 않았다. 월피는 기대를 상호억제이론에 대한 대체물이라기보다는 상호억제이론이 작용한다는 다른 증거로 보았다. 기대의 이러한 측면은 '단지' 비판에 불과한 것들에 의해 간과되었다.

자기효능감 앨버트 반두라는 고전적, 도구적 조건형성에 상응하는 학습 형식으로 여겼던 대리학습 이론으로 인지혁명의 선구자가 되었다(Bandura, 1969: 133-143). 브레거와 맥거프(1965)의 글을 인용하자면, 반두라는 '말초적인 자극-반응 결합' 으로서의 학습이론을 기각하였고, 중재적 인지 기제의 4단계 모델을 제안하였다. 반두라는 '말초적인 자극-반응' 이론을 수용하지는 않았으나, 브레거와 맥거프와 같이 헐과 월피의 학습이론을 참조하였던 것은 분명하다. 헐은 환경적인 자극과 명백한 반응 사이를 중재하며 일련의 자극-반응으로서 표현되는 다양한 기제를 제안하였고, 월피는 이를 일련의 신경계 연결로 해석하려고 노력하였다. 반두라에 의하면 획득 단계에서는 아무 반응도 일어나지 않았고, 따라서 '반응' 에서 '자극' 으로 연결이 없기 때문에 대리학습은 이러한 이론들을 지지할 수 없다고 하였다.

반두라의 대리학습에 대한 연구는 그의 좀 더 야심찬 자기효능감 이론에 대한 서막의 역할을 하였다(Bandura, 1977). 불안에 대하여 반두라는 월피가 제안했던 혐오적인 상황에 대한 조건형성에서 부정적인 감정이 유래하기보다는 두 가지 유형의 신념, 즉 '자기효능감' 과 '결과 기대' 간의 신념

불일치로부터 야기된다고 제안하였다. 예를 들면, 자신이 부적절하고 매력적이지 않다고 믿는 사람은 중요한 사회적 상황에 직면하여 혼란스러운 정서를 경험할 것이고 부적응적인 행동을 할 것이다. 마찬가지로 치료는 불안을 탈조건 형성시키는 문제가 아니라, 자기효능감을 강화시키는 '정보'를 제공하는 문제다. 치료에서는 반두라가 효과의 측면에서 순위를 매긴 네 가지 통로를 통하여 정보를 제공한다. 첫 번째 통로는 '수행 성취' 또는 '활동 달성'이라고 명명되었다. 실제상황 둔감화, 행동시연, 노출치료, 참여적 모델링과 같이 효과적인 행동을 격려하는 절차들은 성공적으로 수행한 이후에도 계속해서 그렇게 할 수 있을 것이라는 신념을 강화해 주었기 때문에 좀 더 효과적이었다. 두 번째는 체계적 둔감화와 모델링을 포함한 '대리경험(vicarious experience)'이었다. 세 번째는 논리적인 논쟁과 실제적 기술 또는 합리적 정서치료에서 적용한 것과 같은 치료자의 지시를 포함하는 '언어적 설득(verbal persuasion)'이었다. 마지막은 일반적으로 불안한 상황에서 생리적 각성 수준이 낮으면 자기효능감을 촉진한다는 '정서적 각성(emotional arousal)'이다. 이완은 그 자체 또는 체계적 둔감화의 맥락에서 이 범주 내에 위치한다.

반두라의 자기효능감 이론은 이전에 개발되었던 모델링 절차를 넘어서는 새로운 치료기법을 추가하지는 못했지만,

월피의 절차를 포함하여 행동적 절차와 인지적 절차를 조직화하는 데 친숙한 틀을 제공하였다. 또한 자기효능감이라는 새로운 변인을 제공하였는데, 이는 독립변인(치료)과 종속변인(결과) 사이를 매개하였다. 자기효능감의 평가는 환자로 하여금 자신의 수행을 예측하게 하거나 문제가 되는 상황에 대해 평정해 보도록 하는 형식을 취하였다. 많은 유사 연구들은 자기효능감 측정치가 치료 유형, 회기 수 또는 수행 기준과 같은 치료 변인들보다 치료 결과와 더 밀접하게 관련된다는 점을 발견하였다(Bandura, 1982; Bandura et al., 1982). 예를 들어, Bandura & Adams(1977)는 성공적으로 체계적 둔감화 치료를 마친 뱀공포증 피험자 집단이 자기효능감에서는 매우 다양하다는 점을 발견하였는데, 둔감화에 성공했던 위계 항목들보다는 자기효능감 측정치가 뱀이 있을 때 피험자들이 실제로 어떻게 수행할지에 대해 더 정확하게 예언해 주었다. 그들은 행동 변화에 있어 불안 탈조건 형성보다는 자기효능감에 대한 신념의 변화가 효과적인 기제라는 결론을 내렸다.

월피(1978b)는 자기효능감 이론이 '둥근 구멍에 사각형의 못'이라고 주장하였다. 그는 자기효능감에 대한 신념이 정서적인(자율신경) 반응과 관련된 것이 아니라 어떤 복잡한 운동에 대한 중요한 선행조건으로 받아들였다. 그는 공포증 환자들이 자신이 뱀을 쥘 수 있거나 안전한 장소로 피할 수 있는 운동적인 기술을 가지고 있다는 점을 '안다' 고 지적하였다. 그들이 그렇게 할 수 없는 이유는 공포 때문이다. 월피는 자기효능감 신념은 불안이 감소된 이후에 향상될 수 있는 것이지, 불안 감소에 있어 원인 역할을 하는 것이 아니라고 주장하였다. 그는 반두라와 애덤스의 연구를 언급하며, 일부 환자들은 공포 각성을 전혀 경험하지 않은 채 공포 자극을 상상할 수 있어서 불안위계상에서 호전을 나타내지만, 실제로는 불안의 탈조건형성을 성취하지 못하여 둔감화 후에 개인차를 야기한다는 점을 알아차리지 못했다는 이유로 자기효능감 이론을 거부하였다.

또한 월피(1990: 55, 347)는 자기효능감 이론을 '가설적 과정의 은유적인 기술' 이라고 요약한 Lee(1989)의 '신랄한 분석'에 찬성하였다. 리는 반두라의 이론적 구성개념이 모호하게 정의되었고 자기효능감 연구자들 사이에서도 해석이 서로 불일치하는 점을 지적하였다. 그녀는 다양한 '정보의 통로' 를 통합하는 추정적인 인지과정을 구체화하지 않아서 통로 입력과 자기효능감 결과를 연관 짓는 게 불가능하다는 점도 언급하였다. 같은 맥락에서, Hawkins(1992)는 자기효능감 신념이 행동에 원인으로서 작용하는 독립변인이라는 가정에 대해 통렬히 비난하였다. 활동 달성, 대리경험 등이 자기효능감을 변화시킴으로써 행동에 영향을 미치는 진정한 독립변인이었다.

중다양식치료 월피의 초기 제자인 아놀드 라자루스는 곧 자신의 치료 절차에 대한 월피의 이론적인 설명이 적절하지 않다고 불만을 느끼게 되었다(Lazarus, 1967). 라자루스는 '행동시연'과 '정서적 심상'과 같은 월피의 치료 절차에 대한 몇 가지 새로운 변형을 개발하였고, 월피는 라자루스를 신뢰하여 이를 채택하였다. 그들이 서로를 비방하며 불화를 겪은 이후, 라자루스는 일련의 논문과 책을 통해 월피의 치료가 개념적, 절차적으로 지독히 편협하다고 공격하였다(Lazarus, 1971; 1973; 1974; 1976; 1977; 1980). 다른 인지적 비판자들과 나란히 라자루스는 월피의 외상적 조건형성모델은 대다수의 '공포증과 같은 민감성'의 병인론으로는 부적절하다고 주장하였으며, 자신의 환자들 중에서 그러한 조건형성 경험을 회상할 수 있는 환자는 3퍼센트에도 못 미친다고 지적하였다. 그 대신에 그는 대부분의 공포가 습득되는 방식으로 '언어적 의사소통'과 반두라의 대리학습이론을 언급하였다. 또한 반두라와 앨리스를 인용하면서 정서적 반응이 인지적 과정의 산물이라는 관점에 대해 지지하고, 월피가 주장한 불안의 자율신경계 이론을 반대하였다. 그는 복합적인 행동을 설명하기 위해 월피가 조건형성 개념을 사용했던 것을 '이론을 구걸한 것'이라고 불렀다. 그리고 공포증을 단순히 명백한 회피 반응으로 간주하고 내현적인 과정을 무시하는 월피를 비난하였다. 또한 월피가 사용하는 체계적 둔감화가 사회적 불안을 잘못된 방식으로 지도하고 강박장애에도 효과적이지 않다고 비판하면서, 자신이 이전에 월피와 공동연구하며 발표하였던 상호억제를 지지한 몇몇 출판물을 철회하였다. 이름은 거론하지 않은 채, 라자루스는 구세주적이며 종교적인 교리와 원칙을 고수하는 숭배자와 같이 고집스러운 '일부 영향력 있는 심리치료자들' 을 비난하였고, 그들이 효과적인 정신치료의 발전을 저해하였다고 주장하였다.

라자루스의 이론적인 대안은 환자가 7개의 '양식' (행동, 정서, 감각, 심상, 인지, 대인관계, 약물/생물학: BASIC/ID) 중 어떤 것에서 문제를 나타낼 수 있다는 견해를 포함하였으며, 치료적 절차는 각각의 관련된 범주를 다루는 것이었다. 그는 이것을 '중다양식 행동치료(multimodal behavior therapy)' 라고 불렀고, 이후에 '행동' 이라는 형용사는 제외시켜서 중다양식치료라 칭하였다. 절차적으로 그는 이론적인 추론보다는 경험적으로 증명된 효과에 근거하여, 심리치료의 전 영역에서 기법을 채택하는 '기법적인 절충주의' 를 옹호하였고, '사막섬 공상(the desert island fantasy)' 과 같은 심상 지시를 수반하는 몇 가지 기법들을 발전시켰다. 월피처럼 라자루스도 연구자가 아니었으므로, 자신의 주장을 지지하기 위해서 일화적인 사례보고와 선택적인 문헌 인용에 의지하였다.

월피(1976c)는 라자루스를 가리켜 자신에 대한 비판도 완전히 이해하지 못하는 '불평분자' 라고 비난하였다. 월피가 편협하고 기계적이고 비인격적인 치료자라고 라자루스가 공격한 것은 정확하지 못하게 지각한 것이라고 생각했으며, 라자루스가 치료에서 '확장'한 것은 대부분 자신의 치료에 이전부터 있었던 측면을 불필요하게 주장하는 것이라고 간주하였다. 라자루스가 목록으로 기술한 중다 '양식' 은 월피의 자극-반응 분석에 일상적으로 포함되는 것이었다. 월피는 '기법적인 절충주의' 에 대해서는 기초적인 연구에서 직접적으로 파생된 결과가 아니라 경험적인 지지가 있었기 때문에 그가 포함시킨 절차들이었다고 주장하면서, 이산화탄소 흡입을 한 예로 언급하였다(그러한 경험적 절충주의에 대한 보다 최근의 예로서 '안구운동 둔감화' 를 들 수 있다.). 이러한 관점에서 그는 라자루스의 '사막섬 공상' 과 '폭발 기법' (blow-up technique)이 경험적 기초가 불충분하다며 비난하였지만, '정서적 심상' 절차에 대한 신뢰는 지속되었다. 월피는 라자루스가 출간한 중다양식 치료의 결과가 자신의 치료에 비하면 재발률이 10배에 이른다고 평가절하하였다. 월피는 또한 라자루스가 손을 잡은 Perry London(1972)이 주창한 전적인 절충주의를 과학 이전의 의술의 전형이라며 비판하였다. 라자루스의 인지적인 비판은 다른 인지주의 옹호자들의 비판과 다를 게 없었으며, 월피는 그것들에 대해 구체적으로 다루지는 않았다.

사람들은 월피가 라자루스의 비판을 '오지각'으로 규정지은 것이 이해 부족에서 기인한 것인지 궁금해하였다. 분명히 라자루스는 월피의 치료이론 체계에 대한 철저한 지식을 가지고 있었지만, 그것에 대해 풍자하는 방식으로 비판하였다. 만일 누군가 라자루스의 종교적인 은유가 월피를 향한 것이었다고 눈치챌 수 있다면, 그것은 둘의 입장을 드러내줄 수 있는 단서를 제공해 줄 것이다. 확실히 월피는 정신분석 및 그 외 효과 없는 치료들을 뒤집어엎을 사명을 가지고 있었고, 이러한 문제에서 자신을 지지할 수 있는 개인적이고 전문적인 확신, 즉 '정당성'을 가지고 있었다. 그럼에도 불구하고 그는 자신과 이론적이고 절차적 차이가 있는 많은 이들과 우호적인 관계를 유지하였다. 라자루스의 비판 중에서 거슬리는 부분은 아마도 스승의 그림자를 지우고 누구의 '제자'가 아니라는 것을 보여 주기 위한 그의 욕구와 좀 더 관련이 있었을 것이다.

인지치료 라자루스는 인지적 요인들에 관심이 있었던 여러 치료자 중 한 사람이었고, 앨버트 앨리스와 아론 벡의 인지 치료를 폭넓은 '인지행동치료' 프로그램으로 병합시켰다. 인지치료의 기본적인 전제는 전부는 아니더라도 대부분의 부정적인 감정과 부적응적 행동이 고통스러운 경험과 연합된 자극에 대하여 자동적으로 조건형성된 정서반응이라기보다는, 세상과 자기 자신에 대한 잘못된 신념으로부터 비롯된다는 것이었다. 인지치료의 초점은 역기능적 사고를 나타내게 하는 인지적 과정을 확인하여 변화시키는 것이었다.

앨버트 앨리스(1962; Ellis & Harper, 1965)는 '당위성' 과 '파국화(catastrophizing)' 와 같이 환자가 보통 자각하지 못하는 다양한 유형의 다채롭게 명명된 '비합리적 사고' 과정을 확인하였다. 합리적 정서치료(RET)는 그러한 비합리적 사고를 지적하고, 그것의 비논리적인 특성을 강조하면서 좀 더 논리적인 평가로 대체하고, 환자가 그들의 일상적인 경험을 이런 방식으로 검증하도록 격려하였다. 샐터(1949)가 했던 것과 유사하게, 환자들은 종종 힘든 상황에서 떠오르는 비합리적 신념에 대해 논박해 보는 '숙제' 를 할당받는다. 시간이 지남에 따라 앨리스는 더 많은 행동적인 절차를 RET에 도입하였지만, 자기자신의 용어를 계속 사용하였다(앨리스의 절차가 행동적 기술에 적합하다는 아이젱크의 초기 관찰(1961b)을 생각해 보라.).

앨리스(1979)는 자신과 월피의 접근 사이에 많은 공통점이 있다는 것에 주목하였다. 그는 RET가 비합리적인 사고에 대해 논박하는 것 이상의 훨씬 많은 것을 필요로 한다는 점을 인정하였다. 그가 '인지적 주의전환(cognitive distraction)' 이라고 부르기를 좋아했던 역할 연기, 기술훈련, 모델링, 실제상황 둔감화 그리고 상호억제 방법 등의 절차를 적용하였다. 그러나 그는 행동치료의 인지적 파생물뿐만 아니라 '순수한' 행동치료로부터 발생하는 문제들에 대하여 경고하였다(Ellis, 1980, 1983). 그는 일부 행동치료 기법들은 '특히 많은 환자를 왜곡된 사고로 이끄는 경향이 있다.'며, 일시적으로는 증상을 호전시키는 것 같지만 긴 안목으로 보면 해를 끼친다고 주장하였다. 환자가 천천히 그리고 고통 없이 감정과 행동을 바꾸어 가도록 하는 '점진적 둔감화' 는 특히 환자가 회복되도록 돕기보다는 단지 기분이 나아지도록 도와주며, 사람은 결코 불안 때문에 고통받아서는 안 된다는 비합리적인 신념을 강해지게 한다는 것이다. 이와 유사하게, 그는 '인지적 주의전환' 의 형식으로서 이완, 사고 중지 그리고 자기주장 기술을 이용하는 것 역시 비판하였는데, 이러한 방법들을 적용하는 상황에서 완화 효과가 있기는 하지만, 환자가 자신의 불안의 기반, 즉 비합리적인 사고를 실제로 극복하는 데는 방해가 된다고 주장하였다. Ellis(1979)는 환자의 잘못된 지각에 대한 월피의 관심이 환자의 특정한 사고만을 다루었을 뿐 비합리적인 사고의 양식를 바꾸는 데는 실패했기 때문에 불충분하다고 여겼다.

아론 벡(1963; 1976)도 환자들이 처음에는 자신도 자각하지 못하는 인지 양식으로 특정 상황에 반응한다고 제안하였다. 이러한 '자동적 사고' 는 환자의 지각과 회상을 왜곡하고 부정적인 정서와 행동을 야기하는 '과잉일반화' 나 '이분법적 사고' 와 같은 '인지적 오류' 에 의해 특징지어진다. 그러한 사고방식은 생의 초기에 만들어지는 '도식(schema)' 으로 조직화되어 이후에 스트레스 사건이 있을 때 환자가 부적응적으로 생각하게 하는 소인이 된다. 벡은 협력적인 '소크라테스적' 방법을 적용하여 환자에게 그들의 부적응적인 신념에 대한 증거를 찾아보게 하고, 대안적인 가설들을 산출하도록 가르치며, 특정한 왜곡된 지각을 확인하고 상위 도식을 변화시키는 방향으로 치료를 진행하였다. 벡은 자신의 치료 프로그램에 행동시연 및 단계적 과제 부여와 같은 행동적 절차를 분명히 포함시켰지만, 행동을 하는 동안 그리고 행동을 한 후의 환자의 사고에 더 초점을 맞추었다. 벡과 그의 동료들은 행동적 방법, 특히 강화와 기술훈련 접근에 대해 수용적이었고, 이 방법들은 우울증을 치료하는 프로그램에서 중요한 구성요소가 되었다(Beck et al., 1979; Hollon & Carter, 1994).

벡(1976: 320; Beck & Mahoney, 1979)은 월피가 인지의 중요성을 무시하였다며 비판하였다. 월피가 환자의 잘못된 지각을 수정하였던 것은 모든 심리치료에 공통적이고 그 자체로는 최소한의 효과만 있는 '지지적인' 절차라고 비난하였다. '자동적 사고' 와 그 기저의 도식이 핵심적인 인지적 요소인데 월피는 이를 다루지 못하였다는 것이다. 월피는 인지적인 요소가 그의 환자들 중 '소수'에게만 중요하다고 이해했던 데 비하여, 벡과 동료들은 실질적으로 모든 환자들이 불안이나 우울한 감정을 지속시키는 부정적인 사고와 심상을 가진다고 생각하였다. 또한 벡은 월피의 치료 절차의 효과 및 정신역동적 치료가 동등한 결과를 보였다는 Sloane과 동료들(1975)의 연구와 '기대'가 둔감화의 효과를 설명해 준다는 Kazdin & Wilcoxon(1976)의 개관논문의 결론에 대해 의문을 제기하였다.

철학적으로 월피(1978a)는 인지 치료의 반물질주의적이고 반결정주의적인 함의를 반대하였는데, 이는 '상호결정론'이라는 반두라의 말에 의하여 요약되었지만, 앨리스, 벡, 라자루스에게 동등하게 적용되었다. 월피는 지각(perception)에서 학습의 역할에 대한 Taylor(1962; Wolpe & Taylor, 1963)의 연구를 인용하면서, 인지적인 절차가 궁극적으로는 개인의 경험과 생물학으로부터 일어난 뇌 안의 신경적인 연결로 환원될 수 있다고 보았다. 스키너의 '사적 사건(Private events)' 이론과 코텔라의 '내현적 조건형성(covert conditioning)' 이론을 인용하면서, 월피는 인지를 모든 행동에 적용되는 동일한 학습원리의 지배를 받는 행동의 한 가지 형태로서 간주하였다. 철학자 Ryle(1949)의 말을 인용하면서, 월피는 인지이론이 마음이 어떤 비물질적인 차원에 존재하고 자연적인 인과 법칙의 범위를 넘어 신비한 방식으로 신체에 힘을 미친다는 형이상학적인 유심론과 유사하다는 점에 주목하였다. 이러한 관점에서, 인지치료자들이 정서와 행동의 원인으로 의식적인 과정에 호소하는 것은 정신분석가들이 무의식적인 과정에 호소하는 것과 차이가 없으며, 양쪽 모두 형이상학에 기반하고 있다는 것이다.

월피는 심상의 사용, 사고 중지, 환자의 잘못된 신념 다루기와 같은 자신의 치료기법에 인지적인 측면이 항상 존재한다는 점을 언급하였다(1978a; 1982: 86). 그는 인지치료자들이 자신이 당연하게 늘 다루어 왔던 것, 즉 환자 자신과 장애, 그들을 둘러싼 세상에 대한 '잘못된 지각'을 수정하는 과정에서 많은 작업을 하고 있다고 느꼈다. 초기에 그가 치료(1958: 199-200)를 위한 예비 단계로 간주하였던 것을 이후에는 '인지적인 치료 절차'라고 명명하였다(1982: 86-114). 이러한 절차에는 교육, 설득, 시범과 논박이 포함되었으며, 그는 이를 사례를 통해 설명하였지만 체계적인 방식으로 상세히 설명하지는 않았다. 벡과 앨리스는 자신들이 단순히 잘못된 지각의 내용에 관심이 있는 게 아니며 '과잉일반화' 또는 '당위성'과 같이 왜곡을 일으키는 사고 과정에 관심이 있음을 지적하였다. 월피는 환자가 자각하지 못하는 사고에 기초한 개념화는 치료자에 의한 투사라고 느꼈으며, 이는 정신분석가가 환자의 오이디푸스적 소망을 확신하는 것과 유사하다고 생각하였다.

1981년, 월피는 '고전적으로 조건형성된' 불안으로부터 '인지적인 기반이 있는' 불안을 명백하게 분리하였다(2장을 보라.). 그는 대부분의 비신경증적 공포는 후자에 해당되며 잘못된 정보에서 기인하지만, 대부분의 신경증적 공포는 조건형성 때문이라고 언급하였다. 월피는 환자 표본 중 오직 1/3만이 인지적 기반이 있는 공포증을 가지고 있으며, 인지치료자들이 주장하는 것처럼 모든 신경증적 문제가 인지적인 오류에서 유래하는 것은 아니라는 것을 발견하였다. 월피와 인지치료자들은 인지적 내용이나 과정에 대하여 상이하게 다른 초점을 가졌으므로 환자의 분류에 있어서도 의견이 달랐다. 월피(1981a)가 제공한 사례에서, 한 남자는 사소한 자동차 사고에서 죽을 것 같은 공포를 느낀 후, 완벽하게 안전하다는 것을 '알고 있음' 에도 불구하고 정지된 차에 앉아 있는 것을 두려워했다. 월피의 입장에서 보면 이것은 자율신경적인 불안조건형성의 명백한 예다. 반면, 인지치료자들은 실제로는 전혀 해가 없었던 사소한 사고를 겪는 동안의 '파국화' 사고가 주된 원인이라고 여겼을 것이다.

월피는 인지적으로 기반을 둔 공포가 자율신경계의 각성을 일으킬 수 있고, 그 후에 외부 단서에 조건형성될 수 있다는 혼합병인론을 이끌어냈다. 앨리스(1979)는 조건형성에 기인한 공포가 '인지적 재주입(reindoctrination)' 에 의해 유지되고 영속될 수 있다는 정반대의 순서를 제안하였다. 월피(1990: 126)는 자신이 심각한 질병에 걸렸다는 잘못된 믿음을 가진 '건강염려증적 불안' 이 불안이나 다른 원인들에 기인한 신체 증상으로부터 일어날 수 있다고 인정했지만, 조건화한 경험 밖에서 생겨난 잘못된 신념의 다른 예들은 고려하지 않았다.

'조건형성/인지적' 이분법에 입각하여, 월피는 조건형성된 불안이 좀 더 흔하고 치료에서 조건형성 절차를 필요로 하는 반면, 인지적인 불안은 인지적 개입을 요구한다고 제안하였다. 월피는 어떤 인지적인 절차들은 치료자의 격려하는 말이 불안과 양립할 수 없는 자율신경계 반응을 불러일으키는 것처럼, 의도하지 않게 불안을 제거한다는 점에 주목하였다(1976a: 29; 1978a). 또한 그는 인지치료에 적용되는 많은 절차들이 실제상황 둔감화나 자기주장 훈련과 유사하다는 것을 관찰하였다(1982: 114). 조건형성된 불안을 가진 환자를 대상으로 한 인지치료의 긍정적인 치료 효과는 상호억제에 기인한 것일 수 있었다.

여느 때와 같이 월피의 최종 결론은 치료 효과에 관한 것으로, 그는 인지치료의 치료 효과가 심각하게 부진하다는 점을 발견하였다. 우울증의 치료에 대한 대규모의 임상적 연구에서(Elkin et al., 1985) 벡의 인지행동치료, 항우울제, 단기 정신역동치료 간에 차이가 거의 없다는 결과를 얻었고, 그는 이를 적절한 예로 간주하였다(Wolpe, 1990: 281-

284; 1993). 그는 성공적으로 치료된 경우는 주로 비특정적 효과와 자발적인 회복에 기인하는 것으로 여겼다. 월피는 '내인성' 우울증과 '신경증적' 우울증을 구별했을 때 행동치료의 성공률이 훨씬 높아졌고, 신경증적 우울증 중에서 인지적 불안과 조건형성된 불안을 구분하여 적절한 치료를 제공하였다고 주장하였다. 월피는 이 연구가 하나의 진단적 범주에 속하는 모든 환자들에게 한 묶음의 치료적 개입으로 동일하게 치료하는 위험성과 불안의 두 가지 병인론 간의 차이를 무시하는 위험성을 보여 주는 가장 중요한 예라고 생각하였다.

요약 및 결론

행동치료로 알려진 분야는 프로이트라는 골리앗에 대항하여 월피가 다윗의 역할을 하려고 노력하였던 갈등 속에서 생겨났다. 월피의 이론과 방법은 심리치료 전쟁에서 주인공이었는데, 이 전쟁은 아이젱크의 화려한 문체에 의해 불붙었고 40년 이상 연구 문헌 내에서 한껏 휘몰아쳤다. 월피는 정신분석을 싸움터에서 몰아내지는 못했지만, 자신의 방법이 적법하고 효과적이라는 인색한 승리를 쟁취할 수는 있었다. 전통적인 심리치료 연구자들은 패배를 받아들이지는 않았지만, 행동치료의 결과가 적어도 '동등하게 효과적'이라는 점은 인정하였다. 이러한 결론은 '협소한' 행동적 개념화나 정신역동적 개념화는 불충분하며 지금까지는 어떤 개념화가 가장 중요하다고 받아들여진 것이 없음을 제시해 주었다. 월피는 치료 효과가 동등하다는 결론을 받아들이지 않았고 자신이 승리했다는 주장을 지속하였다. 그의 입장을 중요하게 지지해 준 것은 행동치료자들이 경험적인 면에서 훨씬 앞서 있었기 때문에 결과 연구에서 입증률(그리고 정교화)이 더 높다는 것이었다. 어떤 이들은 여전히 소수만을 대상으로 하는 '비법' 치료에 의지하였지만, 심리치료가 측정 가능한 결과를 보여 주어야 한다는 혁명적인 개념은 폭넓게 받아들여졌다.

월피의 이론과 방법이 엄격한 경험적 연구의 대상이 되었기 때문에 심리치료 진영 내부에서의 논쟁은 계속되었다. 조작적 조건형성 학습과 인지학습이론으로부터 변형, 추가, 그리고 대안들이 파생되었다. 이러한 것들은 월피의 치료 기법에 의하여 확립된 기준에 도전하였고 행동치료의 범위를 월피가 초점을 두었던 '신경증적' 장애를 넘어서 크게 확장시켰다. 월피는 모델링, 노출, 강화 기술을 조화시켰지만, 역동적 또는 통찰적 접근과 통합시키려는 시도뿐만 아니라 인지행동치료의 무차별적 인지적 개념화에 대해서는 반대하는 입장을 고수하였다. 하지만 행동치료와 인지치료 진영 내의 어디에 있든지 가장 중요하게 생각한 것은 경험적 결과 자료였다. 만일 서로 간의 경쟁을 통하여 발전이 이루어졌다고 가정한다면, 행동치료는 물론 모든 심리치료들이 실제로 조셉 월피의 경쟁적인 자세에 많은 빚을 지고 있다고 할 수 있다.

5 Joseph Wolpe의 전반적 영향

이 장에서는 심리치료의 상호 관련된 네 가지 영역, 즉 개념적(conceptual), 기법적(technical), 효과적(effectual), 기관적인(institutional) 영역에 월피가 미친 영향을 다루고 있다. 심리치료 체계의 개념적 또는 철학적 토대는 인간 존재의 본성에 대한 그 치료의 견해를 나타내 준다. 심리치료의 이론들은 인간이 겪기 쉬운 삶의 문제들을 해결하는 방법들을 제시한다. 기법적 차원은 도움을 받기 위해 온 사람들과의 상호작용 속에서 심리치료자들이 실제로 하는 작업을 포함한다. 기법들은 개념 체계로부터 나오고 인간의 본성에 대한 그 치료체계의 견해를 반영한다. 효과 차원은 심리치료가 얼마나 성공적으로 이루어졌는지에 대해 언급한다. 치료 방법이 그 치료의 토대가 되는 이론과는 관계없이 효과적일 수도 있다는 사실이 폭넓게 받아들여지고 있지만, 관습적으로 치료 효과가 심리치료 체계의 기법과 이론을 타당화하는 준거로서 사용되어 왔다. 마지막으로, 기관적인 차원은 전문가 집단 내부나 좀 더 넓은 사회로 심리치료 체계를 확장하기 위하여 교육기관 및 전문가 조직을 설립하는 것을 말한다. 심리치료의 궁극적인 영향력은 치료 체계가 기관 내에 제도화됨으로써 치료이론을 설립한 사람의 개인적 영향을 뛰어넘어서 지속될 수 있느냐에 달려 있다.

개념적 기여

심리치료이론들은 일반적으로 인간 본성의 전반적인 특성과 관련된 넓은 범위의 초점과 환자의 일상생활에 있어 문제가 되는 측면들에 대한 좁은 범위의 초점을 모두 포함하고 있다. 치료자는 환자의 임상적 특징을 이해하는 맥락 및 정신병리와 치료에 관한 보다 구체적인 이론의 기초가 되는 인간 본성에 대한 철학을 가지고 있다.

자연과학-해석학 연속선

인간 본성에 대한 폭넓은 견해에서 심리치료 체계는 자연과학적 패러다임에서 해석학적 접근까지의 연속선상에 걸쳐 있다. 월피는 이러한 연속선상에서 자연과학적 패러다임의 극단에 힘을 실어 주었다. 이러한 입장의 신조는 다음과 같다. 즉, 존재하는 모든 것은 물리적 세계를 구성한다; 세계를 구성하는 부분들의 작용을 관찰할 수 있고, 이러한 작용들을 체계적인 관계(대개는 수학적)의 측면에서 기술하는 것이 가능하다; 이러한 체계적 관찰과 기술의 과정을 '과학' 이라고 부른다; 과학적 지식은 축적되고 수정 가능하다; 인간을 포함한 동물들은 이러한 세계의 일부분이다; 동물행동의 원칙들은 인간행동에도 적절하다; '인지적' 활동들(지각, 사고, 감정, 기억과 같은)은 계통발생적인 특징을 가지고 있고 외현적 행동을 지배하는 원칙들과 일치한다; 행동은 전적으로 과거와 현재의 생물학적·환경적 변인들에 의해 결정된다.

역사적으로 프로이트는 인간을 신의 특별한 창조물에서 무의식적인 동물적 욕망을 가진 창조물의 위치로 강등시킨 다윈적인 혁명가로 평가받았다. 그는 생물학적 추동과 유아기 경험에 의한 결정론을 주장하였고 자신의 정신분석치료를 생물학적 과학의 전통 내에 위치시켰다. 그러나 프로이트의 체계는 인간과 하위동물 간의 불연속성을 주장하였다. 즉, 인간 내부에 존재하는 '야수' 는 더 높은 능력에 의해 억제될 수 있다고 보았다(Geller, 1992). 감추어진 무의식의 깊이를 주관적인 문제로 생각했기 때문에, 정신역동치료는 객관적인 관찰의 가능성을 배제하였고 세속적인 신비주의를 발달시키게 되어 곧 경쟁하는 분파들로 나뉘어졌다. 정신역동 개념으로부터 생겨난 방법들에 대해 경험적 검증을 하는 것을 명백하게 주저한 것도 정신역동치료와 자연과학적 원칙 사이의 거리를 더 멀게 하였다. 치료에 대한 월피의 개념에 입각해 볼 때 정신역동적 접근법은 심리치료 연속선상에서 중간에 위치한다.

연속선상에서 극단에 위치한 해석학적 패러다임은 존재론적 철학에 기반하고 있으며, 다음과 같은 신조를 가지고 있다. 각 개인의 내면과 전 우주에는 비물질적이고 '영적'인 차원이 있다; 삶의 목적은 이러한 차원에 조화시키는 것이다; 목적론적 원칙이 인간으로 하여금 그러한 목적을 실현하는 쪽으로 이끈다; 인간은 물질적, 생물학적, 환경적 과정들을 초월한 비물질적이고 영적인 특성을 가지고 있으며, 그 결과 각 개인들은 저마다의 현실을 창조한다; 과학은 과학자들이 만든 사회적 신념들의 체계이며, 사회적으로 만들어진 다른 신념체계 이상의 타당성을 가지지 않는다. 실존적이고 인본주의적인 치료가 이러한 연속선상에서 해석학적인 극단을 차지하고 있으며, 인간은 물리적 결정론으로부터 근본적으로 자유롭고 자기자신의 행동과 경험을 결정할 수 있는 능력을 가지고 있다는 입장을 견지하고 있다. 실존적이고 인본주의적인 치료는 대부분 Rollo May나 Carl Rogers와 같이 정신분석에서 훈련받은 사람들에 의해 발전되었기 때문에 프로이트 학파나 행동주의자들의 결정론에 반대한다. 월피의 고양이와는 달리, 외상적 사건을 경험했던 사람들조차 자신이 겪은 외상의 정도를 자유롭게 선택할 수 있다.

해석학적 치료들은 정신적인 요인들과 힘 그리고 구조를 기술하는 데 있어 통일되지 않은 언어의 바벨탑을 만들어 내었지만, 그들은 인간이 자신의 경험을 창조하고 자신만의 독특한 경험들을 융합해낼 수 있다고 보는 관점에서는 일치하였다. 정신역동치료와 마찬가지로 이러한 치료들에서는 관찰이 대개 보이지 않고 볼 수 없는 구조와 힘에 대한 추론을 하는 것과 관련된다. 평가는 양적이고 수학적인 분석을 시도하기보다는 종교적인 의식에서의 고백과 유사하게, 실례가 되는 일화에 기초한 참여자들 간의 합의의 문제로 여겨졌다. 종교적 모델을 향한 이러한 경향은 최근의 초월적이고 신비적인 치료의 발달에서도 나타나는데, 이러한 치료에서는 인간의 한계를 넘어선 영적인 힘들과의 접촉을 추구한다(Edwards, 1991).

월피의 자연과학적 유산 월피는 인간행동을 설명하기 위해 실험을 통한 동물 학습으로부터 개념들을 채택함으로써 자연과학 쪽의 입장에 동의했다. 그의 기본적인 가정은 모든 행동들은 그것이 적응적이든 부적응적이든 간에 이전의 경험과 유전적 체질의 맥락 내에서 현재의 환경 자극에 대한 반응으로 이루어졌다는 것이다. '학습의 법칙' 을 통해 반응을 획득하고 변화하는 방식을 제안하였으며, 그는 이러한 원칙들에 입각해서 새로운 치료방법들을 개발함으로써 행동치료를 확립하였다. 이러한 맥락에서 그는 환자가 근본적으로 장애를 가지기 때문에 재구성이 필요한 것으로 보기보다는 널리 영향을 미치는 '습관' 들을 가지고 있어서 체계적 재학습이 필요한 것으로 보았다. 환자들은 삶의 많은 영역에서 '정상' 이지만 다른 영역들에서는 부적응적인 문제를 가지고 있다고 보았다. 행동치료는 전반적인 성격 구조보다는 상황에 대한 반응에 초점을 두는 입장을 유지하고 있다.

월피의 자연과학적인 입장은 관심 있는 사건과 행동, 환경적 맥락이 치료자에 의해서 그리고 약간의 지도를 받으면 환자에 의해서도 직접적으로 관찰될 수 있다는 가정을 촉진시켰다. 실제로 월피의 환자는 자신의 행동과 그와 관련된 일상생활 속의 상황에 대한 일차적인 관찰자 역할을 맡았다. 직접적인 관찰은 주관적인 사건에 대해서도 마찬가지로 적용되며, 정확성을 향상시키기 위해 훈련을 제공하였고 확증할 수 있는 증거들을 더 중요시하기는 하였지만, 사고와 감정에 대한 환자의 자기보고는 있는 그대로 받아들여졌다. 이는 꿈이나 증상들을 통해 간접적으로만 관찰될 수 있는 무의식이라는 개념이나, 감각을 넘어서 직관을 통해서만 경험될 수 있는 초월적인 상태에 대한 개념과는 매우 대조적이었다. 자신과 타인들에 의한 직접적인 관찰의 타당성에 대한 이러한 믿음은 행동 및 인지치료에 있어 기본이 되는 것이다.

행동과 환경에 초점을 두게 되면서 양적인 평가가 자연스럽게 뒤따랐다. 월피의 불안자극 위계와 주관적 불편감척도(subjective unit of disturbance scales: suds)는 환경과 행동 그리고 그들 사이의 관계들이 측정될 수 있다는 가정을 바탕으로 만들어진 것이었다. 더구나 그러한 평가는 치료 효과를 측정하고 경과가 만족스럽지 않은 경우에는 치료를 변화시키며 치료 목표가 언제 달성되는지를 결정하는 기본 자료가 된다.

월피에 대한 초기 비판들은 '자극' '반응' '강화' '일반화' 같은 학습이론의 개념들이 빈약하고, 동물실험실에서 쓰이던 유용성 이상으로 과잉 확장되었으며 인간 경험과는 무관하다는 것이었다. 본질적으로 이것들은 인간의 특별한 지위에 대한 논의로서, 인간의 복잡한 경험과 행동이 동물실험실에서 사용되는 평범한 용어들로는 충분히 기술될 수 없으며, 인지적 능력에 대한 특별한 이해가 요구된다는 논박이었다.

기본적인 행동주의로부터 행동치료의 변화는 '인지혁명'이라고 기술되었다(4장 참조). 그러나 심리치료의 전 범위에서 볼 때, 이러한 변화는 혁명적이라기보다는 진화적이다. 인지치료는 자극을 해석하고 반응을 선택하는 내적 과정을 강조하였는데, 이는 인본주의적 입장의 영향을 받은 것으로 인간을 엄격한 유전적, 환경적 결정론으로부터 해방시켰다. 인지행동치료에서는 환경적 사건에 대한 반응에 초점을 계속 맞추었고, 환경을 바꿈으로써 사람들의 행동 과정을 변화시킬 수 있다고 제안하였다(예를 들어, 반두라의 '상호적 결정주의,' 1974; 스키너의 '자기통제' 설명, 1953: 228-229). 여전히 자연과학적 관점을 유지하고 있었기 때문에 인지행동치료에서는 관찰과 양적 평가를 강조하였고, 내적 사건들을 경험적인 대상들과 연결 지으려고 시도했다.

요약해 보면, 심리치료가 직접적으로 행동과 환경에 대해 관찰하고('반응'과 '자극' 혹은 다른 용어로 부르든지 간에), 그들 사이의 관계를 구체화하여 이러한 요인들을 양적으로 바꾸고, 치료를 위해 이러한 측정치들을 이용하는 정도는 월피의 자연과학적 개념 기초가 영향을 미친 것으로 볼 수 있다. 그러한 개념화를 미숙하고 단순하고 기계론적이고 진정한 인간에 대한 이해가 부족하다고 보는 사람들조차도 그들의 반대쪽 입장들을 기술할 때 그러한 개념화가 유용하다고 보았다.

특정한 임상적 구성개념

자연과학적 기초에 기반을 둔 불안에 대한 월피의 자극-반응이론과 상호억제를 통한 불안 감소는 부적응적인 행동을 다루고 이를 치료하는 새롭고 영향력 있는 방법들을 제공하였다.

불안 신경증적 행동에 있어 핵심적인 요인으로 불안에 대한 월피의 개념은 프로이트에게 많은 빚을 지고 있다. 불안이 학습 원리에 따라 형성된 반응이라는 점을 처음으로 제시한 것은 월피가 아니었으며, Mowrer(1939)가 주목할 만한 선구자였다. 월피가 기여한 부분은 불안을 아동기 초반의 배변 훈련경험이나 실험실에서의 전기충격으로부터 끄집어내어 보통 사람들의 일상생활 내에 위치시킨 것이다. 신경증적 불안은 불쾌한 상황에 놓이게 되는 경우, 누구라도 그리고 언제라도 학습될 수 있다. 신경증적 불안의 획득과 표현 방식은 '정상적인' 두려움과 연속선상에 있으며 정상적인 두려움은 일상의 위험에 대한 정상적인 반응이다. 불안은 정상적인 경계를 넘어서 '신경증적' 두려움에까지 이른 것인데, 이는 효율적인 생활을 방해하고 부적응적인 결과가 있음에도 불구하고 지속된다. 월피에게 '신경증 환자'가 '정상인'과 다른 점은 단지 이들이 사회적인 지시에 의해 매개된 두려운 상황을 경험할 정도로 운이 안 좋았다는 것이며, 신경증 환자가 무서운 상황에 보다 강하게 반응하는 유전적인 소인이 있는 것이라고 보았다.

부가적으로, 월피는 '정신병적' 장애가 불안의 조건형성에 기반을 두고 있다기보다는 전적으로 생물학적인 원인에 기인한다고 보았기 때문에, 자신의 치료 체계에서 이를 배제시켰다. 그는 학습 과정이 일부 정신병적 행동 문제를 줄이는 데 유용하다고 인정했지만 학습을 바탕으로 한 '완치'는 가능하지 않다고 여겼다. 대부분의 행동치료 및 인지치료는 이러한 구분을 유지하지만, 정신역동 및 인본주의적 치료에서는 이러한 구분을 하지 않았다.

월피의 불안조건형성 모델은 협소하게 해석되고 광범위하게 논박되었다. 많은 치료자가 환자의 개인력에서 외상후 스트레스 장애를 제외하고는 월피의 고양이와 유사한 사건에 대한 증거를 거의 찾아내지 못했다. 그러나 월피는 처음부터 언어적으로 혹은 다른 사회적인 방식으로 제시된 혐오사건이 불안을 잠재적으로 유발하는 원인이라는 사실을 인정했다. 그리고 새로운 증거들이 밝혀짐에 따라 모델링의 중요성을 수용했다. 따라서 신경증이 유발되는 데 구타 경험이 꼭 필요한 것은 아니며, 언어적 훈계나 공포의 표현도 비슷한 영향을 줄 수 있다. 불안이 조건형성되는 데 필요한 것은 어떤 상황이 불안반응을 유발하고, 그것이 일반화나 고차적 조건형성과 같은 추가적인 학습 요인을 통해 유지되는 것이다. 월피는 또한 원래 신경증을 일으킨 환경에 대한 '통찰'이 도움이 될 수는 있지만, 그것은 행동 변화를 위한 필수조건이나 충분조건도 아니라고 여겼다.

월피는 신경증의 다양한 증상들은, 불안에 대항하는 무의식적 방어기제가 작동한 게 아니고, 부동불안이 직접적으로 나타난 것이라는 견해를 가지고 있었다. 이러한 견해로 인해 치료의 초점을 환자의 증상들을 직접적으로 다루는 쪽으로 변화시키도록 하는 중요하고도 커다란 영향을 미쳤다. 불안반응의 핵심이 자율신경계(주로 교감신경계)의 반응이라는 그의 이론이 널리 인정받지는 못했지만, 이에 대해 많은 연구들이 행해졌고 불안에 대한 현재의 삼원론적 이론과 스트레스 장애의 개념화에 여전히 남아 있다. 월피는 부적응적인 운동적, 인지적 행동들은 자율신경계적 불안에 대한 반응일 수 있다고 생각했다. 그러나 이러한 구분이 실제적으로 효과가 있는 것은 아니다. 왜냐하면 행동 및 인지 치료에서는 그것이 자율신경계, 인지적, 운동적 측면이든 환경과 관련된 것이든 간에 환자의 증상을 인식하는 것을 강조하고 있기 때문이다.

자극-반응 방정식의 자극 측면은 심리적 원인에 집중하기보다는 지금-여기에 초점을 두고 있다. 월피와 마찬가지로, 행동 및 인지 치료에서는 유아기의 고착을 찾아내려고 하기보다는 증상이 발생한 현재의 일상적 환경을 찾는 데 신경을 쓰고 있다. 또한 증상 심각도의 차이는 환자가 처한 환경적 차이와 관련되어 있다는 사실이 널리 받아들여지고 있는데, 이는 다양한 자극 차원을 따라서 자극의 일반화가 일어난다는 개념을 채택한 월피의 생각과 일치하는 것이다. 자극 '환경' 이 외적일 뿐만 아니라 내적일 수도 있다는 생각은 내수용기적 혹은 '반응을 산출하는 자극' 에 대한 월피의 학습이론 개념을 따르는 것이다. 고차적 조건형성의 개념은 치료자로 하여금 새로운 자극 차원으로 불안이 확산되는 것에 주목하게 만들었다. 정신역동적 방어기제만큼 복잡하지 않았지만 그러한 개념들은 환자들의 행동의 복잡성에 상응할 만큼 월피의 치료 체계를 정교하게 만들었다.

상호억제 불안이 신경증 행동의 기원과 유지에 있어 월피의 핵심적인 개념인 것과 마찬가지로, 상호억제는 신경증적 행동을 없애기 위한 월피의 핵심적인 개념이다. 그의 치료에 있어 기본적 전제는 불안반응을 상반되는 대안적 반응으로 맞서게 하는 것이다. 자율신경계에서 교감신경계와 부교감신경계 사이의 상호억제 관계는 월피에게 이 기제가 유용하다는 것을 깨닫게 하였다. 그러나 그는 자율신경계에서 쉽게 파악할 수 있는 경쟁관계 이상으로 이 개념을 확장시켰다. 4장에서 지적했듯이, 이 개념에 대한 상당한 연구결과들이 보고되었다. 자율신경계 활동을 관찰하기가 어려웠기 때문에 월피가 측정되지 않는 경로의 작용을 가정했음에도 불구하고, 말초 자율신경계 이론에 대한 증거들은 서로 불일치하였다. 보다 중추적인 상호억제 신경 기제가 있을 가능성이 일시적으로 주목을 받기도 하였다. 최근 신경학적 경로와 신경전달물질에 관심이 집중되면서 상호억제의 중추신경계 기제에 대한 관심이 되살아났다.

치료자에게 있어 행동의 기제가 말초신경 수준에서 일어나는지 혹은 중추신경 수준에서 일어나는지는 상호억제가 역조건형성이라는 보다 넓은 행동적 원리에 부여하는 의미에 비하면 중요하지 않다. 강화와 변별 같은 개념과 마찬가지로 역조건형성이 행동주의적 시대사조에 속하게 되었지만 월피는 이에 대해 거의 언급하지 않았다. 반대되는 적응적 반응을 훈련시킴으로써 역기능적 반응을 치료한다는 개념은 그것이 긴장이완이든 혹은 운동 기술이든 언어적 평가이든지 간에 대부분의 행동적, 인지적 치료 절차에 있어 기본이 되고 있다.

스트레스 월피의 불안과 상호억제 모델은 '스트레스'의 개념화와 치료에 크게 기여했다. 전기충격에 대해 월피의 고양이가 보인 반응들은 Cannon(1929)이 관찰한 '싸움 또는 도주' 반응과 명백히 흡사했는데, 이는 스트레스라고 알려진 복잡한 신경내분비계 반응의 첫 번째 단계로서 인식되었다(Budzynski et al., 1980; Selye, 1956). 이후의 연구에서는 생리적 특성 및 촉발 상황과 관련해서 불안과 스트레스 사이에 많은 공통점이 있음을 보여 주었다(Barlow, 1988:

158-208, 215-220). '스트레스관련 장애들' 은 특정한 신체기관 체계의 만성적인 활성화로부터 초래된 신체적, 의학적 상태로 간주되었다. 만성적 활성화는 다시 유전적인 민감성, 환경적 요구 그리고 그러한 요구들을 충족시키는 학습된 방식들과 관련되었다. 스트레스의 개념은 이전에 쓰이던 '정신신체질환(psychosomatic illness)' 이라는 용어를 대체했는데, 이는 1970년대 이후 행동치료의 한 지류로서 '행동의학'이 출현하면서 정신역동의 영역에서 스트레스장애가 떨어져 나온 것을 반영해 준다(Pomerleau & Brady, 1979).

스트레스와 불안이 중복되는 부분이 있다는 점을 감안할 때, 월피의 개입방법은 스트레스 장애의 치료를 위해 쉽게 채택되었다. 예를 들어, 통제된 연구에서 천식(Moore, 1965)과 'A유형 성격' 관상동맥 환자의 위험요인(Suinn, 1974; 1990), 편두통(Mitchell & Mitchell, 1971)의 치료에서 체계적 둔감화의 효과가 입증되었다. 대부분의 스트레스 관리 프로그램의 기초가 되는 것으로 널리 사용되는 긴장이완 훈련에서 상호억제 모델을 볼 수 있다. 제이콥슨의 점진적 근육이완법을 개선한 월피의 방법은 둔감화 연구와 치료를 통해 널리 사용되었기 때문에 행동주의적 임상 연구가들이 쉽게 스트레스 장애에 적용할 수 있었다. 주목할 만한 연구에는 본태성 고혈압(essential hypertension; Agras, 1981; Agras et al., 1983)과 두통(Blanchard et al., 1980; 1990a)에 대한 긴장이완기반치료를 들 수 있다. 그러한 연구들은 긴장이완이 이러한 장애들의 원인으로 간주되는 만성적 각성에 대해 효과적인 기법이 된다는 것을 보여 주었다.

스트레스에 대한 행동치료에 커다란 기여를 한 또 다른 것으로는 바이오피드백의 개발을 들 수 있다(Birk, 1973; Budzynski et al., 1980). 환자들은 생리적 활동을 전기적으로 증폭시키는 장치의 도움을 받아 긴장이나 편두통, 본태성 고혈압과 같은 장애와 관련된 각성을 통제하는 방법을 배울 수 있다(Blanchard et al., 1980; 1990a, b; Wittrock et al., 1988). 긴장이완 훈련은 대부분의 바이오피드백 프로그램에서 필수적인 요소로 남아 있으며, 바이오피드백 훈련 자체도 전반적인 긴장이완을 교육시키는 방법으로 볼 수 있다(Poppen, 1988; Silver & Blanchard, 1978). 특정 생리반응을 통제하는 방법을 가르치는 수단으로 바이오피드백을 사용하든지, 전반적인 긴장이완을 위해 사용하든지 간에 바이오피드백은 병리적인 각성을 차분하고 건강한 대안적인 상태로 대체시키는 역조건형성 모델을 따르고 있다(Budzynski et al., 1980; Poppen, 1988).

불안에서와 마찬가지로, 많은 임상가들과 연구자들이 인지적 요인이 스트레스에 미치는 영향에 대해 강조했다는 점을 지적할 필요가 있다(Lazarus & Folkman, 1984). 따라서 인지적 치료 절차들이 대개는 긴장이완 훈련이나 바이오피드백과 함께 스트레스 치료 프로그램에서 사용되어 왔다(Keefe & Beckham, 1993). 지금까지 패키지로 이루어진 치료 프로그램에서 인지적 치료 절차가 긴장이완 훈련이나 바이오피드백에 어떠한 기여를 하는지에 대해서는 연구 결과가 보고된 바 없다(Blanchard et al., 1990a, b). 불안이나 우울장애에서처럼 스트레스관련 장애에 추가적으로 인지 치료를 실시하는 것이 치료 결과에 결정적인 도움을 주는 지는 밝혀지지 않았다.

분노 처음에 월피는 분노를 사회적 불안에 대한 상호억제적인 감정으로 개념화했다. 분노의 적절한 표현은 그의 자기주장 훈련 절차에서 초석이 되었다. 그러나 곧 수줍음 또는 '과잉통제된' 분노는 절반에 불과하며, 공격성 또는 '과소통제된' 분노 역시 자기주장 훈련이 적용될 수 있는 문제라는 사실을 깨닫게 되었다(Alberti & Emmons, 1970; Rimm, 1977). 많은 연구에서 자기주장 기술에 대한 교육이 분노를 통제하는 데 문제가 있는 성인들에게 언어적, 신체적 공격성을 감소시키는 것으로 나타났다. 또 다른 접근법은 환자들에게 분노 유발 상황을 상상하는 동안 긴장을 이완시키도록 가르치는 수정된 둔감화 훈련을 사용하는 것이다(Suinn, 1990: 313-318; Warren & McLellarn, 1982). 분노가 유발되는 상황에 처했을 때 자기진술(self-statement)을 하게 하는 인지적 방법들도 프로그램에 통합되었다. 이러한 모든 분노통제 프로그램들은 분노의 자율신경적, 언어적, 행동적 요소들에 대한 적응적인 대안을 가르친다는 점에서 역조건형성 모델과 일치한다. 이러한 접근방법에 대한 연구와 적용은 불안과 스트레스에 대한 작업에 비해 많이 뒤처졌다. 분노와 공격성의 사회적 중요성을 감안할 때 이 분야는 월피의 역조건형성 모델의 충분한 영향이 아직 실현되지 않은 영역이다.

기법적 기여

월피는 당시 우세했던 정신분석치료나 이와 함께 발전 중이었던 인본주의적 치료와는 전혀 다른 방식으로 그의 치료를 실시했다. 이러한 차이는 행동치료 및 인지치료의 표준적인 치료 방법이 되었고 다른 체계에도 영향을 주었다. 첫째, 월피는 다른 치료의 해석적이고 반영적이고 비지시적인 스타일과는 대조적으로 능동적이고 지시적이었다. 월피는 궁금한 점들에 대해 질문하였고 환자가 시도해 보기를 바라는 것들을 직접적으로 권고했다. 둘째, 월피는 평가, 진단, 개입, 치료효과, 평가의 순서로 일련의 명백한 순서가 있는 치료계획을 사용했다. 그는 의학적 수련을 받았고 자연과학적인 철학을 가졌기 때문에 개별 사례에 대한 치료를 시작할 때 진단적인 목적으로 특정한 평가를 하였다. 진단은 환자를 특정 범주 안에 끼워 넣는 단순한 명명을 위한 과정이 아니고, 치료 목표의 공식화로 이어지는 매우 개별적인 '자극-반응' 분석을 하는 것이었다. 환자의 특정한 욕구와 문제에 대한 개념화 및 비슷한 환자를 치료했던 경험적 증거를 바탕으로, 월피는 자신이 개발하거나 수정한 혹은 다른 치료에서 차용한 많은 치료방법 중에서 특정한 개입방법을 처방하였다. 그는 단순한 절충주의에 반대했으며, 항상 기법들을 자신의 이론 체계에 통합하려고 노력하였다. 평가는 개입을 실시하는 동안 비공식적으로 계속 이루어졌고, 치료를 계속할지 다른 치료방법으로 바꿀지 아니면 아예 치료를 중단할지를 결정하는 지침으로서의 역할을 했다.

평가와 진단에 대한 기여

평가 기법들 월피는 각 사례를 시작할 때, 먼저 환자의 삶의 중요한 영역들을 체계적으로 조사하였다. 환자의 말을 숨겨진 의미와 감정이 담긴 표피적인 것으로 여기기보다는 기억의 허점과 사회적 관습을 인정하면서 환자의 말을 액면 그대로 받아들였다. 개인력을 통해 수집된 자료들은 환자가 보이는 문제를 구체화하고, 관심을 가질 필요가 있는 다른 영역들을 살펴보고, 환자가 능력을 가진 영역을 확인하기 위해 사용되었다. 개인력에 대한 면담은 환자를 처음부터 관찰자이자 보고자로서 참여시켰고, 그렇지 않으면 낯설거나 당황스러운 상황이 될 수 있는 상황에서 비교적 분명한 치료적 과제를 제공하였다. 면담에서 치료자는 보살펴 주고 무비판적으로 이야기를 경청하는 사람이 되도록 한다. 월피에 의해 개발된 면담 내용과 방법은 계속적으로 행동치료와 인지치료에서 평가를 이끌어 주는 지침이 되고 있다.

월피는 처음부터 임상적 정보를 수집할 때 자기보고형 질문지를 사용할 것을 주장했다. '관찰자로서의 환자' 모델의 자연과학적인 접근법을 유지하면서, 환자가 자각하지 못하는 현상을 간접적으로 혹은 투사적으로 측정하기보다는 정보를 직접적으로 측정하는 평가법을 사용하였다. 그는 두 가지 도구의 개발에 참여했는데, 하나는 공포조사표(Wolpe & Lang, 1964, 1969)이고 다른 하나는 자기주장 질문지(Wolpe & Lazarus, 1966)였다. 이들은 '자극' 질문지로 부를 수 있으며, 응답자가 자신의 불편감이나 다른 반응들을 평정할 수 있는 상황들의 목록으로 구성되어 있다. 3장에서 기술된 바와 같이, 상황 목록과 평정 방법을 변화시키는 방식으로 공포조사표와 자기주장 질문지를 수정한 많은 질문지가 개발되었지만, 이러한 것들은 월피가 개발한 것과 동일한 형식과 철학을 사용하였다.

다른 형식의 질문지는 '반응' 질문지라고 부를 수 있는데, 이러한 질문지에 속하는 것으로는 표현불안척도(Spence &

Taylor, 1953), 상태-특성불안 질문지(Speilberger et al., 1970), 벡 우울척도(Beck, 1972)를 들 수 있다. 이 질문지들은 자극 상황과는 별로 상관이 없는 다양한 감정들과 반응들로 구성되어 있고, 각 문항에 대해 반응자들이 직접 기입하거나 평정한다. 이러한 도구들은 대개 통계적인 평가치에 입각하여 사람들을 범주로 분류하기 위해 사용되었는데 월피가 느끼기에 그것은 충분치 않았다. 그는 개인 특유적인 점수평가가 포함된, 즉 특정 환자에 대한 특정한 정보를 얻을 수 있게 해 주는 문항으로 구성된 질문지를 더 선호했다. 그러나 연구에서 검사는 주로 피험자들을 집단별로 구분하고 총점에 입각해서 개입 전과 후의 변화를 측정하는 데 가장 많이 사용되었다. 월피는 질문지의 사용에 대한 그의 충고가 무시되고, 행동치료자들이 종종 불충분한 평가를 실시하기 때문에 불충분한 치료를 하게 된다고 여겼다(Wolpe & Wright, 1988).

생활사와 개인 특유적인 질문지 점수는 월피가 '자극-반응' 분석이라고 불렀던 맥락적 정보를 제공해 주었다. 이를 통해 월피는 환자의 현재 증상과 그러한 증상이 일어나는 환경들에 대한 총체적인 정보를 얻을 수 있었다. 반응 분석에는 환자의 감정, 지각, 사고, 행동뿐만 아니라 각각의 사건들이 일어나는 빈도, 강도, 기간이 포함됐다. '주관적 불편감단위(suds)' 척도는 불안뿐만 아니라 많은 주관적 반응들에 대한 자기보고에도 널리 사용되고 있다. 자극에 대한 분석에는 물리적 위치, 사회적 배경, 시간적인 요인들이 포함됐다. 월피는 심지어 '부동(free-floating)' 불안조차 광범위하게 산재되어 있는 외적 혹은 내적 단서들과 관련되어 있다는 생각을 가졌다. 반응들은 종종 이후의 반응들에 대한 자극의 역할을 하였고, 자극반응 분석은 서로에게 영향을 주어 때로 압도적인 공황상태까지 이어질 수 있는 뒤엉킨 사고, 감정, 행동의 실타래를 풀어내려고 시도하였다.

평가에서 환자를 관찰자로 참여시킨 월피의 접근법은 '자기통제'치료 모델의 발달에서 정교화되었다(Cautela, 1969; Kanfer, 1970; Thoreson & Mahoney, 1974). 이런 접근법에서는 환자들에게 문제 상황이 발생할 때, 체크리스트나 구조화된 일기를 사용해서 그러한 상황을 적어 보게 했다. 자기감찰(self-monitoring)은 초기 평가에 도움이 될 뿐 아니라, 치료적 진전을 파악하고 치료를 향상시키기 위해서 개입 과정에서 계속 사용되었다.

사례개념화로서의 진단 월피는 각 환자 고유의 모습을 그려내기 위하여 개인력과 질문지 정보 그리고 자극반응 분석을 결합하였다. 이러한 '사례개념화' 모델은 환자의 문제, 그러한 문제가 발생하는 맥락, 문제의 기원 및 시간의 경과에 따른 변화를 포함하는 설명적인 기술로 이루어져 있었다

(Turkat, 1986; Wolpe & Turkat, 1985). 이는 DSM 진단기준이나 다른 심리치료적 개념화에 따른 전통적인 진단과는 판이하게 다른 것이다. 한 가지 차이점은 정확성과 완전성을 확인하기 위해 사례개념화를 환자와 공유한다는 점이었다. 이를 통해 환자가 자신이 이해받았다고 실감하기 때문에 공감적이고 건설적인 치료적 관계를 수립하는 효과를 거둘 수 있다. Wolpe & Turkat(1985)는 공감을 보여 줄 수는 있지만 치료적 목표를 세우는 데는 도움이 되지 않는 비지시적이며 감정에 대한 반영을 중시하는 인본주의적 치료방법과 그들의 사례개념화를 비교하였다. 이는 또한 정신분석치료와도 차이가 있는데, 정신분석치료에서는 치료자는 알고 있지만 해석을 통해 간접적으로만 넌지시 비추어주면서 병리적인 갈등에 대해 환자가 통찰을 얻게 하는 것을 목표로 한다.

사례개념화를 제시하는 것은 DSM 진단명을 환자와 공유하는 것과는 다른 것이다. DSM 진단명을 알려 주는 것은 전문적 지식은 전달해 줄 수 있지만 다음과 같은 질문이 뒤따를 수 있다. '그래서 무얼 할 수 있는데요?' 통계적인 모델을 따른다면 이 질문에 대한 답은 통계학적인 것이다. 정의상 DSM은 각각의 범주에 속하는 일반적인 환자들에 대해 일반적인 치료를 제안한다. 이와는 반대로 월피의 사례개념화에서는 개인 특유의 치료 방법을 제시한다. 특정 치료목표를 제시하고 개별 환자의 특정한 행동 문제를 다루며, 이러한 목표를 달성하기 위해 필요한 특정 개입전략을 제시하고 특정 병인과 유지 요인들을 다룬다. 더구나, 효과에 대한 포괄적인 설명에 더하여 치료 원리를 설명해 준다. 환자에게 치료 목표와 방법, 치료의 원리를 솔직하게 설명해 주는 것은 책임 있는 치료가 되기 위한 주된 단계였다.

마지막으로, 월피는 개별적인 사례개념화에 바탕을 둔 맞춤식 치료가 진단 범주를 바탕으로 표준화된 개입방법을 적용하는 것보다 더 효과적이며, 대부분의 치료 결과 연구는 이러한 요인들을 무시했기에 결함이 있다고 보았다. Persons (1991) 역시 사례개념화는 행동치료뿐만 아니라 정신역동적 또는 인지치료와 같은 다양한 심리치료를 임상적으로 실시하는 데 기반이 된다는 비슷한 주장을 했다. 이에 더해, '단기 심리치료' 의 발달은 정신역동치료들이 구체적인 치료 목표의 유용성을 인식하게 하는 움직임을 나타내 주었다.

치료적 개입: 기법들의 적용

평가와 개별화된 진단이 이루어진 후, 월피는 치료적 개입을 시작하였다. 그는 치료를 할 때 일반적으로, 실시중인 행동치료 및 인지치료의 경과를 차트에 기록하였고, 그의 특정한 치료 절차들은 모든 종류의 치료자들에게 채택되거나 수정되어 사용되었다.

전반적인 치료적 기여 월피의 주된 치료기법이 기여한 것 중의 하나는 의학적 모델에서 특정한 의학적 상태에 대해 특정한 약물을 선택하고 외과적 개입을 하는 것과 유사하게 다양한 치료 방법들 중에서 적합한 치료 방법을 선택하여 심리치료를 실시했다는 점이다. 행동치료 회기를 관찰해 보면 치료자가 특정 사례와 치료 단계에 따라 여러 다양한 치료 절차들을 사용하는 것을 볼 수 있을 것이다. 이는 환자가 말하고 치료자는 듣고 있다가 가끔씩 의견을 표현하는 비슷한 모습이 반복되는 정신분석이나 인본주의적 치료와는 대조적인 것이다.

인지치료는 정신분석이나 비지시적 접근보다는 상호작용적이지만, 처음에는 주로 언어적 논의로만 제한되었다. 그러나 이후에는 긴장이완 훈련이나 역할 놀이, 숙제 부여 등과 같이 다양한 절차들을 포함하면서 행동주의적 방향으로 치료기법의 목록을 확장해 나갔다.

월피의 다양한 치료 기법 목록들은 때로 '기술들을 담은 가방' 이라는 비판을 받았다. 월피의 초기 사례들 중 일부는 일반적인 치료법에 불응하는 환자들을 위한 개입 방법들을 고안하기 위하여 고군분투하는 과정에서 시행착오를 겪었다는 인상을 준다. 그러나 이것은 월피 심리치료의 진정한 정신은 아니며, 그는 각각의 환자에게 적합한 치료적 방법을 결정하기 위해 특정한 사례개념화를 위한 노력을 지속하였다. Gordon Paul이 말한 '어떤 환경에서, 어떤 치료자가, 어떤 환자를 위해, 어떤 치료를 할 것인가?' 라는 질문은 월피에게 과장된 수사학적인 질문이 아니었다. 그는 조심스러운 평가와 병인에 대한 이해를 통해 그런 질문에 답할 수 있다고 여겼다. 그는 '기법적 절충주의' 에 대해서는 비판적이었는데, 이 방법이 폴의 질문에 대하여 통계적이고 경험주의적인 방법으로 응답하고 있다고 여겼기 때문이었다. 월피는 그러한 요리책 같은 접근이 덜 효과적이며, 환자의 행동에 대한 개념적 분석과 섬세하게 처방된 개입 방법에 기반을 둔 접근법보다 신경증적 행동을 잘 이해하기가 어렵다고 보았다. 이 논쟁은 심리측정적 평가에 대한 통계적 예언 대 임상적 예언에 관한 Meehl의 고전적 저술(1954)을 떠올리게 한다. 이 책에서 밀은 통계적 접근법을 매우 선호했다. 절충주의는 타당한 경험적 근거를 얻어내기 어렵다는 점에 주목해야 한다. 통계적 절충주의와 사례개념화는 장차 연구가 더 필요한 가설이다.

차이와 불일치에도 불구하고, 모든 후속되는 행동 및 인지 치료는 월피가 자신의 기법을 확립한 일반적인 치료 절차의 틀을 따랐다. 이러한 치료 절차 틀은 개념적 설명과는 다르게 다음과 같이 구성되어 있다. (1) 통제된 방식으로 환자에게 결정적인 상황을 제시한다. (2) 원치 않는 반응을 약화시킨다. (3) 적응적 반응을 강화시킨다. (4) 적응적인 행동이 일상생활에서도 쉽게 일어날 수 있도록 점진적인 방식으로 지속한다. 중요한 자극의 통제된 제시는 언어적 묘사나 역할극, 치료실에서의 자극 제시, 실제 상황에서 지도나 지시를 받으며 접촉하기 등과 같은 방법을 통해 이루어질 수 있다. 바람직하지 않은 반응은 자극 제시의 감소 또는 증가, 지시나 환경적인 조정을 통한 반응 방지, 사회적인 비승인이나 다른 혐오자극에 의한 처벌을 통해 약화될 수 있다. 적응적 반응들은 언어적 지시, 모델링, 수행에 대한 피드백, 사회적 승인을 통해 확립되고 강화될 수 있다. 명시적 또는 암묵적으로 숙제를 내주는 것은 치료실에서부터 외부 세계로 행동 변화가 일반화될 수 있도록 돕는다. 다양한 행동치료 및 인지 치료들은 결정적인 자극을 어떻게 제시할지, 어떠한 적응적/부적응적 반응을 다룰지, 어떻게 그 반응들을 강화하거나 약화시킬지, 그러한 과정을 설명할 수 있는 신경적, 학습적, 인지적 기제가 무엇인지에 대해 의견이 일치하지 않는다. 그러나 월피에 의해 처음 수립된 네 개의 기본적 요소들은 모든 행동 및 인지치료 절차에 기반을 제공하였다.

특정한 치료적 기여 월피의 기법들은 많은 행동주의적, 인지적, 절충적 치료자들에게 기본적인 도구가 되었다. 심지어 정신역동적인 치료자들도 자신들의 이론적 해석과 더

불어 체계적 둔감화, 자기주장 훈련, 성치료를 사용해 왔다. 다음에서는 오랫동안 지속되어 온 월피의 치료방법들이 끼친 영향들에 대해 간단히 논의하였다.

체계적 둔감화 이 기법이 월피와 가장 밀접히 연관된 기법이다. 거의 모든 심리학입문 교과서에는 월피와 둔감화에 대한 부분이 포함되어 있다. 둔감화는 월피가 내세웠던 일반적 원칙들을 잘 예증하고 있으며, 그가 원래 내세웠던 가치들을 보유하고 있다. 환자들에게 이 방법은 문제 상황에 직면하는 편안한 방법으로 널리 받아들여지고 있다. 그리고 치료실 환경에서도 상대적으로 쉽게 실시될 수 있고, 피상적이지 않게 정교한 방식으로 실시될 경우 다양하고 복잡한 문제들을 치료하는 데 매우 효과적일 수 있다. 체계적 둔감화의 단점은 강박장애와 같이 특정한 부류의 불안 관련 문제들이나 특정 개인에게는 효과적이지 않다는 점이다(때로 몇 년씩 같은 과정을 반복하지 않고, 치료 과정에서 생기는 실패 및 다른 치료의 필요성을 파악할 수 있다는 점 자체가 둔감화 기법의 주된 기여라는 점을 지적할 필요가 있다.). 4장에서 논의된 것과 같이, 수백 명의 연구자들이 체계적 둔감화 기법의 이론적 · 절차적 기반이 무엇인지에 대해 연구를 수행했고, 새로운 기법의 효과를 측정한 결과를 제시하였다. '새로운 혹은 개선된' 방법들 대부분이 둔감화 기법의 일부 특징들을 보유하고 있었고, 그들 모두가 앞에서 설명한 전반적인 틀을 고수하고 있었다.

대부분의 새로운 방법들은 불안의 발생을 방지하기 위해 엄격하게 단계화된 불안자극 위계를 점진적으로 높여나가는 월피의 방법에 도전하였다. '홍수법' 에서는 심한 불안을 유발하는 자극을 오랫동안 제시한다. '노출' 기법에서는 먼저 중간 정도의 불편감이 유발되는 상황들이 제시되고 난 후에 대략적인 위계에 따라 노출이 이루어진다. 둔감화 기법에서와 마찬가지로 이 모든 절차에서도 자극 제시가 통제된다. 즉, 환자는 치료적 맥락에서 어떤 일이 발생하고 어떤 자극이 제시될지에 대하여 사전에 동의한다. 갑작스럽거나 압도적인 불안은 전혀 없다. 대부분의 새로운 방법들은 불안 각성을 상쇄하기 위해서 둔감화에서처럼 긴장이완을 사용했다. 차이가 있다면 새로운 방법들은 불안을 완전히 방지하기보다는 불안을 유발한 다음 극복한다. 마지막으로, 많은 새로운 방법들은 불안에 직면했을 때, 긴장이완을 하고 문제 해결 기술을 사용하고 비합리적 사고에 도전하도록 환자에게 가르치는 인지적 요소들을 추가시켰다.

4장에서 지적했듯이, 새로운 방법들과 체계적 둔감화를 서로 비교하는 증거는 종종 애매하다. 많은 연구가 '어떤 환자에게 어떤 방법이 효과적인지'를 분류하는 데 머무르고 있다. 광장공포증 환자나 강박장애처럼 주된 문제가 감정의 각성에 대한 지나친 염려, 즉 '두려움에 대한 두려움'을 가진 환자들에게 있어서는 둔감화 기법보다 불안유발 방법이 더 우수하다는 데 대하여 일반적인 의견일치가 이루어져 있다. 노출 방법들은 '재민감화(resensitization)'를 초래하는 불쾌한 사건에 반복적인 직면이 불가피한 사례에서 유용하다. 둔감화 기법이 최종적으로는 다른 기법들에 의해 대체될지라도 이후의 절차들의 진화론적인 조상으로 남아 있을 것이며, 비교 연구를 위한 원래 자극(original stimulus)이 될 것이다.

자기주장 훈련 월피는 샐터의 '흥분적' 훈련을 적용하여 '자기주장 훈련'이라고 이름 붙였다. 그는 처음에는 이를 대인관계 상황에서 불안을 극복하기 위한 기법으로 개발하였다. 많은 임상연구자들이 그 기법을 대인관계기술의 부족을 극복하기 위한 수단으로 여기게 되었고, 월피도 기술 훈련과 정서적 재조건형성이 '서로 강하게 얽혀 있다.'는 점에 동의하였다.

자기주장 훈련은 체계적 둔감화에 이어 두 번째로 많이 임상적 연구의 주제가 되었으며, 많은 저자들이 이 기법의 발달에 기여했고, 이로 인해 다양한 치료 절차들이 생겨났다. 교과서들에는 이 기법을 규정짓는 단일한 치료 절차는 없다는 뜻의 진술이 관례적으로 포함되어 있다. 그럼에도 불구하고, 자기주장 훈련의 핵심은 월피가 최초로 만든 대략적인 틀 안에 담겨 있다. 환자와 치료자는 어려운 대인관계 상황을 정의하고, 적절한 반응을 찾아 그 반응을 시연해 보고, 점차 난이도를 높여 가며 일상생활에서 실행해 본다. 다른 학자들은 여기에 개인적 권리에 대한 교육, 코치하기, 모델링, 수행에 대한 피드백 제공, 자기지시, 자기강화, 문화적 요인, 집단 훈련 등과 같은 기술적인 세부항목들을 포함시켰다. 월피에 이어 많은 치료자들이 우울증, 광장공포증, 성기능장애, 스트레스관련 장애, 공격성, 가족 간 불화와 같은 많은 문제들에 영향을 주는 대인관계에서의 어려움을 극복하는 데 자기주장 훈련이 매우 유용하다는 것을 발견하였다.

성치료 성적인 문제를 가진 환자들을 대상으로 한 월피의 작업은 사회적으로 잘 알려진 방대한 Masters & Johnson(1970)의 노력에 의해 가려졌다. 이들은 정신역동이나, 행동주의 혹은 인지적 모델에 기반을 두지 않은 비이론적인 입장을 취하면서 이전의 연구들을 거의 인용하지 않았다. 그들의 프로그램 때문에 성치료는 행동치료나 다른 심리치료의 요소가 아닌 특별한 영역이 되었다. 그러나 월피에 의해 개발된 기법들과 원리들은 성기능 장애를 호소하는 환자나 다른 어려움이 동반된 환자들을 치료하는 치료자들에게 적합하다. 성치료를 보다 넓은 행동주의적 틀에 통합함으로써 월피는 심리치료자들에게 성에 대한 불안이나 잘못된 생각, 기술 부족은 다른 대인관계에서의 문제와 다르지 않으며, 다른 장애에 적합한 개입방법이 역시 성 문제에도 효과적이라는 사실을 일깨워 주었다. 이에 더해, 그는 성기능 장애는 다른 문제들(우울, 부부갈등, 범불안, 사회불안)과 연관되어 나타날 수도 있으므로, 성치료에서 핵심이 되는 직접적인 성적인 훈련에 더하여 이러한 문제들도 다루어져야 한다는 점에 유념하도록 하였다.

다른 기법들 월피는 광범위하게 연구된 둔감화 기법이나 자기주장 훈련, 성치료 외에도 다양한 치료 절차들을 개발하고 채택하였다.

'혐오치료' 는 사회적으로 금기시되거나 자기파괴적인 행동과 관련된 자극에 부적절하게 끌리거나 각성을 보이는 것을 상호적으로 억제하기 위해 만들어진 치료 절차들의 집합을 의미한다. 혐오치료는 알코올중독과 성적 일탈에 대한 일부 치료 프로그램에서 계속 사용되고는 있지만, 이에 대한 연구는 1970년대에 최고조에 달했다가 눈에 띄게 줄어들고 있다. 혐오치료에서 전기충격의 사용은 일반적으로 비효과적인 것으로 결론이 났지만, 구토를 유발하는 방법은 더 나은 결과를 보여 주었다(Emmelkamp, 1986). 불쾌한 장면에 대한 언어적 기술을 사용하는 '내현적 민감화(covert sensitization)' (Cautela, 1967)는 전기적 또는 화학적 자극보다 훨씬 간편하면서도 치료 효과는 비슷하였다. 적절한 자극을 혐오자극의 종결과 연합시키는 '혐오경감(aversion relief)'은 때때로 혐오치료 프로그램의 일환으로 사용된다. 혐오치료가 비행 행동을 대체할 수 있는 적절한 기술의 교육과 함께 실시될 때 가장 효과적이라는 점에 대해서 폭넓은 동의가 이루어져 있다(Brownell & Barlow, 1980).

'사고 중지'는 일종의 혐오치료로 볼 수도 있다. 이 방법은 강박적이거나 침투적인 사고에 대한 치료에서 빈번하게 사용되며 대개는 다른 치료 방법들과 함께 사용된다 (Spiegler & Guevre-mont, 1992: 297).

월피는 범불안장애에 대한 치료방법으로 이산화탄소 흡입을 권장했다. 이것은 최근 공황장애에 대한 치료방법으로도 강한 지지를 받고 있다. 월피는 이산화탄소 흡입이 직접적으로 불안을 억제한다고 제안했지만, Barlow와 그의 동료들은 그것이 실제로는 불안 각성을 유발해서 노출치료와 비슷한 작용을 한다는 사실을 발견했다(Barlow, 1988: 447-460). 안전하고 통제된 상황에서 불안 자극에 노출시키면서, 불안장애에 대한 교육과 호흡 훈련을 같이 실시함으로써 매우 효과적인 치료가 가능해졌다.

치료 효과에 대한 기여

심리치료에 대한 월피의 결정적인 기여는 심리치료가 효과가 있음을 입증할 수 있어야 한다고 역설한 것이었다. 그는 자신이 희망과 관심의 불특정한 효과들을 넘어서는 결과를 성취한 첫 번째 사람이라고 주장하였다. 임상가로서 그는 수년간 정신분석을 받았음에도 소용이 없었던 환자들을 성공적으로 치료하였으며, 이는 그의 치료 방식이 논란의 여지가 없이 우월하다는 점을 보여 주는 결과였다. 그러나 연구자로서 그는 자신의 주장에 대한 타당성을 입증하려고 했지만, 그리 성공적이지 못했다. 미국에서 심리치료 연구의 생명줄이 되는 연구비를 확보하는 수완이 부족해서, 그 자신이 지속적인 연구나 훈련 프로그램을 시행하지 않았다. 그의 이론과 절차들이 수많은 학문적 · 임상적 연구자들에게 연구재료를 제공해 주었음에도 불구하고, 그들은 그에게 어떤 특별한 고마움도 표시하지 않았다. 따라서 그는 자신의 치료 방법의 효과와 그의 이론이 옳다는 것을 입증하기 위해, 다른 연구자들이 연구 문제와 절차들을 개념화한 방법에 의존하였으며, 그들의 편견과 치료계획에 영향을 받았다. 그의 접근을 지지하는 결과들은 공정하고 편견이 없음을 확실하게 보여 주었지만, 그의 접근을 지지하지 않은 자료에 대해서 실험적인 추적 연구를 해 볼 수 있는 기회는 거의 없었다. 그럼에도 불구하고, 모두가 동의하는 한 가지가 있었다. 월피가 자신의 것으로 주장했던 자연과학적인 영역을 기반으로 한, 결과의 체계적인 관찰과 측정이 인간 본성을 보다 잘 이해하게 해 주고 인간의 질병을 보다 더 효과적으로 치료할 수 있게 해 줄 것이라는 확신이 행동치료의 기본적인 신조가 되었다는 것이 그것이었다. 게다가, 심지어 실험적인 방법론이 정교하지 않았음도 불구하고, 월피가 참여했던 연구들은 치료 효과 연구에서 초석이 되었다.

월피 연구의 유산

월피가 고양이를 대상으로 했던 실험적인 시도는 파블로프에 의해 시작되었던, 연구자들이 실험실에서 동물들을 관찰한 내용을 기술적으로 보고하던 시대의 종말을 의미하였다. 월피는 집단이나 단일피험자 연구설계를 사용하지 않았으며, 양적인 평가나 통계적인 분석을 사용하지도 않았다. 그러나 그의 일화적인 보고서들은 한 가지 주목할 만한 사실을 전달하였는데, 그는 동물을 대상으로 '실험신경증'을 만들어 냈고 또 치료했다는 것이다. 이러한 성취는 그로 하여금 인간의 신경증도 효과적으로 다룰 수 있다는 확신을 주었다. 또한 헐의 학습이론의 정확성은 신경계 조직화에 대한 그의 가설과 결합되어, 월피로 하여금 자신이 실제적인 행동과학의 길 위에 있다는 점을 확신하게 해 주었다.

그의 고양이 실험은 몇몇 다른 동물 연구들을 고무시켰지만(Poppen, 1970), 인간을 대상으로 직접 연구할 기회가 증가되고 있음을 연구자들이 알게 되면서 정신병리 연구에서 동물 모델은 쇠퇴하였다(Plaud & Vogeltanz, 1991). 월피가 헐 학파 연구자로서 자리를 잡지 못했다는 점과 그래서 심리치료자로 생활을 영위할 수밖에 없었다는 사실은 심리치료 분야에서는 끊임없는 이득을 제공하였다. 그가 성공적인 치료를 달성하기 시작하자마자 이미 뿌리를 내리고 있었던 정신분석학파에서 제기한 반대에 부딪혔지만, 그는 자신의 연구결과물들을 출판하였다. 전문가동료들과 소원해진 관계가 지속되면서, 그는 자신의 치료 결과들을 기존의 치료에 대항하는 방식으로 보고하였다. 즉, 행동과학에 기반을 둔 새로운 치료가 심리성적인 발달에 대한 낡은 이론에 기반을 둔 치료보다 훨씬 더 우수하다고 주장하였다. 월피의 도전은 심리치료를 저울에 올려 비교하는 작업이 요구된다고 주장하였던 전투적인 아이젱크(1952)의 결론과도 일치하는 것이었다. 월피는 어떤 치료보다도 훨씬 더 우수하고 성공적인 치료 결과들을 제시하였다(Wolpe, 1952b, 1958). 심리치료 학파의 입장에서 주된 목표는 월피의 생각이 잘못되었다는 점을 증명하거나 자신들의 치료 효과가 더 낫다는 증거를 제시하는 것이었다.

월피의 두 번째 실험적인 시도는 다양한 공포증 치료에서 둔감화 집단과 '통찰'치료 집단을 비교한 아놀드 라자루스의 박사학위 연구(1961)를 지도한 것이었다. 방법론적인 정밀함에서 본보기가 되지는 않았지만, 이 연구는 치료자들 간의 경쟁을 시작하게 한 첫 번째 연구였다. 결국에는 '경적기(hooter)' 에 직면해야 했던 월피의 고양이처럼, 불안을 유발시키는 상황에서 환자들의 반응을 직접 관찰함으로써 연구의 성공여부를 평가하였다. 심지어 라자루스가 둔감화를 지루하다고 생각했고, '통찰' 치료 집단에 더 몰두하고 흥미를 느꼈다는 점을 보고했음에도 불구하고, 비판자들은 둔감화가 압도적으로 우수한 결과를 보인 것이 실험자 편파 때문이라고 쉽게 간과해 버렸다. 월피와 라자루스는 결별한 후에 이 연구에 대한 언급을 중단했으며, 그것이 주는 유일한 교훈은 부실한 연구설계의 예로 남았다는 것이다. 그러나 비슷한 공포증을 가진 환자들을 다른 치료 조건에 무선적으로 할당하고, 문제가 유발되는 환경에서 그들의 행동을 관찰했다는 두 가지 특징은 그 후에 이어진 수백 개의 연구들을 규정하는 특성이 되었다.

4장에서 상세하게 기술하였듯이, 둔감화 연구의 급격한 증가를 야기하였던 촉매는 '유사' 공포증을 가진 수많은 대학생들의 발견이었는데, 이는 심리학박사 지원자들이 '임상' 집단에 속하는 사람들에게 접근할 수 있는 기회를 제공해 주었다. 초기의 연구들은 라자루스의 박사학위논문에 대한 방법론적인 결함을 다루었다. 그들은 효과적인 둔감화를 위하여 점진적으로 상승되는 불안위계와 이완법을 결합하는 것이 필요하고 충분하다는 월피의 가정을 확증하였다. 또한, 공포증의 경감이 '증상대치'를 일으키지는 않으며, 종종 다른 생활 영역에서 기능을 향상시킨다는 점을 확인하였다. 일단 둔감화가 공포증에 대한 표준적인 치료로 정립되자 다른 이들에게는 뛰어넘어야 하는 목표가 되었다. 같은 분야 내에서의 이러한 경쟁으로 인해 생겨난 긍정적인 결과는 모델링, 홍수법 및 대처기술 훈련과 같은, 효과적인 치료를 위한 대안들이 발달되었다는 점인데, 이것은 둔감화 기법을 적용하기 어려운 환자들이나 문제 범주들을 다루기 위한 것이었다. 둔감화와 이러한 대안적인 절차들에 대한 유사 연구들은 통계적 기만을 제외한다면, 인본주의적 혹은 정신역동적인 치료보다도 훨씬 더 효과적이라는 점을 보여 주는 수많은 연구를 양산하였다(Smith et al., 1980, 4장 참조).

그러나 유사 연구는 또한 평범한 형태의 둔감화 기법에 대하여 부정적인 영향도 끼쳤다. 단순한 공간적 혹은 시간적 불안위계를 사용하여 단순공포증을 치료하는 것은 단순공포증에 대해서는 단지 둔감화가 전부라는 식의 견해를 촉진하였다. 월피가 개별적인 환자들을 다루면서 묘사하였던 미묘함과 복잡성은 연구자들이 표준화된 프로토콜들을 개발하면서 사라졌다. 피험자들은 모두 한 사이즈에 맞춘 치료를 받았으며, 개별적인 차이점들이나 치료 목표를 얼마나 달성했는가를 고려하지 않은 채 몇 번의 회기 후에 단지 집단 간 평균치를 비교할 뿐이었다. 게다가, 상대적으로 불안이 낮은 피험자들을 다룬 것은 암시와 기대 요인을 특히 두드러지게 만들고, 따라서 둔감화는 종종 위약 절차보다 더 우월하지 않은 것으로 나타났다. 월피는 초기에 이루어진 유사 연구 결과들을 자신의 책과 논문에 인용함으로써 지지하였지만 자신만의 연구 기반은 없었기 때문에, 지지하는 자료들이 나올 때마다 그것을 수집하고 반대되는 자료들을 비판하면서, 그의 업적을 저해하는 연구들을 다룰 수밖에 없었다. 이것은 나중에 그가 방어적이고 반대하는 논조로 말하고, 전문적으로 저술할 수 있게 만들었다.

자기주장 훈련에 대해서도 둔감화 기법과 비슷한 방식으로 유사 연구들이 광범위하게 진행되었다(Fodor, 1980). 상술한 바와 같이, 월피의 사회적 불안을 상호적으로 억압하는 분노 모델은 곧 사회기술 결함, 부적응적인 자기진술(self-statement), 개인적인 권리, 공격적 행동 등에 대한 관심으로 대체되었다. 따라서 그는 종종 앤드류 샐터와 그 후의 프로그램 사이에 존재하는 단지 과도기적 인물로만 여겨지기도 한다. 그러나 월피는 샐터의 작업(제이콥슨을 위해 했던)을 변환시키고, 이에 대해 출판하였으며, 심리치료의 통합적인 체계 속으로 그것을 끌어들이는 데 도움을 주었던 공적을 인정받아야 한다. 월피는 이후의 모든 프로그램의 기반이 되었던 기본적인 자기주장 훈련 절차의 기틀을 잡는 데 책임을 다하였다. 그는 자기주장 훈련의 실행 및 초점에 있어서 수많은 다양성을 인식하였고 이를 지지하였다. 결국, 자기주장 훈련 연구의 목적은 문제가 되는 상황에서 효과적으로 수행하기 위한 훈련과 관련된 객관적인 증거들을 얻는 것으로, 이것은 과학적인 심리치료에 대한 월피의 비전을 충족시켜 주는 것이었다.

월피의 주된 관심사는 '실제' 신경증 환자들이었지, 유사한 피험자들이 아니었다. 템플 대학에 채용되었을 때 그는 행동치료와 정신분석적인 치료를 비교할 수 있는 결정적인 기회를 잡았다(Sloane et al., 1975). 라자루스의 박사논문을 라이트 형제의 비행으로 간주할 수 있다면, 템플 프로젝트는 점보제트기와 같았다. 이 연구의 독특한 특성은 각 치료자가 개개인의 환자에게 가장 적합하다고 생각하는 개입 프로그램을 자유롭게 개발할 수 있다는 점으로, 단지 시간 제약만이 제한점이었다. 그러한 접근은 각각의 개인들에게서 나타나는 효과에 따라 절차가 변화되는 월피의 행동치료 모델뿐만 아니라, '기법' 이 단지 모호하게 규정된 정신분석적인 모델에도 적합하였다. 이러한 통제된 연구 프로젝트는 아마도 일반적으로 실행되는 심리치료와 가장 가까울 것이다.

이 연구로부터 폭넓게 받아들여지는 네 가지 결론이 도출되었다. 첫째, 단지 평가만 받고 대기상태에 있었던 사람들 중 꽤 많은 수가 눈에 띄게 호전되었다. 둘째, 행동치료와 정신분석치료 모두 동일하게 대기 조건보다는 효과적이었다. 셋째, 따라서 행동치료는 적절한 치료로 간주되었다. 넷째, 효과적인 치료의 원인이 되는 요인들이 여러 치료에 있어서 공통적으로 포함되었으며, 치료 간을 구분해 주는 특정한 절차나 이론이 있는 것은 아니었다. 물론, 월피는 이러한 결론 중에서 두 번째와 네 번째 결론을 받아들이지 않았으며, 첫 번째와 세 번째는 처음부터 알고 있었다. 4장에서 이미 자세하게 기술하였듯이, 사실 이 연구에서는 행동치료가 심리치료보다도 더욱 우수함을 보여 주는 수많은 사례가 있었다. 행동적인 관점에서 이 프로젝트의 가장 큰 단점은 직접적인 행동 관찰이 아닌 평정치나 언어적인 보고에 의존했다는 것으로, 이미 가정되었듯이 직접적인 행동관찰이 이루어졌다면, 행동치료를 지지하는 방향으로 보다 더 현저한 차이를 보여 줄 수 있었을 것이다.

'동일한 효과' 가 많은 전통적 심리치료 연구자들의 슬로건이 되었는데, 그들은 모든 치료적 노력들에 포함된 공통적인 요인들에 대하여 지속적으로 강조하였다(Bergin & Lambert, 1978; Frank, 1973; Lambert et al., 1986; Luborsky et al., 1975; Smith et al., 1980). '공통 요인' 에 관한 연구는 심리치료의 효과를 전제하고 '그것이 어떻게 작용할까?' 라고 질문했던, 더 오래된 '과정' 연구의 지속으로 간주될 수 있다(Garfield, 1992; Lambert & Bergin, 1992; Strupp & Howard, 1992). 이러한 연구는 치료 회기의 축어록과 녹음 테이프를 가지고 '따뜻함, 공감, 진솔함 및 치료동맹' 과 같은 관계 변인을 분석하였으며, 치료자와 환자의 성격적인 요인도 연구하였다. 행동치료 내에서 유의미한 상관관계를 발견한 것은 특히 높이 평가되었다(Lambert et al., 1986). 예를 들어, 템플 프로젝트에서 행동치료자들은 정신분석적 치료자들보다도 더욱 공감적인 것으로 평가되었으며, 둔감화 연구에서 '따뜻함' 은 치료 결과와 상관이 있는 것으로 나타났다(Morris & Suckerman, 1974). 이러한 발견으로부터 얻어진 결론은 월피의 절차가 모든 치료에 있어 공통적인 특성들을 포함한 것에 불과하다는 점이었다.

치료자로서 초창기 때부터 월피는 심리치료 효과에서 비특정적 요인들의 역할을 인식하였다. 그가 기대했었던 것은 그 이상, 즉 이러한 효과에 더해진 특정한 치료 절차들이었다. 이것은 심리치료 연구에서 그가 남긴 유산인데, 연구자들은 치료 성과를 설명해 주고 향상시켜 주는 과정적인 요인들에 대한 연구를 지속하였다. 그러나 치료자들이 개별적인 환자 각각을 위하여 개입방법을 개발하였던 템플 모델은 독립변인들을 명시하지도, 통제하지도 않았다는 이유로 대부분의 연구자에 의해서 거부당했다. 대신에 '치료 매뉴얼' 접근이 표준적인 시행 절차가 되었다. 유사 둔감화 연구에서 처음으로 개발된 치료 매뉴얼은 서로 다른 치료자들이 각각의 다른 환자들에게 동일한 치료를 시행 가능하게 해주었고, 또한 치료 효과를 측정하기 위한 치료 변인들에서의 세밀한 변형(variation)을 허용해 주었다(Lambert et al., 1986). 이러한 치료 매뉴얼 접근의 단점은 비특정적인 변인과 환자, 치료자 변인에 대해 연구하기보다는 아예 그것들을 무시하거나 통제하려고 시도했다는 점이다.

월피(1977; 1986; 1989a, b)는 진단 범주에 속하는 사람들에게 표준화된 프로토콜을 사용한 연구들을 점점 더 비판하였다. 그것은 실제 치료가 실시되는 방식과 다르며, 연구 결과들의 외적 타당도를 위협할 뿐 아니라, 그 치료 절차가 비효과적이거나 심지어 역효과를 일으키는 사람들에게 적용됨으로써 치료 절차의 효과를 감소시켰다고 보았다. 이것은 다른 치료 집단들에서 유사하게 평균적인 호전이 있었다는 공통적인 연구 결과들을 설명해 주었다. 즉, 어떤 환자들은 향상되었지만 어떤 환자들은 그렇지 않았다는 것을 의미한다. 월피는 비록 폭넓은 진단 기준에는 맞을지라도 호전되지 않는 이들은 부적합한 치료를 받은 것이라고 주장하였다. 일부 연구자들은 이러한 쟁점을 다루기 시작하였는데,

월피가 주장한 것과 같이, 큰 진단 범주에 속하는 환자들의 요구에 대해 아주 세밀한 분석을 하였고, 환자들의 필요에 맞게 치료 프로그램을 개발하였다(Eifert et al., 1990; Mersch et al., 1989; Persons, 1986, 1991). 이것은 많은 노력이 드는 과정이며 현재까지 이러한 접근을 지지하는 연구는 단지 소수에 불과하다(Heiby, 1986; McKnight et al., 1984). 그러한 어려움에도 불구하고, 이는 연구가 지속되고 있는 중요한 영역인 듯하다.

템플 프로젝트와 마찬가지로 심리치료 연구들의 총체적인 결과는 치료의 효과와 관련하여 어떠한 완벽한 승자도 제시하지 않았다. 행동 및 인지 치료들의 옹호자들은 향상을 위한 여지가 있다는 점을 인식하면서도, 연구 자료들이 자신들의 치료가 전통적인 정신분석적 치료와 통찰치료보다 우수하다는 점을 지지해 준다고 보았다(Eysenck, 1993; Giles et al., 1993). 전통적인 치료를 옹호하는 사람들은 한 편이 우세하다는 것을 발견하기에는 문제가 너무 복잡하다고 주장하거나 과학적 접근이라는 인식에 대해 의문을 제기하거나 또는 '동일한 효과' 라는 결론을 내렸다(Elliot et al., 1993).

아무도 정신분석적이고 인본주의적인 방법들이 더 우수하다는 결과는 찾지 못했던 것으로 보이며, 심지어 어떤 전통적인 심리치료 연구자들은 특히 더 어려운 문제에 대해서 행동적이고 인지적인 절차들의 효과가 '의미심장하게 증가한' 점을 인정하였다(Lambert et al., 1986).

책임

심리치료는 사회의 관심으로부터 제외된 비밀스러운 사업이다. 치료 효과에 대한 논쟁은 주로 전문적인 것으로, 책, 정기간행물, 학술회의에서 이루어진다. 문서화하는 것은 비효과적일 뿐만 아니라 일반적으로 정신분석치료나 개별적인 치료자들에 의해 야기된 신체적, 심리적인 위해 때문에 전문가들 내부에서조차 영향력이 거의 없었고, 외부에서는 영향력이 더욱 미미하였다(Eysenck, 1992; Masson, 1988, 1992; Mays & Franks, 1985). 심리치료는 전문직이 되었고, 심리치료가 다룬다고 주장하는 조건에 해당하는 사람들 중에서 1/4이 채 안 되는 사람들만이 심리치료 서비스에 접근할 수 있었으며, 이러한 치료를 시작한 사람들 중 반 이상은 즉시 탈락하였다(Pekarik, 1993). 월피의 접근은 심리치료의 책임과 접근성을 높이는 데 많은 기여를 하였다.

소비자의 기대 정신건강 서비스를 찾는 많은 사람들은 자신의 문제를 구체적으로 정의해 주기를 바라며, 적극적이고 직접적인 문제해결적 접근을 기대하는 경향이 있다(Benbenishty & Schul, 1987; Llewelyn, 1988). 이러한 관점은 많은 심리치료자와 상반되며 치료자들은 종종 환자들이 그러한 잘못된 인식에서 깨어나도록 하기 위해 노력한다(Heitler, 1976). 치료의 목표이자 성공을 판가름하는 기준이 되는 환자의 증상에 대한 월피의 관점 그리고 치료 방법 및 환자의 증상과 그 관계에 대해 직접 설명해 주는 월피의 솔직함은 소비자의 선호도를 충족시키는 중요한 요소였다. 둔감화가 단지 환자의 기대감을 일으키는 데 특별히 효과적인 방식 그 이상은 아니라는 비판을 기억하라(Kazdin & Wilcoxon, 1976). 아마도 이것은 교훈이지 진정한 비판은 아니다. 즉, 치료가 효과적이기 위해서는 받아들이는 사람들이 그 치료를 이해해야만 한다.

환자가 치료를 중단하는 한 가지 이유는 그들의 기대를 충족시키는 데 실패했기 때문이다(Pekarik, 1993). 따라서 월피의 모델을 따르는 프로그램에서는 더 높은 치료 유지율을 기대할 수 있다. 이 문제를 다룬 자료는 거의 없다. 예를 들어, 템플 프로젝트에서는 행동치료와 정신분석 집단 모두에서 탈락률이 매우 낮았다. 그러나 이 연구에는 매우 선택적이고 정보를 많이 받은 피험자들이 참여하였으며, 따라서 일반적으로 사용되는 치료를 대표하지 않는 비전형적인 것이었다. 조기 종결의 또 다른 이유로는 증상의 경감인데(Pekarik, 1993), 이것은 증상에 초점을 둔 치료에서의 높은 탈락률을 암시한다. 분명하게, 다양한 형태의 심리치료에서의 탈락률 및 치료를 중단하는 이유에 대한 더 많은 연구들이 필요하다.

치료 기간 치료가 필요한 사람들 중 단지 일부만이 심리치료에 접근 가능했던 또 다른 이유는 치료 기간이 매우 길다는 것이었다. 전통적인 정신분석은 수년에 걸친 수백 시간을 필요로 하였는데, 이것은 돈 많고 여유 있는 사회 계층이 아닌 모든 사람들에게 실시하기 어려운 분명한 이유가 되었다. 2차 세계대전 이후, 단기 정신분석치료를 개발하려는 노력들이 있었던 부분적인 이유는 수많은 군인 및 시민이 외상으로 고통을 받고 있었기 때문이었다(Alexander & French, 1946; Grinker & Spiegel, 1945). 치료의 목적은 억압된 기억과 정서의 방출이었으며, 사용되었던 기법들은 최면과 마취였다. 독자들은 월피가 이러한 치료적 접근에 만족하지 못하고 대안적인 방법들을 만들었던 것을 기억할 것이다. 10년 후에 그는 자신의 치료의 상대적인 기간의 효율성을 칭찬하였는데, 약 40회기 정도면 충분하였고 많은 환자들은 훨씬 더 적은 회기로도 충분하였다(Wolpe, 1958: 205). 바로 뒤이어 라자루스(1961; 1963)는 이러한 회기 수의 약 1/2 이하의 기간만으로도 긍정적인 결과를 보고하였다. 그의 치료 형태는 이후 행동치료 프로그램의 기간과 일치하였다(Wilson, 1981).

'단기 심리치료' 로 알려진 영역은 전통적인 심리치료 내에서 성장해 왔으나 점차적으로 치료의 열등한 형태로 그 명성이 변화되고 있다. 아이러니하게도, 단기 심리치료 개발에 기여한 중요한 요소 중 한 가지가 행동치료며, 증상초점적 평가 및 치료, 현재 기능에 대한 관심, 상당히 지시적인 치료 활동, 숙제 할당, 여러 가지 기법들의 유연한 사용을 포함하는 많은 목표와 절차가 행동치료로부터 채택되었다(Koss & Butcher, 1986). 따라서 행동치료는 사실상 단기 심리치료의 형태라고 볼 수 있었지만, 그 밑에 포함되는 것은 거부하였다. 이는 역효과적인 것으로 보이는 정신분석적 개념들이 여전히 남아 있었기 때문이고(Wolpe, 1990: 341), 행동치료에 있어 '단기간' 이라는 것은 단기 심리치료에서처럼 고유한 목표가 아니라 단지 효과적인 치료의 부산물로 간주되었기 때문이다.

연구 결과, 환자들은 치료가 5회기에서 10회기 정도 지속되기를 기대한다는 점을 보여 주었다. 외래 환자들이 참여하는 평균적인 회기 수는 지역사회 정신건강센터에서는 약 5회 정도며, 사설 기관에서는 12회로, 두 장면에서 회기 수의 중앙값은 4회 정도였다(Pekarik, 1993). 이렇게 회기 수가 적은 것은, 치료 목표를 빨리 달성했기 때문이라기보다는 주로 환자들이 도중에 탈락했기 때문이다. 따라서 약 20회기 정도로 된 단기 심리치료와 행동치료는 대부분의 환자들이 기꺼이 인내하는 수준을 훨씬 초과한다. 지금까지 행동치료는 더 단기간의 형태로 치료를 고안하는 데 실패한 반면, 정신분석 및 통찰치료자들은 한두 회기로 이루어진 프로그램들을 추진해 왔다. Pekarik(1993: 430)은 '이상적인 상황하에서 가장 효과적인 치료를 위한 연구 분야를 이끌어 온 사람들이, 표준적인 치료의 실제 상황에서 가장 비용효과가 높은 치료를 추구하는 다른 연구자들에게 뒤처지는 것은 정말로 아이러니하다.' 라고 결론 내렸다.

비용 최근까지 심리치료 서비스시장은 비효과성 및 비효율성을 조장하였다(Giles, 1993). 비용을 더 오래 지불하는 환자일수록 치료를 더 잘 유지할 수 있었다. 수요에 비해 공급자들의 수가 제한적이라는 점은 소비자들의 만족감과는 상관없이 환자의 지속적인 공급을 보증해 주는 듯하였다. 1960년 대 이래로 미국에서는 정신건강 치료에 종사하는 사람들이 수가 극적으로 증가하여 수요보다도 훨씬 더 많아졌다. 이러한 상황은 주로 보험과 정부기관에서 의료비를 '각 진료별 지불' 체계로 지급한 결과로서, 개인 치료자들은 치료를 얼마나 잘 했느냐가 아니라 치료를 얼마나 많이 했느냐에 따라 돈을 받았다. 심지어 정신건강 종사자들이 월급을 받고 일하는 기관에서도 치료의 긍정적인 결과와 받는 돈 사이에는 관련성이 없었다.

하지만, 이러한 사태가 계속되게 할 수 없다는 인식이 증가하였다(Giles, 1993). 1965년, 미국에서 의료보장제도를 도입한 이래로 정신건강 서비스에 대한 요구는 1000퍼센트 이상 증가하였으며, 정신건강 비용은 국민총생산의 약 6퍼센트였던 것이 거의 20퍼센트까지 증가되었다. 정신건강 서비스는 건강 비용에서 세 번째로 큰 부분을 차지하고 있으며 과거 10년 동안 다른 어떤 영역들보다도 훨씬 더 빠르게 증가되었다. 따라서 비용을 억제하는 프로그램들이 증가하고 있다.

Giles(1993)는 치료 결과 자료에 입각하여, 가장 효과적인 서비스를 실시하기 위해 다양한 장애에 가장 적절한 치료를 판정해 주는 '선호되는 치료'를 소개하였다. 이는 치료 매뉴얼에 기반하여 서비스를 제공하는 것과 유사하여, 동일한 진단 범주에 속하는 모든 사람들을 동일하게 다루는 데 대한 월피의 경고를 상기시켜 준다. Pekarik(1993)은 수요 및 결과와는 상관없이 가장 낮은 값을 부르는 사람에 의해 모든 환자들이 단기적이고 낮은 강도의 서비스를 제공받는 상환(reimbursement) 기관의 가능성에 대해 기술하였다. 이러한 접근은 가격 관리와 서비스 공급 모두에 있어 주요한 진전을 나타내 주었다. 만일 매우 단기간의 치료를 필요로 하는 대다수의 환자를 확인하여 서비스를 제공할 수 있다면, 비용이 더 많이 드는 개입이 필요한 사람들의 비용을 차감해 줄 수 있을 것이다. 이것은 진단 범주보다는 특정한 문제에 대한 직접적인 평가와 치료를 필요로 하며, 절차와 치료를 지속적으로 평가할 것을 요구하였는데, 이는 치료에 대한 월피의 접근과 완전히 일치하는 것이다.

기관에 대한 기여

조셉 월피는 개업을 한 첫 번째 '행동치료자' 였으며, 많은 행동적 임상가와 연구자의 기반이 되어 준 이론과 절차들을 만들어냈다. 하지만 그는 초기의 꿈이기도 했던 행동치료연구소(Behavioral Therapy Institute)를 설립하지도 않았고, '월피 학파(Wolpian)' 라고 부를 수 있는 가까운 사람들과의 관계를 유지하지도 않았다. 그러한 이유로 혹자들은 그를 메리 커버 존스 혹은 앤드류 샐터처럼, 현대 인지행동치료와 관계가 거의 없는 단지 역사적인 인물로서만 간주할 수도 있다. 그러나 월피는 현재의 행동치료로 발전하는 과정에서 주춧돌 이상의 훨씬 더 많은 역할을 하였다. 그는 새로운 치료가 취해야 할 방향을 설정하였을 뿐 아니라, 그의 생각과 절차들을 각각의 발전 단계에 포함시켰다. 그는 이후에 나타난 다양한 교육적이고 전문적인 기관들에 자신의 흔적을 남겼으며, 그의 출판물들은 그의 생각을 유지시켜 주는 한편, 다른 이들의 공헌을 촉진시켜 주었다.

조직들

월피가 샬롯테스빌에서 1965년에 시작하여 필라델피아의 행동치료 단체에서도 지속하였던 6월 연구회는 가장 근접하게 형식화된 훈련 프로그램들을 진행하였던 곳이다. 이는 15년간 매년 여름에 진행되었으며, 월피가 직접 훈련을 시행하고 지도 감독하였는데, 참여 인원이 점점 늘어나 수백 명에 이르렀다. 참가자들은 심리학과 대학원생과 정신과 레지던트였으며, 미국과 다른 여러 나라에서 온 학자나 임상가들도 포함되었다. 이러한 직접적인 체험은 그들이 병원이나 실험실, 강의실로 돌아갔을 때 그들 자신의 연구와 실제 적용에서 더 나은 발전을 할 수 있게 해 주는 기술과 아이디어들을 가르쳐 주었고, 막 생겨난 학문 분야의 발전에 매우 중요한 활기와 다양성을 산출하였다. 비록 월피가 사람들이 자신의 가르침을 고수하고 유지하는 것을 선호하기는 했지만 그것을 통제하지는 않았다. 이렇게 뛰어나고 다양한 사람들이 자신이 이전에 배웠던 것을 더 향상시키기 위해 노력을 기울이는 것은 막을 수 없는 일이었다.

템플 대학의 동부 펜실베이니아 정신의학 연구소에 있는 행동치료 분과는 20년 동안이나 월피의 근거지가 되어 주었다. 슬로안 등이 수행했던 프로젝트에 이어 템플은 미국 내에서 행동치료에 관한 체계적 임상적 연구의 첫 번째 중심지가 되었다. 연구의 초점은 정신분석치료와의 경쟁에서부터, 다루기 어려운 장애에 대한 행동치료 절차들을 개발하고 향상시키는 것으로 변화되었다. 비록 월피가 이러한 프로젝트에 직접적으로 참여하지는 않았지만, 그는 이러한 사업을 승인하였으며 행동치료의 경험적인 기반에 크게 기여하였다. 그의 저서와 강연은 행동치료 분과와 다른 연구소들의 자료에 근거한 접근법을 촉진시켰다.

월피의 연구는 다른 이들의 이론 및 실제적인 적용과 혼합되어 여러 심리학과 대학원 임상 프로그램의 교과과정에 통합되었다. 훈련 기관과는 달리, 논쟁점의 다양한 측면을 제시하고 정통적인 신념에 도전하며 새로운 것을 창조하는 것이 교육 프로그램의 본성이다. 1969년에 교과서로 널리 사용되었고 이후 저서들의 본보기가 되었던, 반두라의 고전적인 『행동수정의 원리(*Principles of Behavior Modification*)』에서는 월피의 파블로프 학파/헐 학파적 조건형성 접근과 조작적 조건형성 및 인지적 처리 접근의 혼합을 보여 주었다. 이러한 세 가지 접근들은 행동치료를 지탱하는 버팀대가 되었고, 이들 중 무엇이 가장 중요하고 기초적인가에 대하여 옹호자들 사이에서는 논쟁이 끊이지 않았다. 이후에 이루어진 정교화는 비논리적인 절충주의를 일부 선택하면서 신경심리학에서 사회체계이론에까지 이르게 되었다. 그런 다양성이 학자들에게 유익하였고 많은 연구비를 얻고 출판을 하게 해 준 반면에, 월피는 그들의 연구 결과가 분명하게 더 좋지도 않았고 어떤 경우에는 전통적인 행동치료에 의해 얻어진 결과보다도 열등하다고 주장하였다. 분명한 것은 문제가 논쟁에 의해서 해결될 수 없으며, 단지 치료자들과 치료자들을 훈련시키는 프로그램들에 대해 더 많은 책임을 사회가 요구함으로써 해결된다고 하였다. 아마도 이러한 압력은 월피가 구상하였던 것과 같은 훈련 프로그램들의 발달을 가져올 것이다. 그러나 부적응적인 행동의 치료와 원인을 고려한 표준적인 커리큘럼에 근접한 어떤 것이 존재할 날은 여전히 수평선 너머에 남겨져 있다.

Cyril Franks에 의해서 1967년에 조직된 '행동치료들의 발전을 위한 학회(Association for the Advancement of the Behavioral Therapies: AABT)'는 미국 내에서 재빠르게 새로운 치료를 위한 최초의 전문적인 조직이 되었다. 월피는 그 조직의 설립을 위한 논의에 참여하였으며, 프랭크에 이어 2대 회장이 되었고, 설립 이래로 매년 연차 총회에서 강연하였다. 그러나 그것은 월피가 구상했던 것보다도 훨씬 더 포용적인 조직이다. 예를 들어, AABT는 인지주의에 대항한 강력한 개혁을 위한 토론회를 제공하였으나, 회원들은 인지행동적인 접근을 촉진시키는 임원을 거듭하여 선출하였다. 『행동치료(*Behavior Therapy*)』 저널에 월피가 자신의 개별적인 접근과는 정반대라고 느꼈던 패키지치료 프로그램들에 대한 많은 연구가 발표되었다. 전반적으로 AABT

구성원들의 다양성과 활력은 그것이 월피의 정통적인 신념에 맞는 것이든, 그것에 대항하는 것이든 간에 학문적이고 전문적인 원리로서의 행동치료의 성장과 지속성에 기여하였다. 정신의학 전문가 내에서 행동치료에 대해서 흥미를 가지는 전문가 집단을 형성하려는 월피 자신의 노력이 확실히 성공적이지는 않았으며, AABT는 그의 행동 치료 및 연구 학회(Behavior Therapy and Research Society) 모임에서 주된 토론의 장이 되었다. 이 학회의 중요한 기능은 임상 펠로우의 등록 명부를 유지하는 것과 학술지 『행동치료와 실험 정신의학(*Journal of Behavior Therapy and Experimental Psychiatry*)』의 출판에 집중되었다.

출판물

월피와 레이나는 1970년에 『행동치료와 실험 정신의학 학술지』를 발행하기 시작하였다. 비록 그와 레이나가 편집 위원장을 맡기는 했지만, 그들은 인지행동적인 범위 전반에서 뛰어난 편집 위원단을 구성하고 유지시켰다. 제목에서 암시하듯이, 이 잡지는 정신의학 독자들을 포함시키려 애써 왔다. 변하지 않는 자매지인 『행동치료』와 비교해 볼 때, 이 잡지는 혁신적인 내용으로 유명하다. 보다 더 엄격한 형식의 연구는 물론 사례 연구와 축어록이 주기적으로 발표되었다. 새로운 절차의 보고 및 특정한 장애와 개별적인 환자들의 흥미로운 특징에 대한 설명들이 주기적으로 실렸다. 필자의 의견으로는, 그것은 가장 흥미롭고 시사해 주는 바가 많으며, 정말로 인지적이고 행동적인 치료 학술지로 남아 있다. 이는 월피의 지속적인 열정, 진심어린 애정을 반영하는 것으로, 그는 그처럼 이 분야에서 중요한 인물이었다.

월피의 가장 실제적인 유산은 물론 그의 집필 작업이었다. 월피는 이것을 일찍 실현하여 처음부터 전문적인 조사를 위한 자신의 노력들을 출판하였다. 그러나 그의 목표는 학문적인 심리학 및 의학에 퍼져 있던 '출판하느냐 사라지느냐' 의 가치체계와는 전혀 달랐다. 월피는 심리치료의 세계에 전달할 복음 같은 메시지를 가지고 있었으며, 그의 책들과 논문은 이를 위한 강력한 수단이었다. 그는 또한 동일한 영역에서 일하고 있었던 사람들의 출판물에 주의를 기울이는 독자이기도 했다. 행동치료와 보다 더 광범위한 심리치료의 스펙트럼 내에서 행동치료 및 그것의 역할을 두드러지게 하였던 개발과 논쟁들은 이전 장에서 기술되었듯이 그의 출판물에 기록되어 있다.

아직 개발되지 않은 채로 남아 있는 하나의 유산은 월피가 환자에게 치료를 실시하는 것을 기록한 수백 시간에 달하는 오디오 테이프와 필름들이다. 이것은 현재와 미래의 학생들에게 유용한 자원을 제공할 수 있을 것이다.

요약 및 결론

조셉 월피는 심리치료를 경험 과학의 방향으로 나아가게 하는 데 있어서 중요한 힘이었다. 프로이트는 분명히 심리역동적인 이론과 정신분석적인 절차들의 과학적인 위상을 주장하였으나, 전통적인 심리치료자들은 자신들의 영역에 대하여 실험적인 설명과 평가를 적용하는 것을 내켜 하지 않았다. 정신분석의 실패(한스 아이젱크에 의해서 더욱 확대되었던)에 직면하여 월피는 책임에 대한 관심에 초점을 두고 치료의 성공이 측정 가능해야 한다는 것을 주장하였다. 약 40년 후 책임이라는 항목은 시장(market)의 힘에 의해 점점 더 요구되고 있다. 월피는 측정 가능한 결과 변인에 대하여 주의 깊게 상술한 심리치료 절차들을 직접적으로 비교할 것을 고무하고 격려하였다. 체계적 둔감화와 자기주장 훈련은 동시대의 연구자들을 자극하였으며, 추가적인 방법들을 개발하도록 하는 기준을 제공해 주었다. 월피 자신은 새로운 행동치료의 과학적인 토대를 설립하기 위한 획기적인 연구들에서 중요한 참여자가 되었다.

그러나 과학적인 심리치료가 싸움에서 이겼다고는 말할 수 없다. 강력한 반과학 운동 또한 시작되었는데, 그들은 객관적인 합리성의 범위를 넘어서는 형이상학적 세계와의 신비주의적인 결합을 주장하였다. 정신역동적인 접근들은 비록 카리스마적인 사람들이 이끌었던 분파로 나뉘어졌고 은둔적인 상담실 안에 감춰져 있기는 하였지만, 여전히 우세한 힘을 유지하였다. 마치 종교에서처럼, 심리치료라는 소란스러운 영역 안에서는 현란한 성격의 비법을 이어받은 치료가 종종 자료에 냉정하게 호소하는 것보다도 더 많은 관심을 불러 모은다. 또한 이는 치료에서 결정적인 요소로 여긴 '믿음'을 더 효과적으로 불러일으키기도 한다. 월피는 품위 있고 설득력은 있었지만, 카리스마가 있다고는 생각하기 힘들었다. 그의 방식들을 수용하는 것은 개인적인 숭배에 토대를 둔 것이 아니라, 단지 이성과 자료에 대한 존경에 토대를 두고 있다.

개념적인 수준에서 월피는 심리치료의 방향을 무의식적 세계로부터 의식적인 세계로 바꾸었고, 상징이나 숨겨진 의미들을 분석하는 것에서부터 환자의 불편감, 현재와 병인적인 과거력에 대한 객관적인 분석 그리고 대안적인 적응적 행동을 가르치는 치료목표에 직접적인 초점을 맞추는 방향으로 재설정하였다. 이와 같은 방향의 재설정을 달성하기 위하여 그는 결정적으로 강력하고 영향력이 있다고 증명되었던 파블로프와 헐의 실험적인 연구로부터 학습개념을 사용하였다. 실제로, 현재의 인지행동치료를 특징짓는 컴퓨터에 기반한 은유조차도 이러한 기초적 개념들의 대체물이라기보다는, 자극 입력과 반응 산출 사이의 여러 가지 '중앙처리' 기제들을 포함시켜 개념을 보다 더 정교화한 것이다. 최근의 경향들은 인지 및 행동 과학 내의 많은 불일치 영역을 해결하기 위한 움직임을 보여 준다(Plaud & Vogeltanz, 1991; Tryon, 1993a, b; Zinbarg, 1993). 이러한 발달이 20세기 초반의 월피의 학습 구성개념을 대치할 수도 있지만, 그것은 월피가 강조하였던 방향과 일치하였고 과학적인 진보에 흔적을 남긴 진화의 특성이 되었다. 무엇보다도, 심리치료 범위 내에서 과학적인 종결의 초점은 한 개인의 현재 환경에서 관찰 가능한 적응적인 행동에 지속적으로 주어지고 있으며, 이는 월피가 목표로 하였던 것이기도 하다.

실제적으로, 월피의 평가와 치료적인 기법들은 여러 수준에서 지속적으로 기여하였다. 그 자체가 효과적인 절차의 총체로서, 보다 더 효과적이고 능률적인 절차를 개발하기 위한 기준과 자극제로서, 그리고 그러한 절차들을 상세하게 설명해 주는 모델로서 공헌하였다. 체계적 둔감화 및 자기주장 훈련 기법들은 심리치료의 인지적이고 행동적인 영역 내에서 수많은 치료자의 치료 목록의 일부분이 되었으며, 심지어 정신분석 영역에까지 확장되었다. 이러한 기법들의 주목할 만한 수정에는 이완과 주장을 통한 대처 기술의 형성, 적응적인 행동을 나타내게 하고 불안을 감소시키는 모델링의 분명한 사용, 환자를 힘든 자극 상황에 보다 공격적으로 노출시키는 것, 환경과 행동에 대한 환자의 평가를 언어적으로 교정해 주는 것이 포함된다. 또한 이완 훈련은 체계적인 둔감법으로부터 파생되어 수많은 스트레스와 고통 조절 프로그램들의 기반이 되었다. 월피는 이러한 많은 변형을 기꺼이 받아들였으나, 다른 변형들을 이론적이고 실험적인 근거에서 반대하기도 하였다. 그러나 그들을 모두 함께 묶어 준 것은 역조건형성 모델에 대한 암묵적인 수용으로, 이 모델을 다루는 치료자가 할 일은 일상생활에서 경험하게 되는 상황에서 부적응적인 반응들과 양립할 수 없는 적응적인 행동을 가르치는 것이다. 월피는 초기에는 불안과 자율신경계 각성에 관한 문제를 고안해내었지만, 그의 역조건형성의 원리는 우울과 불안과 같은 정서들, 언어적이고 대인관계적인 행동목록 그리고 복잡한 운동 기술들을 포함하는 것으로 더욱 확장되었다.

스펙트럼에서 과학적 극단에 있는 치료자들과 월피에게 끝나지 않은 과제는 고든 폴(1967b)이 처음으로 제기하였던 '어떤 환자에게 어떤 치료를 해야 하는가?' 라는 질문에 대한 효율적인 답을 발견하는 데 있다. 이후 몇십 년 동안, 질문에 대한 대답을 제시해 주는 몇 가지 전략들이 나타났다. 월피는 개별적인 사례개념화를 기반으로 한 귀납적인 전략을 주장하였다. 반대로, '패키지치료' 접근은 폭넓은 진단기준에 해당되는 환자들에게 여러 치료를 하나로 묶어서 제공하였다. 이러한 두 가지 접근 사이에 '하위 집단' 접근이 발견되었는데, 그것은 특정한 증상들과 과거력의 특징들에 기반하여 환자들을 좀 더 좁은 폭으로 범주화하는 것이다. 모든 접근들이 다 많은 기여를 하였다. 패키지 접근은 대규모 현장연구와 어떤 치료가 효과가 있는지 알아보기 위한 초기 단계에 유용하였다. 사례개념화는 각각의 환자들의 특이성을 설명해 줄 뿐 아니라 대부분의 임상가에게 익숙한 방식이었다. 하위 집단 분석은 두 가지 접근의 가장 좋은 점을 결합하여, 수많은 사람/문제 집단을 위한 경험적으로 타당화된 '비용-효율' 이 높은 개입을 가능하게 해 주었다. 심리치료가 두 번째 세기에 접어들면서, 월피는 과학의 누진적인 진보와 종교에 대한 지속적인 논쟁 사이에서 분명한 선택권을 심리치료에 제공해 주었다.

| Joseph Wolpe의 주요한 연구업적 목록(연대 순) |

Wolpe, J. (1952). Experimental neuroses as learned behaviour. *British Journal of Psychology, 43,* 243-268.

Wolpe, J. (1952). Objective psychotherapy of the neuroses. *South African Medical Journal,* 26, 825-829.

Wolpe, J. (1954). Reciprocal inhibition as the main basis of psychotherapeutic effects. *Archives of Neurologic Psychiatry, 72,* 205-206.

Wolpe, J. (1958). *Psychotherapy by reciprocal inhibition.* Stanford, CA: Stanford University Press.

Wolpe, J. (1963). Psychotherapy: the nonscientific heritage and the new science. *Behaviour Research and Therapy, 1,* 23-38.

Wolpe, J. (1964). Behaviour therapy in complex neurotic states. *British Journal of Psychiatry, 110,* 28-34.

Wolpe, J. (1966). The conditioning and deconditioning of neurotic anxiety. In C. D. Speilberger (Ed.), *Anxiety and behavior.* New York: Academic Press.

Wolpe, J. (1969). *The practice of behavior therapy.* New York: Pergamon Press.

Wolpe, J. (1970). Transcript of initial interview in a case of depression. *Journal of Behavior Therapy and Experimental Psychiatry, 1,* 71-78.

Wolpe, J. (1970). The instigation of assertive behavior: transcripts from two cases. *Journal of Behavior Therapy and Experimental Psychiatry, 1,* 145-151.

Wolpe, J. (1970). Behavioral analysis of a case of hypochondriacal anxiety: transcript of first interview. *Journal of Behavior Therapy and Experimental Psychiatry, 1,* 217-224.

Wolpe, J. (1976). Behavior therapy and its malcontents: 1. Denial of its bases and psychodynamic fusionism. *Journal of Behavior Therapy and Experimental Psychiatry, 7,* 1-5.

Wolpe, J. (1976). Behavior therapy and its malcontents: 2. Multimodal eclecticism, cognitive exclusivism and exposure empiricism. *Journal of Behavior Therapy and Experimental Psychiatry, 7,* 109-116.

Wolpe, J. (1977). Inadequate behavior analysis: the achilles heel of outcome research. *Journal of Behavior Therapy and Experimental Psychiatry, 8,* 1-3.

Wolpe, J. (1978). Cognition and causation in human behavior and its therapy. *American Psychologist, 33,* 437-446.

Wolpe, J. (1978). Self-efficacy theory and psychotherapeutic change: a square peg for a round hole. *Advances in Behavior Research and Therapy, 1,* 231-236.

Wolpe, J. (1981). Behavior therapy versus psychoanalysis: therapeutic and social implications. *American Psychologist, 36,* 159-164.

Wolpe, J. (1981). The dichotomy between directly conditioned and cognitively learned anxiety. *Journal of Behavior Therapy and Experimental Psychiatry, 12,* 35-42.

Wolpe, J. (1986). Individualization: the categorical imperative of behavior therapy practice. *Journal of Behavior Therapy and Experimental Psychiatry, 17,* 145-153.

Wolpe, J. (1989). The derailment of behavior therapy: a tale of conceptual misdirection. *Journal of behavior Therapy and Experimental Psychiatry, 20,* 3-15.

Wolpe, J. (1990). *The practice of behavior therapy* (4th ed.). New York: Pergamon Press.

Wolpe, J., & Lang, P. J. (1964). A fear survey schedule for use in behavior therapy, *Behaviour Research and Therapy, 2,* 27-30.

Wolpe, J., & Rachman, S. (1960). Psychoanalytic evidence: a critique based on Freud's case of little Hans. *Journal of Nervous and Mental Disease, 131,* 135-148.

Wolpe, J., & Taylor, J. G. (1963). Mind as a function of neural organization. In J. Scher (Ed.), *Theories of the mind.* New York: Macmillan.

Wolpe, J., & Wright, R. (1988). The neglect of data-gathering instruments in behavior therapy practice. *Journal of Behavior Therapy and Experimental Psychiatry, 19,* 5-9.

| 참고문헌 |

Agras, W. S. (1967). Transfer during systematic desensitization therapy. *Behaviour Research and Therapy, 5,* 193-199.

Agras, W. S. (1981). Behavioral approaches to the treatment of essential hypertension. *International Journal of Obesity, 5,* 173-181.

Agras, W. S., Southam, M. A., & Taylor, C. B. (1983). Long-term persistence of relaxation-induced blood pressure lowering during the working day. *Journal of Consulting and Clinical Psychology, 51,* 792-794.

Alberti, R. E., & Emmons, M. L. (1970). *Your perfect right.* San Luis Obispo, CA: Impact Press.

Alexander, F., & French, T. M. (1946). *Psychoanalytic therapy.* New York: Roland Press.

Allyon, T. (1963). Intensive treatment of psychotic behavior by stimulus satiation and food reinforcement. *Behaviour Research and Therapy, 1,* 53-62.

American Psychiatric Association (1980). *Diagnostic and statistical manual of mental disorders* (3rd ed.). Washington, DC: American Psychiatric Association.

Amsel, A. (1962). Frustrative nonreward in partial reinforcement and discrimination learning: some recent history and a theoretical extension. *Psychological Review, 69,* 306-318.

Anderson, A. C., & Liddell, H. W. (1935). Observations on experimental neurosis in sheep. *Archives of Neurological Psychiatry, 34,* 330.

Andrews, G., & Harvey, R. (1981). Does psychotherapy benefit neurotic patients? *Archives of General Psychiatry, 38,* 1203-1208.

Arkowitz, H. (1992). Integrative theories of therapy. In D. K. Freedheim (Ed.), *History of psychotherapy: a century of change* (pp. 261-303). Washington, DC: American Psychological Association.

Ascher, L. M. (1980). Paradoxical intention. In A. Goldstein, & E. B. Foa (Eds.), *Handbook of behavioral interventions* (pp. 266-321). New York: Wiley.

Azrin, N. H., & Holz, W. C. (1966). Punishment. In W. K. Honig (Ed.), *Operant behavior: areas of research and application* (pp. 380-447). New York: Appleton.

Azrin, N. H., & Nunn, R. G. (1973). Habit reversal: a method of eliminating nervous habits and tics. *Behaviour Research and Therapy, 11,* 619-628.

Bachrach, A. J. (1964). Some applications of operant conditioning to behavior therapy. In J. Wolpe, A. Salter, & L. J. Reyna (Eds.), *The conditioning therapies* (pp. 62-75). New York: Holt, Rinehart, & Winston.

Bachrach, A. J., Erwin, W. J., & Mohr, J. P. (1965). The control of eating behavior in an anorexic by operant conditioning techniques. In L. P. Ullmann, & L. Krasner (Eds.), *Case studies in behavior modification* (pp. 153-63). New York: Holt, Rinehart, & Winston.

Baer, D. M., Wolf, M. M., & Risely, T. R. (1968). Some current dimensions of applied behavior analysis. *Journal of Applied Behavior Analysis, 1,* 91-97.

Bandura, A. (1965). Vicarious processes: a case of no-trial learning. In L. Berkowitz (Ed.), *Advances in experimental social psychology* (Vol. 2, pp. 1-55). New York: Academic Press.

Bandura, A. (1969). *Principles of behavior modification.* New York: Holt, Rinehart, & Winston.

Bandura, A. (1971). Psychotherapy based upon modeling principles. In A. E. Bergin, & S. L. Garfield (Eds.), *Handbook of psychotherapy and behavior change: an empirical analysis* (pp. 653-708). New York: Wiley.

Bandura, A. (1974). Behavior theory and the models of man. *American Psychologist, 29,* 859-869.

Bandura, A. (1977). Self-efficacy: toward a unifying theory of behavior change. *Psychological Review, 84,* 191-215.

Bandura, A. (1978). On paradigms and recycled ideologies. *Cognitive Therapy and Research, 2,* 79-103.

Bandura, A. (1982). Self-efficacy mechanism in human agency. *American Psychologist, 37,* 122-147.

Bandura, A., & Adams, N. E. (1977). Analysis of self-efficacy theory of behavior change. *Cognitive Therapy and Research, 1,* 287-308.

Bandura, A., Blanchard, E. B., & Ritter, B. (1969). The relative efficacy of desensitization and modeling approaches for inducing behavioral, affective, and attitudinal changes. *Journal of Personality and Social Psychology, 13,* 173-99.

Bandura, A., Reese, L., & Adams, N. E. (1982). Microanalysis of action and fear arousal as a function of differential levels of perceived self-efficacy. *Journal of Personality and Social Psychology, 43,* 5-21.

Barlow, D. H. (1988). *Anxiety and its disorders.* New York: Guilford.

Beck, A. T. (1963). Thinking and depression. *Archives of Clinical Psychiatry, 9,* 324-333.

Beck, A. T. (1970). Cognitive therapy: nature and relation to behavior therapy. *Behavior Therapy, 1,* 184-200.

Beck, A. T. (1972). *Depression: causes and treatment.* Philadelphia, PA: University of Pennsylvania Press.

Beck, A. T. (1976). *Cognitive therapy and the emotional disorders.* New York: International Universities Press.

Beck, A. T., & Emery, G. (1985). *Anxiety disorders and phobias: a cognitive perspective.* New York: Basic Books.

Beck, A. T., & Mahoney, M. J. (1979). Schools of 'thought.' *American Psychologist, 34,* 93-98.

Beck, A. T., Rush, A. J., Shaw, B. F., & Emery, G. (1979). *Cognitive therapy of depression: a treatment manual.* New York: Guilford.

Bellack, A. S., & Hersen, M. (1977). The use of self-report inventories in behavioral assessment. In J. D. Cone, & R. P. Hawkins (Eds.), *Behavioral assessment: new directions in clinical psychology* (pp. 52-76). New York: Brunner/Mazel.

Benbenishty, R., & Schul, Y. (1987). Client-therapist congruence of expectations over the course of therapy. *British Journal of Clinical Psychology, 26,* 17-24.

Bergin, A. E. (1971). The evaluation of therapeutic outcomes. In A. E. Bergin, & S. L. Garfield (Eds.), *Handbook of psychotherapy and behavior change: an empirical analysis* (pp. 217-270). New York: Wiley.

Bergin, A. E., & Lambert, M. J. (1978). The evaluation of therapeutic outcomes. In A. E. Bergin, & S. L. Garfield (Eds.), *Handbook of psychotherapy and behavior change: an empirical analysis* (2nd ed., pp. 217-270). New York: Wiley.

Bernreuter, R. G. (1933a). The measurement of self sufficiency. *Journal of Abnormal and Social Psychology, 28,* 291-300.

Bernreuter, R. G. (1933b). The theory and construction of the personality inventory. *Journal of Social Psychology, 4,* 387-405

Bernstein, D. A., & Paul, G. L. (1971). Some comments on therapy analogue research with small animal 'phobias.' *Journal of Behavior Therapy and Experimental Psychiatry, 2,* 225-237.

Bersh, P. J., Notterman, J. M., & Schoenfeld, W. N. (1956). Extinction of a human cardiac response during avoidance conditioning. *American Journal of Psychology, 69,* 244-251.

Bijou, S. W. (1957). Methodology for an experimental analysis of child behavior. *Psychological Reports, 3,* 161-168.

Bijou, S. W., Birnbrauer, J. S., Kidder, J. D., & Teague, C. (1966). Programmed instruction as an approach to the teaching of reading, writing, and arithmetic to retarded children. *Psychological Record, 16,* 505-522.

Birk, L. (1973). *Biofeedback: behavioral medicine.* New York: Grune & Stratton.

Birk, L., & Birk, A. W. (1974). Psychoanalysis and behavior therapy. *American Journal of Psychiatry, 131,* 499-510.

Black, A. H. (1959). Heart rate changes during avoidance learning in dogs. *Canadian Journal of Psychology, 13,* 229-242.

Blanchard, E. B., Andrasik, F., Ahles, T. A., Teders, S. J., & O'Keefe, D. (1980). Migraine and tension headache: A meta-analytic reviews. *Behavior Therapy, 11,* 613-631.

Blanchard, E. B., Applebaum, K. A., Radnitz, C. L., Michultka, D., Morrill, B., Kirsch, C., Hillhouse, J., Evans, D. D., Guarnieri, P., Attanasio, V., Andrasik, F., Jaccard, J., & Dentinger, M. P. (1990a). Placebo-controlled evaluation of abbreviated progressive muscle relaxation and of relaxation combined with cognitive therapy in the treatment of tension headache. *Journal of Consulting and Clinical Psychology, 58,* 210-215.

Blanchard, E. B., Applebaum, K. A., Radnitz, C. L., Morrill, B., Michultka, D., Kirsch, C., Guarnieri, P., Hillhouse, J., Evans, D. D., Jaccard, J., & Barron, K. D. (1990b). A controlled evaluation of thermal biofeedback and thermal biofeedback combined with cognitive therapy in the treatment of vascular headache. *Journal of Consulting and Clinical Psychology, 58,*

216-224.

Boring, E. G. (1940). Was this analysis a success? *Journal of Abnormal and Social Psychology, 35,* 4-10.

Borkovec, T. D. (1972). Effects of expectancy on the outcome of systematic desensitization and implosive treatments of analogue anxiety. *Behavior Therapy,* 3, 29-40.

Borkovec, T. D. (1973). The role of expectancy and psychological feedback in fear research: a review with special reference to subject characteristics. *Behavior Therapy, 4,* 491-505.

Borkovec, T. D., & Nau, S. D. (1972). Credibility of analogue therapy rationales. *Journal of Behavior Therapy and Experimental Psychiatry, 3,* 257-260.

Bowers, T. G., & Clum, G. A. (1988). Relative contribution of specific and nonspecific treatment effects: meta-analysis of placebo-controlled behavior therapy research. *Psychological Bulletin, 103,* 315-323.

Boyd, J. H., Rae, D. S., Thompson, J. W., Burns, B. J., Bourdon, K., Locke, B. Z., & Regier, D. A. (1990). Phobia: prevalence and risk factors. *Social Psychiatry and Psychiatric Epidemiology, 25,* 314-323.

Brady, J. P. (1966). Brevital-relaxation treatment of frigidity. *Behaviour Research and Therapy, 4,* 71-77.

Breger, L., & McGaugh, J. L. (1965). Critique and reformulation of 'learning-theory' approaches to psychotherapy and neurosis. *Psychological Bulletin, 63,* 338-358.

Brownell, K. D., & Barlow, D. H. (1980). The behavioral treatment of sexual deviance. In A. Goldstein, & E. B. Foa (Eds.), *Handbook of behavioral interventions a clinical guide* (pp. 186-265). New York: Wiley & Sons.

Budzynski, T. H., Stoyva, J. M., & Pfeffer, K. E. (1980). Biofeedback techniques in psychosomatic disorders. In A. Goldstein, & E. B. Foa (Eds.), *Handbook of behavioral interventions* (pp. 186-265). New York: Wiley & Sons.

Cannon, W. B. (1929). *Bodily changes in pain, hunger, fear, & rage.* New York: Appleton.

Carlson, N. J., & Black, A. H. (1959). Traumatic avoidance learning: Note on the effect of response prevention during extinction. *Psychological Reports, 5,* 409-412.

Cautela, J. R. (1967). Covert sensitization. *Psychological Reports, 74,* 459-468.

Cautela, J. R. (1969). Behavior therapy and self-control: techniques and implications. In C. M. Franks (Ed.), *Behavior therapy: appraisal and status* (pp. 323-340). New York: McGraw-Hill.

Cautela, J. R. (1972). Covert conditioning. In A. Jacobs, & L. B. Sachs (Eds.), *The psychology of private events* (pp. 109-130). New York: Academic Press.

Cautela, J. R. (1990). The shaping of behavior therapy: an historical perspective. *The Behavior Therapist, 13,* 211-212.

Cautela, J. R., & Wall, C. C. (1980). Covert conditioning in clinical practice. In A. Goldstein, & E. B. Foa (Eds.), *Handbook of behavioral interventions* (pp. 152-185). New York: Wiley & Sons.

Chambless, D. L., & Goldstein, A. (1980). The treatment of agoraphobia. In A. Goldstein, & E. B. Foa (Eds.), *Handbook of behavioral interventions* (pp. 322-415). New York: Wiley & Sons.

Cheek, D. K. (1976). *Assertive black puzzled white.* San Luis Obispo, CA: Impact Press.

Chomsky, N. (1959). Review of B. F. Skinner's Verbal Behavior. *Language, 35,* 26-58.

Cooper, J. E. (1963). A study of behaviour therapy in 30 psychiatric patients. *The Lancet, 1,* 411-415.

Cooper, J. E., Gelder, M. G., & Marks, I. M. (1965). Results of behaviour therapy in 77 psychiatric patients. *British Medical*

Journal, 1, 1222-1225.

Curran, J. P. (1975). Social skills training and systematic desensitization in reducing dating anxiety. *Behaviour Research and Therapy, 13,* 65-68.

Curran, J. P. (1977). Skills training as an approach to the treatment of heterosexual-social anxiety: a review. *Psychological Bulletin, 84,* 140-157.

Davison, G. C. (1968). Systematic desensitization as a counter-conditioning process. *Journal of Abnormal Psychology, 73,* 91-99.

Davison, G. C. (1976). Homosexuality: the ethical challenge. *Journal of Consulting and Clinical Psychology, 44,* 157-162.

Dawidowicz, L. S. (1989). *From that place and time.* New York: W. W. Norton.

De Charms, R., Levy, J., & Wertheimer, M. (1954). A note on attempted evaluations of psychotherapy. *Journal of Clinical Psychology, 10,* 233-235.

Dimmick, F. L., Ludlow, N., & Whiteman, A. (1939). A study of 'experimental neurosis' in cats. *Journal of Comparative Psychology, 28,* 39-43.

Distinguished Scientific Award for the Applications of Psychology: 1979 (1980). *American Psychologist, 35,* 44-51.

Dollard, J., & Miller, N. E. (1950). *Personality and psychotherapy: an analysis in terms of learning, thinking, and culture.* New York: McGraw-Hill.

Donovan, T. R., & Gershman, L. (1979). Experimental anxiety reduction: systematic desensitization versus a false-feedback expectancy manipulations. *Journal of Behavior Therapy and Experimental Psychiatry, 10,* 173-179.

Dryden, W., & Ellis, A. (1988). Rational-emotive therapy. In K. S. Dobson (Ed.), *Handbook of cognitive-behavioral therapies* (pp. 214-272). New York: Guilford.

Edwards, G. (1991). *Living magically: a new vision or reality.* London: Piatkus.

Eiferr, G. H., Evans, I. M., & Mckendrick, V. (1990). Matching treatments to client problems not diagnostic labels: a case for paradigmatic behavior therapy. *Journal of Behavior Therapy and Experimental Psychiatry, 21,* 163-172.

Elkin, I., Parloff, M. B., Hadley, S. W., & Autrey, J. H. (1985). NIMH treatment of depression collaborative research program. *Archives of General Psychiatry, 42,* 305-316.

Elliot, R., Stiles, W. B., & Shapiro, D. A. (1993). Are some therapies more equivalent than others? In T. R. Giles (Ed.), *Handbook or effective psychotherapy* (pp. 3-20). New York: Plenum.

Ellis, A. (1957). Outcome of employing three techniques of psychotherapy. *Journal of Clinical Psychology, 13,* 344-350.

Ellis, A. (1962). *Reason and emotion in psychotherapy.* New York: Lyle Stuart.

Ellis, A. (1979). On Joseph Wolpe's espousal of cognitive-behavior therapy. *American Psychologist, 34,* 98-99.

Ellis, A. (1980). Rational-emotive therapy and cognitive behavior therapy: similarities and differences. *Cognitive Therapy and Research, 4,* 325-340.

Ellis, A. (1983). The philosophic implications and dangers of some popular behavior therapy techniques. In M. Rosenbaum, C. M. Franks, & Y. Jaffe (Eds.), *Perspectives on behavior therapy in the eighties* (pp. 138-151). New York: Springer.

Ellis, A., & Harper, R. A. (1965). *A new guide to rational living.* North Hollywood, CA: Wilshire.

Emmelkamp, P. M. G. (1982). Obsessive-compulsive disorders: a clinical-research approach. In I. Hand (Ed.), *Obsessions and compulsions-recent advances in behavioral analysis and modification.* New York: Springer.

Emmelkamp, P. M. G. (1986). Behavior therapy with adults. In S. L. Garfield, & A. E. Bergin (Eds.), *Handbook of psychotherapy and behavior change* (3rd ed.). New York: Wiley.

Emmelkamp, P. M. G., Mersch, P. P., & Vissia, E. (1985). The external validity of analogue outcome research: evaluation of cognitive and behavioral interventions. *Behaviour Research and Therapy, 23,* 83-86.

Eysenck, H. J. (1952). The effects of psychotherapy: an evaluation. *Journal of Consulting Psychology, 16,* 319-324.

Eysenck, H. J. (1957). *Dynamics of anxiety and hysteria: an experimental application of modern learning theory to psychiatry.* London: Routledge & Kegan Paul.

Eysenck, H. J. (1959a). Learning theory and behaviour therapy. *Journal of Mental Science,* 105, 61-75.

Eysenck, H. J. (1959b). *The Maudsley Personality Inventory.* London: University of London Press.

Eysenck, H. J. (Ed.) (1960). *Behaviour therapy and the neuroses: readings in modern methods of treatment derived from learning theory.* London: Pergamon.

Eysenck, H. J. (1961a). Classification and the problem of diagnosis. In H. J. Eysenck (Ed.), *Handbook of abnormal psychology* (pp. 1-31). New York: Basic Books.

Eysenck, H. J. (1961b). The effects of psychotherapy. In H. J. Eysenck (Ed.), *Handbook of abnormal psychology* (pp. 697-725). New York: Basic Books.

Eysenck, H. J. (1970). The classification of depressive illness. *British Journal of Psychiatry,. 117,* 241-250.

Eysenck, H. J. (1978). An exercise in mega-silliness. *American Psychologist, 33,* 517.

Eysenck, H. J. (1992). The outcome problem in psychotherapy. In W. Dryden, & C. Feltham (Eds.), *Psychotherapy and its discontents* (pp. 124-130). Buckingham: Open University Press.

Eysenck, H. J. (1993). Forty years on: the outcome problem in psycho-therapy revisited. In T. R. Giles (Ed.), *Handbook of effective psychotherapy* (pp. 3-20). New York: Plenum.

Feather, B. W., & Rhoads, J. M. (1972a). Psychodynamic behavior therapy I. Theory and rationale. *Archives of General Psychiatry, 26,* 496-502.

Feather, B. W., & Rhoads, J. M. (1972b). Psychodynamic behavior therapy II. Clinical aspects. *Archives of General Psychiatry,* 26, 503-511.

Feldman, M. P., & MacCulloch, M. J. (1965). The application of anticipatory avoidance learning to the treatment of homosexuality. 1. Theory, technique, and preliminary results. *Behaviour Research and Therapy,* 2, 165-183.

Ferster, C. B., & Skinner, B. F. (1957). *Schedules of reinforcement.* New York: Appleton-Century-Crofts.

Fisher, E. B., & Winkler, R. C. (1975). Self control over intrusive experiences. *Journal of Consulting and Clinical Psychology, 43,* 911-916.

Foa, E. B., Blau, J., Prout, M., & Latimer, P. (1977). Is horror a necessary component of flooding (implosion?). *Behaviour Research and Therapy, 15,* 397-402.

Foa, E. B., Grayson, J. B., Steketee, G., Doppelt, H. G., Turner, R. M., & Latimer, P. L. (1983). Success and failure in the behavioral treatment of obsessive-compulsive. *Journal of Consulting and Clinical Psychology, 15,* 287-297.

Fodor, I. G. (1980). The treatment of communication problems with assertiveness training. In A. Goldstein, & E. B. Foa (Eds.), *Handbook of behavioral interventions* (pp. 501-603). New York: Wiley & Sons.

Frank, J. D. (1961). *Persuasion and healing.* New York: Shocken Books.

Frank, J. D. (1973). *Persuasion and healing: a comparative study of psychotherapy.* Baltimore, MD: Johns Hopkins University

Press.

Frankl, V. E. (1960). Paradoxical intention: a logotherapeutic technique. *American Journal of Psychotherapy*, 14, 520-535.

Franks, C. M. (1993). Archives. *The Behavior Therapist, 16,* 133.

Franks, C. M., & Rosenbaum, M. (1983). Behavior therapy: Overview and personal reflections. In M. Rosenbaum, C. M. Franks, & Y. Jaffe (Eds.), *Perspectives on behavior therapy in the eighties* (pp. 3-14). New York: Springer.

Galassi, J. P., DeLo, J. S., Galassi, M. D., & Bastien, S. (1974). The College Self-Expression Scale: a measure of assertiveness. *Behavior Therapy, 5,* 165-171.

Gambrill, E. D., & Richey, C. A. (1975). An assertive inventory for use in assessment and research. *Behavior Therapy, 6,* 550-561.

Garcia, J., & Koelling, R. A. (1966). Relation of cue to consequence in avoidance learning. *Psychonomic Science, 4,* 123-124.

Garfield S. L. (1992). Major issues in psychotherapy research. In D. K. Freedheim (Ed.), *History of psychotherapy: a century of change* (pp. 335-359). Washington, DC: American Psychological Association.

Geer, J. H. (1965). The development of a scale to measure fear. *Behaviour Research and Therapy, 3,* 45-53.

Gelder, M. G., & Marks, I. (1966). Severe agoraphobia: a controlled prospective trial of behaviour therapy. *British Journal of Psychiatry, 112,* 309-319.

Gelder, M. G., & Marks, I., & Wolff, H. H. (1967). Desensitization and psychotherapy in the treatment of phobic states: a controlled enquiry. *British Journal of psychiatry, 113,* 53-73.

Gellner, E. (1992). Psychoanalysis, social role and testability. In W. Dryden, & C. Feltham (Eds.), *Psychotherapy and its discontents* (pp. 41-63). Buckingham: Open University Press.

Gershman, L., & Stedman, J. (1971). Oriental defense exercises as reciprocal inhibiters of anxiety. *Journal of Behavior Therapy & Experimental Psychiatry, 2,* 117-119.

Giles, T. R. (1983a). Probable superiority of behavioral interventions I: Traditional comparative outcome. *Journal of Behavior Therapy and Experimental Psychiatry, 14,* 29-32.

Giles, T. R. (1983b). Probable superiority of behavioral interventions II: Empirical status of the equivalence of therapies hypothesis. *Journal of Behavior Therapy and Experimental Psychiatry, 14,* 189-196.

Giles, T. R. (1993). Consumer advocacy and effective psychotherapy: the managed care alternative. In T. R. Giles (Ed.), *Handbook of effective psychotherapy* (pp. 481-188). New York: Plenum.

Giles, T. R., Neims, D. M., & Prial, E. M. (1993). The relative efficacy of prescriptive techniques. In T. R. Giles (Ed.), *Handbook of effective psychotherapy* (pp. 455-479). New York: Plenum.

Goldfried, M. R. (1971). Systematic desensitization as training in self-control. *Journal of Consulting and Clinical Psychology, 37,* 228-234.

Goldfried, M. R. (1979). Anxiety reduction through cognitive-behavioral intervention. In P. Kendall, & S. Hollon (Eds.), *Cognitive-behavioral intervention: theory, research, and procedures* (pp. 117-152). New York: Academic Press.

Goldfried, M. R. (Ed.) (1980). Some views on effective principles of therapy. *Cognitive Therapy and Research, 4,* 271-306.

Goldfried, M. R., & Trier, C. (1974). Effectiveness of relaxation as a coping skill. *Journal of Abnormal Psychology, 83,* 348-355.

Goldiamond, I. (1975). Toward a constructional approach to social problems. *Behaviorism, 2,* 1-84.

Goldstein, A. J., Serber, M., & Piaget, J. (1970). Induced anger as a reciprocal inhibitor of fear. *Journal of Behavior Therapy and Experimental Psychiatry, 1,* 67-70.

Grencavage, L. M., & Norcross, J. C. (1990). Where are the commonalities among the therapeutic common factors? *Professional Psychology: Research and Practice, 21,* 372-378.

Grings, W. W., & Lockhart, R. A. (1966). Galvanic skin response during avoidance learning. *Psychophysiology, 3,* 29-34.

Grinker, R. R., & Spiegel, J. P. (1945). *War neuroses.* Philadelphia, PA: Blakiston.

Guthrie, E. R. (1935). *The psychology of learning.* New York: Harper.

Hain, J. D., Butcher, R. H., & Stevenson, I. (1966). Systematic desensitization therapy: an analysis of results in twenty-seven patients. *British Journal of Psychiatry, 112,* 295-307.

Harris, B. (1979). Whatever happened to Little Albert? *American Psychologist, 34,* 151-160.

Hawkins, R. M. F. (1992). Self-efficacy: a predictor but not a cause of behavior. *Journal of Behavior Therapy and Experimental Psychiatry, 23,* 251-256.

Heiby, E. M. (1986). Social versus self-control deficits in four cases of depression. *Behavior Therapy, 17,* 158-163.

Heide, F. J., & Borkovec, T. D. (1984). Relaxation-induced anxiety: mechanisms and theoretical implications. *Behaviour Research and Therapy, 22,* 1-12.

Heitler, J. B. (1976). Preparatory techniques in initiating expressive psychotherapy with lower class, unsophisticated patients. *Psychological Bulletin, 83,* 339-352.

Hersen, M. (1971). Fear scale norms for an in-patients population. *Journal of Clinical Psychology, 27,* 375-378.

Hersen, M. (1973). Self-assessment of fear. *Behavior Therapy, 4,* 241-257.

Herzberg, A. (1945). *Active psychotherapy.* New York: Grune & Stratton.

Hestand, R., Howard, D., & Gregory, R. (1971). The Willoughby Schedule: a replication. *Journal of Behavior Therapy and Experimental Psychiatry, 2,* 111-112.

Hilgard, E. R. (1956). *Theories of learning* (2nd ed.). New York: Appleton-Century-Crofts.

Hodgson, S., Rachman, S., & Marks, I. (1972). The treatment of chronic obsessive-compulsive neurosis: follow-up and further findings. *Behaviour Research and Therapy, 10,* 181-189.

Hollon, S. D., & Carter, M. M. (1994). Depression in adults. In L. W. Craighead, W. E. Craighead, A. E. Kazdin, & M. J. Mahoney (Eds.), *Cognitive and behavioral interventions* (pp. 89-104). Boston: Allyn & Bacon.

Hull, C. L. (1933). *Hypnosis and suggestibility: an experimental approach.* New York: Appleton-Century.

Hull, C. L. (1943). *Principles of behavior.* New York: Appleton-Century-Crofts.

Jacobson, E. (1938). *Progressive relaxation: a psychological and clinical investigation of muscular states and their significance in psychological and medical practice.* Chicago: University of Chicago Press.

Jansson, L., Jerremalm, A., & Ost, L. G. (1986). Follow-up of agoraphobic patients treated with exposure in-vivo or applied relaxation. *British Journal of Psychiatry, 149,* 486-490.

Jensen, B. J., & Haynes, S. N. (1986). Self-report questionnaires and inventories. In A. R. Ciminero, K. S. Calhoun, & H. E. Adams (Eds.), *Handbook of behavioral assessment* (2nd ed., pp. 150-175). New York: Wiley.

Jones, H. G. (1956). The application of conditioning and learning techniques to the treatment of a psychiatric patient. *Journal of Abnormal and Social Psychology, 52,* 414-419.

Jones, H. C. (1924). A laboratory study of fear. The case of peter, *Pedigogigal Seminary, 31,* 308-315.

Kanfer, F. H. (1970). Self-regulation: research, issues, and speculations. In C. Neuringer, & J. L. Michael (Eds.), *Behavior modification in clinical psychology* (pp. 178-220). New York: Appleton-Century-Crofts.

Kazdin, A. E. (1979). *History of behavior modification: experimental foundations of contemporary research.* Baltimore, MD: University Park Press.

Kazdin, A. E., & Wilcoxon, L. A. (1976). Systematic desensitization and nonspecific treatment effects: a methodological evaluation. *Psychological Bulletin, 83,* 729-758.

Kazdin, A. E., & Wilson, G. T. (1978). *Evaluation of behavior therapy: issues, evidence, and research strategies.* Cambridge, MA: Ballinger.

Keefe, F. J., & Beckham, J. C. (1993). Behavioral medicine. In L. W. Craighead, W. E. Craighead, A. E. Kazdin, & M. J. Mahoney (Eds.), *Cognitive and behavioral interventions: an empirical approach to mental health problems* (pp. 197-213). Boston, MA: Allyn & Bacon.

Klein, M. H., Dittman, A. T., Parloff, M. B., & Gill, M. M. (1969). Behavior therapy: observations and reflections. *Journal of Consulting and Clinical psychology, 33,* 259-266.

Knight, R. P. (1941). Evaluation of the results of psychoanalytic therapy. *American Journal of Psychiatry, 98,* 434-446.

Koss, M. P., & Butcher, J. N. (1986). Research on brief psychotherapy. In S. L. Garfield, & A. E. Bergin (Eds.), *Handbook of psychotherapy and behavior change* (3rd ed., pp. 627-670). New York: Wiley.

Kruger, D. W. (1969). *The making of a nation: a history of the Union of South Africa.* London: Macmillan.

Lacey, J. I., & Lacey, B. C. (1958). Verification and extension of the principle of autonomic response specificity. *American Journal of Psychology, 71,* 50-73.

Lacey, J. I., Bateman, D. E., & VanLehn, R. (1953). Autonomic response specificity: an experimental study. *Psychosomatic Medicine, 15,* 8-21.

Lambert, M. J., & Bergin, A. E. (1992). Achievements and limitations of psychotherapy research. In D. K. Freedham (Ed.), *History of psychotherapy: a century of change* (pp. 360-390). Washington, DC: American Psychological Association.

Lambert, M. J., Shapiro, D. A., & Bergin, A. E. (1986). The effectiveness of psychotherapy. In S. L. Garfield, & A. E. Bergin (Eds.), *Handbook of psychotherapy and behavior change* (3rd ed., pp. 157-212). New York: Wiley & Sons.

Landis, C. L. (1937). A statistical evaluation of psychotherapeutic methods. In S. E. Hinsie (Ed.), *Concepts and problems in psychotherapy* (pp. 155-165). New York: Columbia University Press.

Landis, C. L. (1940). Psychoanalytic phenomena. *Journal of Abnormal and Social Psychology, 35,* 17-28.

Landman, J. T., & Dawes, R. M. (1981). Psychotherapy outcome: Smith and Glass' conclusions stand up under scrutiny. *American Psychologist, 37,* 504-516.

Lang, P. J. (1964). Experimental studies of desensitization psychotherapy. In J. Wolpe, A. Salter, & L. J. Reyna (Eds.), *The conditioning therapies* (pp. 38-50). New York: Holt, Rinehart & Winston.

Lang, P. J. (1968). Fear reduction and fear behavior: problems in treating a construct. In J. M. Shlien (Ed.), *Research in psychotherapy, 3* (pp. 90-102). Washington, DC: American Psychological Association.

Lang, P. J. (1969). The mechanics of desensitization and the laboratory study of human fear. In C. M. Franks (Ed.),

Behavior therapy: appraisal and status (pp. 160-191). New York: McGraw-Hill.

Lang, P. J., & Lazovik, A. D. (1963). The experimental desensitization of a phobia. *Journal of Abnormal and Social Psychology, 66,* 519-525.

Lang, P. J., Lazovik, A. D., & Reynolds, D. J. (1965). Desensitization, suggestibility, and pseudo-therapy. *Journal of Abnormal Psychology, 70,* 395-402.

Lange, A. J., & Jakubowski, P. (1976). *Responsible assertive behavior: cognitive/behavioral procedures for trainers.* Champaign, IL: Research Press.

Lazarus, A. A. (1958). New methods in psychotherapy: a case study. *South African Medical Journal, 32,* 660-664.

Lazarus, A. A. (1961). Group therapy of phobic disorder by systematic desensitization. *Journal of Abnormal and Social Psychology, 63,* 505-510.

Lazarus, A. A. (1963). The results of behavior therapy in 126 cases of severe neurosis. *Behaviour Research and Therapy, 1,* 69-79.

Lazarus, A. A. (1964). Crucial procedural factors in desensitization therapy. *Behaviour Research and Therapy, 2,* 65-70.

Lazarus, A. A. (1966). Broad-spectrum behaviour therapy and the treatment of agoraphobia. *Behaviour Research and Therapy, 4,* 95-97.

Lazarus, A. A. (1967). In support of technical eclecticism. *Psychological Reports, 21,* 415-416.

Lazarus, A. A. (1971). *Behaviour therapy and beyond.* New York: McGraw-Hill.

Lazarus, A. A. (1973). Multimodal behavior therapy: treating the BASIC ID. *Journal of Nervous and Mental Disease, 156,* 404-411.

Lazarus, A. A. (1974). Desensitization and cognitive restructuring. *Psychotherapy: Theory, Research, and Practice, 11,* 98-102.

Lazarus, A. A. (1976). *Multimodal behavior therapy.* New York: Springer.

Lazarus, A. A. (1977). Has behavior therapy outlived its usefulness? *American Psychologist, 32,* 550-554.

Lazarus, A. A. (1980). Toward delineating some causes of change in psychotherapy. *Professional Psychotherapy, 11,* 863-870.

Lazarus, A. A., & Abramovitz, A. (1962). The use of 'emotive imagery' in the treatment of children's phobias. *Journal of Mental Science, 108,* 191-195.

Lazarus, A. A., & Rachman, S. J. (1957). The use of systematic desensitization in psychotherapy. *South African Medical Journal, 31,* 934-937.

Lazarus, A. A., & Rachman, S. J. (1960). The use of systematic desensitization in psychotherapy. In H. I. Eysenck (Ed.), *Behaviour therapy and the neuroses.* London: Pergamon.

Lazarus, R. S., & Folkman, S. (1984). *Stress, appraisal, and coping.* New York: Springer.

Lazovik, A. D., & Lang, P. J. (1960). A laboratory demonstration of systematic desensitization psychotherapy. *Journal of Psychological Studies, 11,* 238-247.

Lee, C. (1989). Theoretical weaknesses lead to practical problems: the example of self-efficacy theory. *Journal of Behavior Therapy and Experimental Psychiatry, 20,* 115-123.

Leitenberg, H., Agras, S., Butz, R., & Wincze, J. (1971). Relationship between heart rate and behavioral change during treatment of phobia. *Journal of Abnormal Psychology, 78,* 59-68.

Levis, D. J. (1980). Implementing the technique of implosive therapy. In A. Goldstein, & E. B. Foa (Eds.), *Handbook of behavioral interventions* (pp. 92-151). New York: Wiley & Sons.

Levis, D. J., & Boyd, T. L. (1985). The CS exposure approach of implosive (flooding) therapy. In R. M. Turner, & L. M. Ascher (Eds.), *Evaluating behavior therapy outcome* (pp. 56-94). New York: Springer.

Levis, D. J., & Hare, N. (1977). A review of the theoretical, rational and empirical support for the extinction approach of implosive (flooding) therapy. In M. Hersen, R. M. Eisler, & P. M. Miller (Eds.), *Progress in behavior modification* (pp. 152-202). New York: Academic Press.

Ley, R. (1985). Agoraphobia, the panic attack, and the hyperventilation syndrome. *Behaviour Research and Therapy, 23,* 79-81.

Ley, R. (1987). Panic disorder and agoraphobia: fear of fear or fear of the symptoms produced by hyperventilation? *Journal of Behavior Therapy and Experimental Psychiatry, 18,* 305-316.

Lick, J. R., Sushinsky, L. W., & Malow, R. (1977). Specificity of fear survey schedule item and the prediction of avoidance behavior. *Behavior Modification, 1,* 195-203.

Liddell, H. S. (1964). The challenge of Pavlovian conditioning and experimental neurosis in animals. In J. Wolpe, A. Salter, & L. J. Reyna (Eds.), *The conditioning therapies* (pp. 127-47). New York: Holt, Rinehart, & Winston.

Lindsley, O. R. (1956). Characteristics of the behavior of chronic psychotics as revealed by the free operant conditioning methods. *Diseases of the Nervous System, Monograph Supplement, 21,* 66-78.

Llewelyn, S. P. (1988). Psychological therapy as viewed by clients and therapists. *British Journal of Clinical Psychology, 27,* 223-237.

Lohr, J. M., Kleinknecht, R. A., Conley, A. T., DalCerro, S., Schmidt, J., & Sontag, M. E. (1992). A methodological critique of the current status of Eye Movement Desensitization (EMD).

Journal of Behavior Therapy and Experimental Psychiatry, 23, 159-168.

London, P. (1972). The end of ideology in behavior modification. *American Psychologist, 27,* 913-920.

LoPiccolo, J. (1977). From psychotherapy to sex therapy. *Society, 14,* 60-68.

Luborsky, L. (1954). A note on Eysenck's article 'The effects of psychotherapy: an evaluation.' *British Journal of Psychology, 45,* 129-131.

Luborsky, L., Singer, B., & Luborsky, L. (1975). Comparative studies of psychotherapy: is it true that 'everyone has won and all must have prizes?' *Archives of General Psychiatry, 32,* 995-1008.

Mahoney, M. J. (1971). The self-management of covert behavior: a case study. *Behavior Therapy, 2,* 575-578.

Mahoney, M. J. (1977). Reflections on the cognitive, learning trend in psychotherapy. *American Psychologist, 32,* 5-13.

Mahoney, M. J., & Thoreson, C. E. (1974). *Self-control: power to the person.* Monterey. CA: Brooks/Cole.

Maier, S. E., Seligman, M. E. P., & Solomon, R. L. (1970). Pavlovian fear conditioning and learned helplessness. In B. A. Campbell, & R. M. Church (Eds.), *Punishment* (pp. 299-342). New York: Appleton-Century-Crofts.

Malinowski, B. (1927). *Sex and repression in savage society.* London: K. Paul, Trench, Trubner, & Co.

Marks, I. M. (1978). Behavioral psychotherapy of adult neurosis. In A. E. Bergin, & S. L. Garfield (Eds.), *Handbook of psychotherapy and behavior change: an empirical analysis* (2nd ed., pp. 493-547). New York: Wiley.

Marks, I. M., & Gelder, M. G. (1965). A controlled retrospective study of behaviour therapy in phobic patients. *British Journal of Psychiatry, 111,* 561-573.

Marks, I. M., & Gelder, M. G. (1966). Common ground between behaviour therapy and psychodynamic methods. *British Journal of Medical Psychology, 39,* 11-23.

Marmor, J. (1969). Neurosis and the psychotherapeutic process: similarities and differences in the behavioral and psychodynamic conceptions. *International Journal of Psychiatry, 7,* 514-519.

Marmor, J. (1971). Dynamic psychotherapy and behavior therapy: are they irreconcilable? *Archives of General Psychiatry, 24,* 22-28.

Marmor, J. (1980). Recent trends in psychotherapy. *American Journal of Psychiatry,* 137, 409-416.

Marshall, W. L., Gauthrier, J., Christie, M., Currie, D., & Gordin, A. (1977). Flooding therapy: effectiveness, stimulus characteristics, and the value of brief in vivo exposure. *Behaviour Research and Therapy, 15,* 79-87.

Masserman, J. (1943). *Behavior and neurosis.* Chicago: University of Chicago Press.

Masson, J. (1988). *Against therapy: emotional tyranny and the myth of psychological healing.* New York: Atheneum.

Masson, J. (1992). The tyranny of psychotherapy. In W. Dryden, & C. Feltham (Eds.), *Psychotherapy and its discontents* (pp. 7-29). Buckingham: Open University Press.

Masters, W. H., & Johnson, V. E. (1966). *Human sexual response.* Boston, MA: Little, Brown Co.

Masters, W. H., & Johnson, V. E. (1966). *Human sexual inadequacy.* Boston, MA: Little, Brown Co.

Mays, D. T., & Franks, C. M. (1985). *Negative outcomes in psychotherapy.* New York: Springer.

McFall, R. M., & Twentyman, C. (1973). Four experiments on the relative contribution of rehearsal, modeling and coaching to assertion training. *Journal of Abnormal Psychology, 81,* 199-218.

McGlynn, F. D. (1971). Experimental desensitization following three types of instructions. *Behaviour Research and Therapy, 9,* 367-369.

McGuire, R. J., & Vallance, M. (1964). Aversion therapy by electric shock, a simple technique. *British Medical Journal, 1,* 151-152.

McKnight, D. L., Nelson, R. O., Hayes, S. C., & Jarrett, R. B. (1984). Importance of treating individually assessed response classes in the amelioration of depression. *Behavior Therapy, 15,* 315-335.

Meehl, P. (1954). *Clinical versus statistical prediction.* Minneapolis, MN: University of Minnesota Press.

Meichenbaum, D. H. (1973). Cognitive factors in behavior modification: modifying what clients say to themselves. In C. M. Franks, & G. T. Wilson (Eds.), *Annual review of behavior therapy , 1* (pp. 416-431). New York: Brunner/Mazel.

Meichenbaum, D. H. (1977). *Cognitive behavior modification: an integrative approach.* New York: Plenum Press.

Meichenbaum, D. H., & Cameron, R. (1974). The clinical potential of modifying what clients say to themselves. In C. Thoreson, & M. Mahoney (Eds.), *Self-control: power to the person.* Monterey, CA: Brooks/Cole.

Mersch, P. P. A., Emmelkamp, P. M. G., Bogels, S. M., & van der Sleen, J. (1989). Social phobia: individual response patterns and the effects of behavioral and cognitive interventions. *Behaviour Research and Therapy, 27,* 421-434.

Meyer, V. (1957). The treatment of two phobic patients on the basis of learning principles. *Journal of Abnormal and Social Psychology, 55,* 261-266.

Meyer, V., & Crisp, A. H. (1966). Some problems in behaviour therapy. *British Journal of Psychiatry, 112,* 367-381.

Miller, G. A., Galanter, E., & Pribram, K. H. (1960). *Plans and the structure of behavior.* New York: Holt, Rinehart, & Winston.

Miller, N. E. (1948). Studies of fear as an acquirable drive: I. Fear as motivation and fear-reduction as reinforcement in the learning of new responses. *Journal of Experimental Psychology, 38,* 89-101.

Miller, N. E. (1951). Learnable drives and rewards, In S. S. Stevens (Ed.), *Handbook of experimental psychology* (pp. 435-472). New York: Wiley.

Miller, R. E., Murphy, J. V., & Mirsky, I. A. (1957). Persistent effects of chlorpromazine on extinction of an avoidance response. *Archives of Neurological Psychiatry, 78,* 526-532.

Miller, S. B. (1972). The contribution of therapeutic instructions to systematic desensitization. *Behaviour Research and Therapy, 10,* 159-170.

Mitchell, K. R., & Mitchell, D. M. (1971). Migraine: an exploratory treatment application of programmed behavior therapy technique. *Journal of Psychosomatic Research, 15,* 137-157.

Moore, N. (1965). Behavior therapy in bronchial asthma: a controlled study. *Journal of Psychosomatic Research, 9,* 257-276.

Moreno, J. L. (1946). *Psychodrama.* New York: Beacon House.

Morris, R. J., & Suckerman, K. R. (1974). The importance of therapeutic relationship in systematic desensitization. *Journal of Consulting and Clinical Psychology, 42,* 148.

Mowrer, O. H. (1939). A stimulus-response analysis of anxiety and its role as a reinforcing agent. *Psychological Review, 45,* 553-565.

Mowrer, O. H. (1940). Anxiety reduction and learning. *Journal of Experimental Psychology, 27,* 497-516.

Mowrer, O. H. (1947). On the dual nature of learning: a re-interpretation of 'conditioning' and 'problem solving.' *Harvard Educational Review, 17,* 102-148.

Mowrer, O. H. (1950). *Learning theory and personality dynamics.* New York: Ronald Press.

Mowrer, O. H. (1960). *Learning theory and behavior.* New York: Wiley.

Mowrer, O. H., & Viek, P. (1948). An experimental analogue of fear from a sense of helplessness. *Journal of Abnormal and Social Psychology, 83,* 193-200.

Murray, M. E. (1976). A dynamic synthesis of analytic and behavioral approaches to symptoms. *American Journal of Psychotherapy, 30,* 516-519.

Neisser, U. (1967). *Cognitive psychology.* New York: Appleton-Century-Crofts.

Nelson, R. O. (1976). Methodological issues in assessment via self-monitoring. In J. D. Cone, & R. P. Hawkins (Eds.), *Behavioral assessment: new directions in clinical psychology* (pp. 217-240). New York: Brunner/Mazel.

Notterman, J. M., Schoenfeld, W. N., & Bersh, P. J. (1952). Conditioned heart rate in humans during experimental anxiety. *Journal of Comparative and Physiological Psychology, 45,* 1-4.

Packer, M. J. (1985). Hermeneutic inquiry in the study of human conduct. *American Psychologist, 40,* 1081-1093.

Page, H. A. (1955). The facilitation of experimental extinction by response prevention as an function of the acquisition of a new response. *Journal of Comparative and Physiological Psychology, 48,* 14-16.

Paul, G. L. (1966). *Insight vs. desensitization in psychotherapy.* Stanford, CA: Stanford University Press.

Paul, G. L. (1967a). Insight versus desensitization in psychotherapy two years after termination. *Journal of Consulting Psychology,*

31, 333-348.

Paul, G. L. (1967b). Strategy of outcome research in psychotherapy. *Journal of Consulting Psychology, 31*, 109-118.

Paul, G. L. (1968). Two-year follow-up of systematic desensitization in therapy groups. *Journal of Abnormal and Social Psychology, 73*, 119-130.

Paul, G. L. (1969). Outcome of systematic desensitization I: Background, procedures, and uncontrolled reports of individual treatment. In C. M. Franks (Ed.), *Behavior therapy: appraisal and status* (pp. 63-104). New York: McGraw-Hill.

Paul, G. L., & Shannon, D. T. (1966). Treatment of anxiety through systematic desensitization in therapy groups. *Journal of Abnormal and Social Psychology, 71*, 124-135.

Pavlov, I. P. (1927/1960). *Conditioned reflexes* (translated by G. V. Anrep). New York: Dover Publications.

Pekarik, G. (1993). Beyond effectiveness: uses of consumer-oriented criteria in defining treatment success. In T. R. Giles (Ed.), *Handbook of effective psychotherapy* (pp. 409-436). New York: Plenum.

Persons, J. B. (1986). The advantages of studying psychological phenomena rather than psychiatric diagnoses. *American Psychologist, 41*, 1252-1260.

Persons, J. B. (1991). Psychotherapy outcome studies do not accurately represent current models of psychotherapy: a proposed remedy. *American Psychologist, 46*, 99-106.

Phelps, S., & Austin, N. (1975). *The assertive woman.* San Luis Obispo, CA: Impact Press.

Plaud, J. J., & Vogeltanz, N. (1991). Behavior therapy: lost ties to animal research. *The Behavior Therapist, 14*, 89-93.

Polin, A. T. (1959). The effects of flooding and physical suppression as extinction techniques on an anxiety motivated avoidance locomotor response. *Journal of Psychology, 47*, 235-245.

Pomerleau, O. F., & Brady, J. P. (1979). Introduction: the scope and promise of behavioral medicine. In O. F. Pomerleau, & J. P. Brady (Eds.), *Behavioral medicine: theory and practice* (pp. xi-xxvi). Baltimore, MA: William & Wilkins.

Poppen, R. (1970). Counterconditioning of conditioned suppression in rats. *Psychological Reports, 27,* 659-671.

Poppen, R. (1976). Review of R. B. Sloane, F. R. Staples, A. H. Cristol, N. J. Yorkston, & K. Whipple (Eds.), *Psychotherapy vs. Behavior Therapy, Journal of Behavior Therapy and Experimental Psychiatry, 7,* 101.

Poppen, R. (1988). *Behavioral relaxation training and assessment.* New York: Pergamon Press.

Potter, S. (1971). *The complete upmanship* [Including *Lifemanship and Gamesmanship*]. New York: Holt, Rinehart, & Winston.

Rachman, S. (1966a). *Studies in desensitization*−Ⅲ: Speed of generalization. *Behaviour Research and Therapy,* 4, 7-15.

Rachman, S. (1966b). Studies in desensitization−Ⅱ: Flooding. *Behaviour Research and Therapy, 4,* 1-6.

Rachman, S. (1971). *The effects of psychotherapy.* Oxford: Pergamon Press.

Rachman, S. (1973). The effects of psychological treatment. In H. J. Eysenck (Ed.), *Handbook of abnormal psychology* (pp. 805-861). New York: Basic Books.

Rachman, S., & Eysenck, H. J. (1966). Reply to a 'critique and reformulation' of behavior therapy. *Psychological Bulletin, 65,* 165-169.

Rachman, S., & Hodgson, R. (1974). Synchrony and desynchrony in fear and avoidance: 1. *Behaviour Research and Therapy, 12,* 311-318.

Rachman, S., & Hodgson, R. (1980). *Obsessions and compulsions.* Englewood Cliffs, NJ: Prentice-Hall.

Rathus, S. A. (1973). A 30-item schedule for assessing assertive behavior. *Behavior Therapy, 4,* 398-406.

Rescorla, R. A. (1988). Pavlovian conditioning: it's not what you think it is. *American Psychologist, 43,* 151-160.

Reyna, L. J. (1946). Experimental extinction as a function of the interval between extinction trials. Unpublished doctoral dissertation, University of Iowa.

Rimm, D. C. (1973). Thought stopping and covert assertion in the treatment of phobias. *Journal of Consulting and Clinical Psychology, 41,* 466-467.

Rimm, D. C. (1977). Assertive training and the expression of anger. In R. E. Alberti (Ed.), *Assertiveness: innovations, applications, issues* (pp. 83-92). San Luis Obispo, CA: Impact Press.

Rimm, D. C., & Masters, J. C. (1979). *Behavior therapy: techniques and empirical findings* (2nd ed.). New York: Academic Press.

Robins, L. N., Helzer, J. E., Weissman, M. M., Orvaxchel, H., Gruenberg, E., Burke, J. D. Jr., & Regier, D. A. (1984). Lifetime prevalence of specific psychiatric disorders in three sites. *Archives of General Psychiatry, 41,* 949-958.

Rosenthal, T. L., & Bandura, A. (1978). Psychological modeling: theory and practice. In A. E. Bergin, & S. L. Garfield (Eds.), *Handbook of psychotherapy and behavior change* (2nd ed., pp. 621-658). New York: Wiley.

Rosenzweig, S. (1936). Some implicit common factors in diverse methods of psychotherapy. *American Journal of Orthopsychiatry, 6,* 412-415.

Rosenzweig, S. (1954). A transvaluation of psychotherapy: a reply to Eysenck. *Journal of Abnormal Psychology, 49,* 298-304.

Rubin, M. (1972). Verbally suggested responses as reciprocal inhibition of anxiety. *Journal of Behavior Therapy and Experimental Psychiatry, 3,* 273-277.

Rush, A. S., Beck, A. T., Kovacs, M., & Hollons S. (1977). Comparative efficacy of cognitive therapy and pharmacotherapy in the treatment of depressed outpatients. *Cognitive Therapy and Research, 1,* 17-37.

Ryle, G. (1949). *The concept of mind.* London: Hutchinson.

Sabaliunas, L. (1990). *Lithuanian social democracy in perspective, 1893-1914.* Durham, NC: Duke University Press.

Sallis, J. F., Lichstein, L. L., & McGlynn, F. D. (1980). Anxiety response patterns: a comparison of clinical and analogue populations. *Journal of Behavior Therapy and Experimental Psychiatry, 11,* 179-183.

Salter, A. (1944). *What is hypnosis?: studies in auto and hetero conditioning.* New York: R. R. Smith.

Salter, A. (1949). *Conditioned reflex therapy: the direct approach to the reconstruction of personality.* New York: Creative Age Press.

Schwartz, B., & Reisber, D. (1991). *Learning and memory.* New York: W. W. Norton.

Seagraves, R. T., & Smith, R. C. (1976). Concurrent psychotherapy and behavior therapy: treatment of psychoneurotic outpatients. *Archives of General Psychiatry, 33,* 756-763.

Searles, J. S. (1985). A methodological and empirical critique of psychotherapy outcome meta-analysis. *Behaviour Research and Therapy, 23,* 453-463.

Seiden, D. Y. (1994). Behavior and cognitive therapies in France: an oral history. *Journal of Behavior Therapy and Experimental Psychiatry, 25,* 105-112.

Seligman, M. E. P. (1971). Phobias and preparedness. *Behavior Therapy, 2,* 307-320.

Selye, H. (1956/1976). *The stress of life.* New York: McGraw-Hill.

Semans, J. H. (1956). Premature ejaculation, a new approach. *Southern Medical Journal, 49,* 353-357.

Serber, M. (1972). Teaching the nonverbal components of assertive training. *Journal of Behavior Therapy and Experimental Psychiatry, 3,* 179-183.

Shapiro, D. A., & Shapiro, D. (1977). The 'double standard' in evaluation of psychotherapies. *Bulletin of the British Psychological Society, 30,* 209-210.

Shapiro, D. A., & Shapiro, D. (1982). Meta-analysis of comparative therapy outcome studies: a replication and refinement. *Psychological Bulletin, 92,* 581-604.

Shapiro, F. (1989a). Eye movement desensitization: A new treatment for post-traumatic stress disorder. *Journal of Behavior Therapy and Experimental Psychiatry, 20,* 211-217.

Shapiro, F. (1989b). Efficacy of the eye movement desensitization procedures in the treatment of traumatic memories. *Journal of Traumatic Stress, 2,* 199-223.

Shapiro, M. B. (1957). Experimental method in the psychological description of the individual psychiatric patient. *International Journal of Social Psychiatry, 3,* 89-102.

Shelton, J. L. (1973). Murder strikes and panic follows-can behavior modification help? *Behavior Therapy, 4,* 706-708.

Silver, B. V., & Blanchard, E. B. (1978). Biofeedback and relaxation training in the treatment of psychophysiological disorders: or are the machines really necessary? *Journal of Behavioral Medicine, 1,* 217-239.

Skinner, B. F. (1938). *The behavior of organisms: an experimental analysis.* New York: Appleton-Century.

Skinner, B. F. (1948). *Walden Two.* New York: Macmillan.

Skinner, B. F. (1950). Are theories of learning necessary? *Psychological Reviews, 57,* 193-216.

Skinner, B. F. (1953). *Science and human behavior.* New York: Macmillan.

Skinner, B. F., Solomon, H. C., & Lindsley, O. G. (1953). *Studies in behavior therapy.* Metropolitan State Hospital, Waltham, MA: Status Report No. 1.

Sloane, R. B., Staples, F. R., Cristol, A. H., Yorkston, N. J., & Whipple, K. (1975). *Psychotherapy versus behavior therapy.* Cambridge, MA: Harvard University Press.

Smith, M. L., & Glass, G. V. (1977). Meta-analysis of psychotherapy outcome studies. *American Psychologist, 32,* 752-760.

Smith, M. L., Glass, G. V., & Miller, T. I. (1980). *The benefits of psychotherapy.* Baltimore, MD: Johns Hopkins University Press.

Solomon, R. L., & Wynne, L. C. (1954). Traumatic avoidance learning: the principles of anxiety conservation and partial irreversibility. *Psychological Review, 61,* 353-385.

Solomon, R. L., Kamin, L. J., & Wynne, L. C. (1953). Traumatic avoidance learning: the outcome of several extinction procedures with dogs. *Journal of Abnormal and Social Psychology, 48,* 291-302.

Solyom, L., & Miller, S. A. (1965). A differential conditioning procedure as the initial phase of the behaviour therapy of homosexuality. *Behaviour Research and Therapy, 3,* 147-160.

Sparks, A. (1990). *The mind of South Africa.* New York: Knopf.

Speilberger, C. D., Gorsuch, R. L., & Lushene, R. E. (1970). *Manual for the state-trait anxiety inventory.* Palo Alto, CA: Counseling Psychologist Press.

Spence, K. W., & Taylor, J. A. (1953). The relation of conditioned response strenght to anxiety in normal, neurotic, and psychotic subjects. *Journal of Experimental Psychology, 45,* 265-272.

Spiegler, M. D., & Guevremont, D. C. (1992). *Contemporary behavior therapy* (2nd ed.). Pacific Grove, CA: Brooks/Cole.

Stampfl, T. G., & Levis, D. G. (1967). Essentials of implosive therapy: a learning-theory-based psychodynamic behavioral therapy. *Journal of Abnormal Psychology, 72,* 496-503.

Stampfl, T. G., & Levis, D. G. (1968). Implosive therapy-A behavioral therapy? *Behavior Research and Therapy, 6,* 31-36.

Steketee, G. S., Foa, E. B., & Grayson, J. B. (1982). Recent advances in the behavioral treatment of obsessive-compulsives. *Archives of General Psychiatry, 39,* 1356-1371.

Stern, R. S., & Marks, I. M. (1973). A comparison of brief and prolonged flooding in agoraphobics. *Archives of General Psychiatry, 28,* 210.

Stevenson, I., & Wolpe, J. (1960). Recovery from sexual deviation through overcoming non-sexual neurotic responses. *American Journal of Psychiatry, 116,* 737-742.

Stiles, W. G., Shapiro, D. A., & Eliot, R. (1986). Are all psychotherapies equivalent? *American Psychologist, 41,* 165-180.

Stoltz, S. B. (1977). *Report of the American Psychological Association Commission on Behavior Modification.* Washington, DC: American Psychological Association.

Strupp, H. H. (1978). Psychotherapy research and practice: an overview. In A. E. Bergin, & S. L. Garfield (Eds.), *Handbook of psychotherapy and behavior change: an empirical analysis* (2nd ed., pp. 3-22). New York: Wiley.

Strupp, H. H. (1982). The outcome problem in psychotherapy: contemporary perspectives. In J. Harvey, & M. Parks (Eds.), *Psychotherapy research and behavior change.* Washington, DC: American Psychological Association.

Strupp, H. H., & Howard, K. I. (1992). A brief history of psychotherapy research. In D. K. Freedheim (Ed.), *History of psychotherapy: a century of change* (pp. 309-334). Washington, DC: American Psychological Association.

Stuart, R. B. (1969). Operant-interpersonal treatment for marital discord. *Journal of Consulting and Clinical Psychology, 33,*

675-682.

Subcommittee on Constitutional Rights, Committee on the Judiciary, United States Senate, 93rd Congress (1974). *Individual rights and the federal role in behavior modification.* Washington, DC: US Government Printing Office.

Suinn, R. M. (1974). Behavior therapy for cardiac patients. *Behavior Therapy, 5,* 569-571.

Suinn, R. M. (1990). *Anxiety management training: a behavior therapy.* New York: Plenum.

Suinn, R. M., & Richardson, F. (1971). Anxiety management training: a non-specific behavior therapy program for anxiety control. *Behavior Therapy, 2,* 498.

Sullivan, B. J., & Denny, D. R. (1977). Expectancy and phobic level: effects on desensitization. *Journal of Consulting and Clinical Psychology, 45,* 763-771.

Taylor, J. G. (1962). *The behavioral basis of perception.* New Haven, CT: Yale University Press.

Thoreson, C. E., & Mahoney, M. J. (1974). *Behavioral self-control.* New York: Holt, Rinehart, & Winston.

Thorpe, J. G., Schmidt, E., Brown, P. T., & Castell, D. (1964). Aversion relief therapy: a new method for general application. *Behaviour Research and Therapy, 2,* 71-82.

Thurstone, L. L., & Thurstone, T. G. (1930). A neurotic inventory. *Journal of Social Psychology, 1,* 3-30.

Tori, C., & Worell, L. (1973). Reduction of human avoidant behavior: a comparison of counterconditioning, expectancy and cognitive information approaches. *Journal of Consulting and Clinical Psychology, 41,* 269-278.

Tryon, W. W. (1993a). Neural networks: I. Theoretical unification through connectionism. *Clinical Psychology Review, 13,* 341-352.

Tryon, W. W. (1993b). Neural networks: II. Unified learning theory and behavioral psychotherapy. *Clinical Psychology*

Review, 13, 353-371.

Turkat, I. D. (1986). The behavioral interview. In A. R. Ciminero, K. S. Calhoun, & H. E. Adams (Eds.), *Handbook of behavioral assessment* (2nd ed., pp. 109-149). New York: Wiley.

Turner, R. M., DiTomasso, R. A., & Murray, M. R. (1980). Psychometric analysis of the Willough by personality schedule. *Journal of Behavior Therapy and Experimental Psychiatry, 11,* 185-194.

Ullman, L. P., & Krasner, L. (Eds.) (1965). *Case studies in behavior modification.* New York: Holt, Rinehart, & Winston.

Valentine, C. W. (1943). *Psychology of early childhood: a study of mental development in the first years of life.* London: Methuen.

Valins, S., & Ray, A. (1967). Effects of cognitive desensitization on avoidance behavior. *Journal of Personality and Social Psychology, 7,* 345-350.

Vitz, P. (1977). *Psychology as religion: the cult of self-worship.* Grand Rapids, MI: Eerdmans.

Voegtlin, W., & Lemere, F. (1942). The treatment of alcohol addiction. *Quarterly Journal of Studies on Alcohol, 2,* 717-803.

Walker, E. A. (1957). *A history of southern Africa* (3rd ed.). London: Longmans, Green.

Warren, R., & McLellarn, R. W. (1982). Systematic desensitization as a treatment for maladaptive anger and aggression: a review. *Psychological Repots, 50,* 1095-1102.

Watson, J. B. (1913). Psychology as the behaviorist views it. *Psychological Review, 20,* 158-177.

Watson, J. B., & Rayner, R. (1920). Conditioned emotional reactions. *Journal of Experimental Psychology, 3,* 1-4.

Weitzman, B. (1967). Behavior therapy and psychotherapy. *Psychological Review, 74,* 300-317.

Wilkins, W. (1971). Desensitization: social and cognitive factors underlying the effectiveness of Wolpe's procedure. *Psychological Bulletin, 76,* 311-317.

Willoughby, R. R. (1932). Some properties of the Thurstone Personality Schedule and a suggested revision. *Journal of Social Psychology, 3,* 401-424.

Willoughby, R. R. (1934). Norms for the Clark-Thurstone Inventory. *Journal of Social Psychology, 5,* 91-102.

Wilson, G. T. (1981). Behavior therapy as a short-term therapeutic approach. In S. H. Budman (Ed.), *Forms of brief therapy* (pp. 131-166). New York: Guilford.

Wilson, G. T., & Evans, W. I. M. (1967). Behavior therapy and not the behavior 'therapies.' *AABT Newsletter, 2,* 5-7.

Wilson, G. T., & Rachman, S. (1983). Meta-analysis and the evaluation of psychotherapy outcome: limitations and liabilities. *Journal of Consulting and Clinical Psychology, 51,* 54-64.

Wittrock, D. A., Blanchard, E. B., & McCoy, G. C. (1988). Three studies on the relation of process to outcome in the treatment of essential hypertension with relaxation and thermal biofeedback. *Behaviour Research and Therapy, 26,* 53-66.

Wolberg, L. (1948). *Medical Hypnosis.* New York: Grune & Stratton.

Wolf, S., & Wolff, H .G. (1947). *Human gastric functions.* New York: Oxford.

Wolff, H. G. (1950). Life stress and cardiovascular disorders. *Circulation, 1,* 187-193.

Wolpe, J. (1948). An approach to the problem of neurosis based on the conditioned response. Unpublished MD thesis, University of th Witwatersrand.

Wolpe, J. (1949). An interpretation of the effects of combinations of stimuli (patterns) based on current neurophysiology.

Psychological Review, 56, 277-283.

Wolpe, J. (1950). Need-reduction, drive-reduction, and reinforcement: a neurophysiological view. *Psychological Review, 57,* 19-26.

Wolpe, J. (1952a). Experimental neuroses as learned behaviour. *British Journal of Psychology, 43,* 243-268.

Wolpe, J. (1952b). Objective psychotherapy of the neuroses. *South African Medical Journal, 26,* 825-829.

Wolpe, J. (1952c). Primary stimulus generalization: a neurophysiological view. *Psychological Review, 59,* 8-10

Wolpe, J. (1952d). The neurophysiology of learning and delayed reward learning. *Psychological Review, 59,* 192-199.

Wolpe, J. (1952e). Formation of negative habits: a neurophysiological view. *Psychological Review, 59,* 290-299.

Wolpe, J. (1953a). Learning theory and 'abnormal fixations.' *Psychological Review, 60,* 111-115.

Wolpe, J. (1953b). Theory construction for Blodgett's latent learning. *Psychological Review, 60,* 340-344.

Wolpe, J. (1954). Reciprocal inhibition as the main basis of psychotherapeutic effects. *Archives of Neurologic Psychiatry, 72,* 205-206.

Wolpe, J. (1955). The significance for psychotherapy of some animal experiments. *Leech, 25,* 31-33.

Wolpe, J. (1956a). Learning versus lesions as the basis of neurotic behavior. *American Journal of Psychiatry, 112,* 923-931.

Wolpe, J. (1956b). New facts and old misconceptions about neuroses. *South African Medical Journal, 30,* 542-544.

Wolpe, J. (1958). *Psychotherapy by reciprocal inhibition.* Stanford, CA: Stanford University Press.

Wolpe, J. (1960a). Truth about psychoanalysis. *British Medical Journal,* May 28, 1659.

Wolpe, J. (1960b). Efficacy of psychoanalysis. *British Medical Journal*, November 16, 1601.

Wolpe, J. (1961a). The claims of psychoanalysis. *New Statesman*, April 14, 584-585.

Wolpe, J. (1961b). Pavlov or Freud. *Lancet*, April 15, 824-825.

Wolpe, J. (1961c). The prognosis in unpsychoanalyzed recovery from neurosis. *American Journal of Psychiatry, 117,* 35-39.

Wolpe, J. (1963a). Psychotherapy; the nonscientific heritage and the new science. *Behaviour Research and Therapy, 1,* 23-38.

Wolpe, J. (1963b). Behavior therapy. *Lancet*, 1, 886-887.

Wolpe, J. (1963c). Quantitative relationships in the systematic desensitization of phobias. *American Journal of Psychiatry, 119,* 1062-1068.

Wolpe, J. (1964a). Behaviour therapy in complex neurotic states. *British Journal of Psychiatry, 110,* 28-34.

Wolpe, J. (1964b). The resolution of neurotic suffering by behavioristic methods. *American Journal of Psychotherapy, 18* (Supplement No. 1).

Wolpe, J. (1964c). Behavior therapy and publicity. *Canadian Medical Association Journal, 90,* 39.

Wolpe, J. (1964d). What is behavior therapy? *Listener, 71,* 149-150.

Wolpe, J. (1964e). New therapeutic methods based on a conditioned response. *Zeitschrift fur Psychologie, 169,* 173-196.

Wolpe, J. (1964f). Reply to Mowrer's comments on reciprocal inhibition therapy. *Behaviour Research and Therapy, 1,* 339-341.

Wolpe, J. (1964g). Review of G. K. Yacorzinski et al., Investigation of carbon dioxide therapy. *American Journal of Psychology, 77,* 170-171.

Wolpe, J. (1964h). New ways to treat sex disorders. *Sexology, 31,* 16-20.

Wolpe, J. (1965a). Behaviour therapy. *British Medical Journal, 1,* 1609-1610.

Wolpe, J. (1965b). Behaviour therapy. *Discovery,* August, 7-11.

Wolpe, J. (1965c). Comments on H. J. Eysenck's 'The effects of psychotherapy.' *International Journal of Psychiatry, 1,* 173-175.

Wolpe, J. (1965d). Review of J. Masserman (Ed.), Science and psychoanalysis-psychoanalytic education (Vol. 5). *Journal of Nervous and Mental Disease, 140,* 473.

Wolpe, J. (1965e). Conditioned inhibition of craving in drug addiction: a pilot experiment. *Behaviour Research and Therapy, 3,* 185-189.

Wolpe, J. (1966a). Direct behavior modification therapies. In L. E. Abt, & B. F. Riess (Eds.), *Progress in clinical psychology, 7.* New York: Grune & Stratton.

Wolpe, J. (1966b). The conditioning and deconditioning of neurotic anxiety. In C. D. Speilberger (Ed.), *Anxiety and behavior* (pp. 179-190). New York: Academic Press.

Wolpe, J. (1966c). Behavior therapy and stuttering: deconditioning the emotional factor. *Proceeding, International Seminar on Stuttering and Behavior Therapy.* Monterey, CA.

Wolpe, J. (1967). Parallels between animal and human neuroses. In J. Zubin, & H. F. Hunt (Eds.), *Comparative psychopathology.* New York: Grune & Stratton.

Wolpe, J. (1969). *The practice of behavior therapy.* New York: Pergamon Press.

Wolpe, J. (1970). The discontinuity of neurosis and schizophrenia. *Behaviour Research and Therapy, 8,* 179-187.

Wolpe, J. (1973). *The practice of behavior therapy* (2nd ed.). New York: Pergamon Press.

Wolpe, J. (1976a). *Theme and variations: a behavior therapy casebook.* New York: Pergamon Press.

Wolpe, J. (1976b). Behavior therapy and its malcontents: 1. Denial of its bases and psychodynamic fusionism. *Journal of Behavior Therapy and Experimental Psychiatry, 7,* 1-5.

Wolpe, J. (1976c). Behavior therapy and its malcontents: 2. Multimodal eclecticism, cognitive exclusivism and exposure empiricism. *Journal of Behavior Therapy and Experimental Psychiatry, 7,* 109-116.

Wolpe, J. (1977). Inadequate behavior analysis: the achilles heel of outcome research. *Journal of Behavior Therapy and Experimental Psychiatry, 8,* 1-3.

Wolpe, J. (1978a). Cognition and causation in human behavior and its therapy. *American Psychologist, 33,* 437-446.

Wolpe, J. (1978b). Self-efficacy theory and psychotherapeutic change: a square peg for a round hole. *Advances in Behavior Research and Therapy, 1,* 231-236.

Wolpe, J. (1979). The experimental model and treatment of neurotic depression. *Behaviour Research and Therapy, 17,* 555-565.

Wolpe, J. (1980). Behavior therapy for psychosomatic disorders. *Psychosomatics, 21,* 5.

Wolpe, J. (1981a). The dichotomy between directly conditioned and cognitively learned anxiety. *Journal of Behavior Therapy and Experimental Psychiatry, 12,* 35-42.

Wolpe, J. (1981b). Behavior therapy versus psychoanalysis: therapeutic and social implications. *American Psychologist, 36,* 159-164.

Wolpe, J. (1982). *The practice of behavior therapy* (3rd ed.). New York: Pergamon Press.

Wolpe, J. (1986). Individualization: the categorical imperative of behavior therapy practice. *Journal of Behavior Therapy and Experimental Psychiatry, 17,* 145-153.

Wolpe, J. (1989a). How indifference to individual differences has made an mockery of outcome research. Paper presented at the 23rd Annual Convention of the Association for the Advancement of Behavior Therapy, Washington, DC.

Wolpe, J. (1989b). The derailment of behavior therapy: a tale of conceptual misdirection. *Journal of behavior Therapy and Experimental Psychiatry, 20,* 3-15.

Wolpe, J. (1990). *The practice of behavior therapy* (4th ed.). New York: Pergamon Press.

Wolpe, J. (1993). Commentary: the cognitivist oversell and comments on symposium contributions. *Journal of Behavior Therapy and Experimental Psychiatry, 24,* 141-147.

Wolpe, J., & Abrams, J. (1991). Posttraumatic stress disorder overcome by eye-movement desensitization: a case report. *Journal of Behavior Therapy and Experimental Psychiatry, 22,* 39-43.

Wolpe, J., & Ascher, L. M. (1976). Outflanking 'resistance' in a severe obsessional neurosis. In H. J. Eysenck (Ed.), *Case histories in behavior therapy.* London: Routledge & Kegan Paul.

Wolpe, J., & Lang, P. J. (1964). A fear survey schedule for use in behavior therapy. *Behaviour Research and Therapy, 2,* 27-30.

Wolpe, J., & Lang, P. J. (1969). *Fear survey schedule.* San Diego, CA: Educational and Industrial Testing Service.

Wolpe, J., & Lazarus, A. A. (1966). *Behavior therapy techniques: a guide to the treatment of the neuroses.* New York: Pergamon Press.

Wolpe, J., & Rachman, S. (1960). Psychoanalytic evidence: a critique based on Freud's case of little Hans. *Journal of Nervous and Mental Disease, 131,* 135-148.

Wolpe, J., & Taylor, J. G. (1963). Mind as a function of neural organization. In J. Scher (Ed.), *Theories of the mind* (pp. 218-240). New York: The Free Press.

Wolpe, J., & Turkat, I. D. (1985). Behavioral formulation of clinical cases. In I. D. Turkat (Ed.), *Behavioral case formulation* (pp. 5-36). New York: Plenum.

Wolpe, J., & Wright, R. (1988). The neglect of data-gathering instruments in behavior therapy practice. *Journal of Behavior Therapy and Experimental Psychiatry, 19,* 5-9.

Wolpe, J., Groves, G. A., & Fischer, S. (1980). Treatment of narcotic addiction by inhibition of craving: contending with an cherished habit. *Comprehensive Psychiatry, 21,* 308.

Wolpe, J., Lande, S. D., McNally, R. J., & Schotte, D. (1985). Differentiation between classically conditioned and cognitively based neurotic fears: two pilot studies. *Journal of Behavior Therapy and Experimental Psychiatry, 16,* 287-293.

Wolpe, J., Salter, A., & Reyna, L. J. (Eds.) (1964). *The conditioning therapies: The challenge in psychotherapy.* New York: Holt, Rinehart, & Winston.

Wolpin, M., & Raines, J. (1966). Visual imagery, expected roles and extinction as possible factors in reducing fear and avoidance behavior. *Behaviour Research and Therapy, 4,* 25-37.

Wynne, L. C., & Solomon, R. L. (1955). Traumatic avoidance learning: acquisition and extinction in dogs deprived of normal peripheral autonomic function. *Genetic Psychology Monographs, 52,* 241-284.

Yates, A. J. (1958a). Symptoms and symptom substitution. *Psychological Review, 65,* 371-374.

Yates, A. J. (1958b). The application of learning theory to the treatment of tics. *Journal of Abnormal and Social Psychology, 56,* 175-182.

Zinbarg, R. E. (1993). Information processing and classical conditioning: implications for exposure therapy and the integration of cognitive therapy and behavior therapy. *Journal of Behavior Therapy and Experimental Psychiatry, 24,* 129-139.

| 찾아보기 |

인 명

내 용

지은이 소개

Roger Poppen

Southern Illinois University at Carbondale의 교수이며, 행동분석 및 치료 프로그램의 코디네이터로 재직 중이다.

옮긴이 소개

신민섭

서울대학교에서 아동학을 전공하였고, 동 대학원 심리학과에서 임상심리학 석사학위를, 연세대학교 대학원 심리학과에서 임상심리학 박사학위를 받았다. 서울대병원 신경정신과에서 3년간 임상심리 수련과정을 마쳤고, 임상심리전문가 자격증을 취득하였다. 하버드대학교 의과대학 소아정신과에서 방문교수로 근무하였으며, 현재 서울대학교 의과대학 정신과학교실/서울대병원 신경정신과 교수로 재직 중이다. 저서에는 『그림을 통한 아동의 진단과 이해』 『웩슬러 지능검사를 통한 아동 정신병리의 진단평가』 『아동 · 청소년 로샤의 이론과 실제』 『영화 속의 청소년』(이상 공저) 등이 있고, 역서에는 『좋은 부모되기 위한 10계명』(공역), 『사랑중독증』 『난독증의 이해』 『청소년심리학』 『변증법적 행동치료』(공역), 『천재성과 마음』(공역) 등이 있다.

이현우

서울대학교에서 심리학을 전공하였고, 동 대학원 심리학과에서 임상심리학 석사학위를 취득하였다. 서울대병원 소아정신과에서 임상심리전문가과정(1년)을 수료하였으며, 현재 서울임상심리연구소에서 임상심리전문가과정을 수련 중에 있다.

상담과 심리치료 주요인물 시리즈 5

조셉 월피 JOSEPH WOLPE

2008년 1월 15일 1판 1쇄 인쇄
2008년 1월 18일 1판 1쇄 발행

지은이 • Roger Poppen
옮긴이 • 신민섭, 이현우
펴낸이 • 김진환
펴낸곳 • 학지사
121-837 서울특별시 마포구 서교동 352-29 마인드월드빌딩 5층
대표전화 • 02)326-1500 / 팩스 02)324-2345
홈페이지 • http://www.hakjisa.co.kr
등 록 • 1992년 2월 19일 제2-1329호

ISBN 978-89-5891-613-0 93180
정가 14,000원

역자와의 협약으로 인지는 생략합니다.
잘못 만들어진 책은 구입처에서 교환하여 드립니다.

인터넷 학술논문 원문 서비스 **뉴논문** www.newnonmun.com